# READING MODERN RUSSIAN

# READING MODERN RUSSIAN

Jules F. Levin
*and*
Peter D. Haikalis,
*with*
Anatole A. Forostenko

Slavica Publishers, Inc.
Columbus, Ohio

For a list of some other books from Slavica, see the last pages of this book. For a complete catalog, with prices and ordering information, write to:

Slavica Publishers, Inc.
P.O. Box 14388
Columbus, Ohio 43214

ISBN: 0-89357-059-1

Text set by Patricia Hansen.

Editor of Slavica Publishers: Charles E. Gribble, The Ohio State University, Columbus.

Printed in the United States of America

CONTENTS

# INTRODUCTION

The mastery of correct Russian, speaking, reading, and writing, is a goal demanding several years' dedicated labor. This text was devised for those who have a less ambitious goal, and less time to achieve it. The aim of the text is to teach the comprehension of Russian expository prose. The authors and their students, who have tested the text in the classroom, have found that students can easily read Russian articles, books, and newspapers, with the aid of a dictionary, after completing this text in less than a regular academic year.

Those interested in other language skills, conversational Russian, for example, must supplement the text with additional materials and/or classroom drill. The choice of vocabulary was determined by high-frequency word lists for contemporary written Russian. For this reason, even such common words of the spoken language as "hello" and "goodbye" do not appear in the vocabularies. Teachers might hand out a short list of such conventional vocabulary at the beginning of the course. For a similar reason, handwriting was omitted and should be supplied in a supplementary sheet by the instructor. We have found that when teachers gradually begin using handwriting on the blackboard and offer to correct handwriting exercises on a voluntary basis, most students will teach themselves handwriting painlessly, within a few weeks.

Pronunciation is also not emphasized in the text. We attempt to present the minimal information necessary to read Russian aloud in class with intelligibility, and to clarify the spelling principles, and no more. When correct models of spoken Russian are freely available in a language lab, those interested in speaking often gain surprising proficiency in pronunciation, while those who may be intimidated by the language lab and who are primarily interested in reading Russian in their major subjects are not discouraged by poor performance in a (to them) irrelevant skill.

Much has been written on the supposed difficulty of learning Russian. Most of these apparent difficulties are found in learning to *produce* correct Russian. Our belief and classroom attitude has always been that learning to *read* expository prose, especially in the sciences, need not be difficult at all. In the early chapters we take full advantage of the high-frequency Western vocabulary which is so much a part of contemporary Russian, especially in

newspaper and technical writing.  Illustrating new
grammar with very familiar vocabulary diminishes the
"alienness" of the Russian language.  The arrange-
ment of grammar, generally from easy to more difficult, not only is a more natural and reasonable way
to learn, but it also corresponds to frequency in
actual usage; for example, in most expository prose
the past tense is much more frequent than the present.

     One of the keys to success in our approach is
to familiarize the student with the Russian-English
dictionary and its use.  Students should purchase
Smirnitsky, preferably by Chapter 12, and by Chapter 19 dictionary use is required; exercises after
that introduce words which do not necessarily appear
in the vocabulary.  The sample dictionary pages in
Chapter 18 should be explained by the teachers (the
esoteric symbols may put off the unprepared student).

     Writing this text and teaching it in class has
been an ongoing experiment in the most efficient way
to achieve the goal of reading proficiency.  We have
found that some active knowledge is necessary to
underpin the essentially passive skill of translation into English.  We require students to memorize
vocabulary actively, while drilling grammar (for the
most part) only by translating the sentences into
English.  Other teachers may decide that additional
active learning is useful and may find it beneficial
to supplement the lessons with more exercises.
Nevertheless, teachers should not lose sight of the
main goal.  We have discovered that students can begin to decipher newspaper headlines after four or
five weeks, and such classroom activity can provide
more enthusiasm and learning skill for the long-range
goal than many tedious paradigm drills.

                    *  *  *  *  *  *  *

     The authors wish to thank the students of
Russian at the University of California, Riverside,
for their patience in using a developing textbook,
and for their many corrections and suggestions.  We
also thank Professor Louis Pedrotti, who proofread
the text while teaching from it and made valuable
suggestions, Gary Mercer, Daniel Brzović, and especially Mary Frances Wogec.  Our appreciation also goes
to Professor Michael Heim at UCLA for his proofreading and criticisms, and to Samuel Emil Draitser,
formerly of Moscow, now of Los Angeles, who read
through and corrected all the Russian language

exercises.   Finally, we wish to thank Olga Boot,
whose diligent proofreading and suggestions helped
to shape the final version.   Ms. Boot also wrote the
reading texts at the end of Chapters 15 and 16, and
revised the text for some of the newspaper articles
given as reading exercises.   Her contribution has
been more that of a coauthor than a reader.

The authors also are grateful for the cooperation of the former Department of German and Russian,
now part of the expanded Department of Literatures
and Languages, UCR, in preparing the earlier versions
of this text used in classes.

Naturally, the authors are alone responsible for
any errors or omissions.

Jules F. Levin
August, 1978

CHAPTER I

# I. THE WRITING SYSTEM

## A. *The Russian Alphabet*

The Russians, Ukrainians, Belorussians, Serbs, Macedonians and Bulgarians have all developed their own variations of the old Slavic alphabet called Cyrillic, just as the English, Poles, French, etc. have adapted the Latin alphabet to their own languages. In the Russian variation of Cyrillic, letters representing duplicate or archaic sounds have been gradually eliminated and during the time of Peter the Great the letters themselves were remodeled to resemble Latin letters more closely.

The Russian alphabet has 33 letters. Greek was used as the basis for Cyrillic, and if you know the Greek alphabet you will recognize many of the letters. A few of the letters will also correspond to English ones since the Greek and Latin alphabets are closely related. Most of the remaining letters will be unfamiliar because they represent sounds for which Greek had no equivalents. The Russian letters are listed below in alphabetical order. This is the order in which they will appear in the dictionary.

| Printed Cyrillic | Name of the Letter | Approximate Sound of the Letter |
|---|---|---|
| А а | a | p*a*p*a* |
| Б б | be (as in *bet*) | *b*ad |
| В в | ve | *v*ote |
| Г г | ge | *g*ang |
| Д д | de | *d*one |
| Е е | ye | *y*et |
| Ё ё[1] | yo | *y*oke |
| Ж ж | zhe | trea*s*ure |
| З з | ze | *z*one |
| И и | i | s*ee* |
| Й й | i kratkoye (short i) | bo*y* |
| К к | ka | *c*all, *K*oran |
| Л л | el | *l*ap |
| М м | em | *m*at |
| Н н | en | *n*ote |
| О о | o | *o*r |
| П п | pe | s*p*oil |

---

[1] Ё is interalphabetized with E in Russian dictionaries.

1

| Printed Cyrillic | Name of the Letter | Approximate Sound of the Letter |
|---|---|---|
| Р р | er | *r*un (rolled as in Spanish) |
| С с | es | *s*at |
| Т т | te | *t*alk |
| У у | u | bo*o*th |
| Ф ф | ef | *f*at |
| Х х | kha | Ba*ch* (velar fricative) |
| Ц ц | tse | si*ts* |
| Ч ч | che | *ch*eese |
| Ш ш | sha | fre*sh* |
| Щ щ[1] | shcha | fre*sh* *ch*eese |
| Ъ ъ[1] | tvërdyy znak (hard sign) | -- |
| Ы ы | yeri | *i*s |
| Ь ь[2] | myagkiy znak (soft sign) | -- |
| Э э | e oborotnoye (reversed e) | *e*xtra |
| Ю ю | yu | *u*se |
| Я я | ya | *ya*cht |

## *Exercises*

The following exercises will help you to learn the letters of the Russian alphabet. Try to pronounce aloud the words which are used to illustrate the letters. In most cases you can guess their meaning since they are either foreign borrowings or proper nouns. Each word has an accent mark indicating the stressed syllable. Copy the words and practice printing the letters. Pay attention to the size of the letters; sometimes they do not correspond to similar English letters.

*Ex. 1* Letters which look and sound like their English equivalents.

A, E, K, M, O, T, C

A a (p*a*pa)          E e (*y*et or b*e*t)
K к (*K*ate, *c*all)      M м (*m*at)
O o (*o*r)              T т (*t*in)
C c (only [s] as in *c*ity, ne*c*e*ss*ary)

---

[1]See Exercise 5, p. 4
[2]See Exercise 5, p. 4 and discussion pp. 8-9.

|       |       |       |      |        |         |
|-------|-------|-------|------|--------|---------|
| áтом  | мácca | мáма  | такт | комéта | секстéт |
| ТАСС  | акт   | текст | Óмск | Тóмск  | мácка   |

*Ex. 2* Letters which look like English letters but have different sound values.

### Р, Н, В, У, Х

Р р (*r*un): мотóр, теáтр, оркéстр, секрéт, термóметр, Арарáт

Н н (*n*ote): момéнт, тон, танк, контáкт, нóрма, сенáтор

В в (*v*ote): Варвáра, ветерáн, самовáр, Вéра, Éва, вéктор

У у (boo*th*): курс, структýра,[1] урá, Сатýрн, вáкуум, сýмма

Х х (Ba*ch*): хáос, харáктер, хор, Херсóн, хромосóма,[1] схéма[1]

*Ex. 3* Letters which look and sound like their Greek equivalents.

### Г, Д, Л, П, Ф

Г г (*g*o): агрéссор, грамм, конгрéсс, óрган, ГУМ, грек

Д д (*d*o): дрáма, áдрес, секýнда, дóктор, мéтод, кадр

Л л (*l*et): класс, молéкула,[1] талáнт, туалéт, салáт, словáк

П п (*p*apa): пáпа, грýппа, óпера, трáнспорт, пакт, спортсмéн

Ф ф (*f*ife): факт, кóфе, атмосфéра, рефóрма, парáграф, платфóрма

*Ex. 4* Review of materials covered in Exercises 1-3. Practice reading aloud.

парáд, сфéра, каталóг, парлáмент, фóрмула, парк, Нóвгород, пáспорт, Москвá, порт, профéссор, телегрáмма, генерáл, корреспондéнт, делегáт, лáмпа, дóллар, Лóндон, харáктер, план, Вóлга, Ростóв, схéма, Одéсса, Псков, Грóдно, проéкт, конгрéсс, туалéт, самовáр, кóфе, спорт, термóметр, Маркс, агрéссор, Днепр, Днестр, Ломонóсов, Амýр, Магадáн

---

[1]Word final A may replace a final E in foreign words.

3

Б, И, Ж, З, Й, Ц, Э, Ю, Я, Ч, Ш, Ё, Щ, Ы, Ь, Ъ

Б б (*b*ad): табáк, балéт, áлгебра, проблéма, банк, баскетбóл

И и (s*ee*): гимнáстика, литератýра, Амéрика, идеáл, Ивáн

Ж ж (trea*s*ure): журнáл, режи́м, жирáф, Жýков, журнали́ст, Живáго

З з (*z*one): зи́ппо, збна, зоопáрк, бензи́н, ви́за, партизáн

Й й (bo*y*): Толстóй, комбáйн, лейтенáнт, май, волейбóл, тайфýн

Ц ц (si*ts*): концéрт, офицéр, процéнт, центр, медици́на, инициати́ва

Э э (*e*nter): аэродрóм, поэ́т, э́рос, эпбха, э́ра, эффéкт

Ю ю (*u*se): бюджéт, меню́, ю́мор, плюс, бюрó, салю́т

Я я (*y*acht): биолóгия, я́нки, Я́лта, áрмия, поля́к, Саро́ян

Ч ч (*ch*eese): чемпиóн, Чéрчиль, матч, Чикáго, Чéхов, Чайкóвский

Ш ш (fre*sh*): галóша, маши́на, фаши́зм, шоколáд, Пýшкин, Шостакóвич

Ё ё (*y*oke): шофéр, актёр, чернозём, Зубарёв, Кишинёв

Щ щ (fre*sh ch*eese): Хрущёв, Ради́щев, Зóщенко, Щербáтов, борщ

Ы ы (*i*s): мýзыка, цыгáн, Лысéнко, Кýйбышев, Румы́ния, Громы́ко

Ь ь (marks the softness[1] of the consonant when the consonant is followed by another consonant or no sound): апрéль, пóлька, царь, консультáнт, медáль, календáрь, большеви́к

Ъ ъ and Ь ь are used to indicate the sound *й* between a consonant and a vowel.
адъютáнт (pronounced adyutánt)
субъéкт (subyékt)     пьедестáл (pyedestál)
Нью-Йóрк (Nyu-Yórk)

## B. *The Russian Spellings of Foreign Words*

Most foreign words are spelled according to one of two principles: transliteration or pronunciation. In the first, the Russian spelling attempts to approximate the foreign spelling letter by letter; in

---

[1]See p. 8 (top).

the latter, the Russian spelling attempts to convey
the foreign pronunciation.  Compare the following
Russian spelling of foreign words:

| | | | |
|---|---|---|---|
| Ка́ртер | прототи́п | Лос-А́нжелес | плюс |
| Чика́го | хокке́й | ю́мор | килова́тт |
| комба́йн | элеме́нт | бюро́ | ви́ски |
| меда́ль | джаз | кри́зис | Уо́лл-стрит |

In addition, the following correspondences, mostly
involving international vocabulary of Greek and Latin
origin, should be noted.

1. Russian *B* = *U* in *eu, au, qu,* and *gu*

| | | |
|---|---|---|
| Евро́па | автомоби́ль | гва́рдия |
| а́втор | квинте́т | лингви́ст |

2. Russian *T* = *TH* in words of Greek origin

| | | |
|---|---|---|
| теа́тр | тео́рия | те́ма |
| ме́тод | теоло́гия | |

3. Russian *Φ* = *PH* and--rarely--*TH* in words of
   Greek origin

| | | |
|---|---|---|
| телефо́н | тайфу́н | логари́фм |

4. Russian *X* = Greek *CH* (pronounced [k] in English)

| | | |
|---|---|---|
| хара́ктер | те́хника | ха́ос |

5. Russian *Ц* = *C* before *i, e* and *T* before *ia, ion*

| | | |
|---|---|---|
| центр | офице́р | инициати́ва |
| мили́ция | на́ция | цивилиза́ция |

   but note: океа́н
6. Russian has no [h] sound.  This letter is rendered as *г, х,* or on rare occasions is omitted.

| | | | |
|---|---|---|---|
| Ги́тлер | хавта́йм | юмори́ст | хэндбо́л ⎫ 'hand- |
| Гава́йи | гибри́д | гарпу́н | гандбо́л ⎭ ball' |

7. Corresponding to English words of Latin origin
   ending in -*(i)um,* Russian most often has simply
   -*й*.

| | | | |
|---|---|---|---|
| музе́й | санато́рий | ка́дмий | ге́лий 'helium' |

8. Latin and German ju = *ю*, and ja = *я* in Russian

| | | | |
|---|---|---|---|
| юри́ст | ю́нкер | юпи́тер | янва́рь |
| юбиле́й | ягуа́р | | |

9. Corresponding to the English suffixes -*y* and
   -*ion* Russian often has -*ия*:

| | | |
|---|---|---|
| тео́рия | монопо́лия | на́ция  ми́ссия |

*Ex. 6*   Review of all the letters of the Russian al-
          phabet.  Practice pronouncing aloud.  Copy the
          words.

Рахма́нинов  ра́дио  социали́зм  техноло́гия
контине́нт  килова́тт  тенде́нция  резе́рв  Гаи́ти
микроско́п  специали́ст  вино́  цили́ндр  офице́р
такси́  фра́за  семина́р  Ки́ев  ви́ски  коло́ния
Жда́нов  тео́рия  Воро́неж  центр  Чика́го  джин
Нью-Йо́рк  стадио́н  автомоби́ль  та́ктика

президе́нт    трибу́на    Достое́вский    логари́фм
страте́гия    джаз    идеали́зм    фаши́ст    коридо́р
дива́н    инду́стрия    Ха́рьков    хокке́й    комите́т
телефо́н    лаборато́рия    А́фрика    металлу́ргия
Черни́гов    тайфу́н    сена́тор    а́втор    инжене́р
лингви́ст    Ста́лин    кри́зис    фестива́ль    тури́ст
маркси́зм    микрофо́н    империали́зм    визи́т    тра́к-
тор    арти́ст    хара́ктер    лимо́н    коммуни́зм
Христо́с    аукцио́н    органи́зм    механи́зм    минера́л
институ́т    тролле́йбус    ю́мор    павильо́н    мили́ция
идеоло́гия    рис    сигна́л    Ги́тлер    монопо́лия
Кишинёв    коммуни́ст    инструме́нт    иде́я    Э́нгельс
Ленингра́д    Толсто́й    электроэне́ргия    гва́рдия
фанта́зия    респу́блика    фи́рма    па́ртия    интелли-
ге́нция    Ташке́нт    кли́мат    пропаганди́ст    фото-
гра́фия    элеме́нт    мора́ль    квинте́т    исто́рия
капитали́ст    коме́дия    мину́та    капитали́зм    фило-
со́фия    ми́тинг    меню́    интернационали́зм    роль
капита́л    диста́нция    плюс    килогра́мм    коммюнике́
кило́метр    меда́ль    коэффицие́нт    ли́дер    клуб
бюро́    мело́дия    материали́зм    интере́с    микро́б
патриоти́зм    пролетариа́т    Симферо́поль    Го́голь
систе́ма    Ле́рмонтов    Солжени́цын    Влади́мир    Юго-
сла́вия    Пастерна́к    спу́тник    большеви́к    джу́нгли
прототи́п    Ни́ксон    ром    Уа́тергейт    юри́ст    Пу́ш-
кин

C.  *Transliteration of Russian Words into English*

     Several different systems of transliteration for
Russian are used in English.  These systems range
from a popular style used in newspapers to more complex ones requiring the use of diacritic marks.
Three of the most frequently occurring systems of
transliteration are indicated below.  System I, ap-
proved by the U. S. Board on Geographic Names, comes
closest to popular usage; it is also used by most
government publications.  System II, the Library of
Congress System, is used by most libraries as well as
by many scholarly journals.  System III is an international one and most frequently appears in scholarly
publications dealing with studies in Russian and
Slavic literature and linguistics.
     Compare these systems in the table below.  Be-
come acquainted with these systems and learn the system most appropriate to your own interests.

| Russian Letters | | System I | System II | System III |
|---|---|---|---|---|
| А а | *А а* | a | a | a |
| Б б | *Б б* | b | b | b |
| В в | *В в* | v | v | v |
| Г г | *Г г* | g | g | g |
| Д д | *Д д* | d | d | d |
| Е е | *Е е* | ye, e[1] | e | e |
| Ё ё | *Ё ё* | yё, ё | ё | e |
| Ж ж | *Ж ж* | zh | zh | ž |
| З з | *З з* | z | z | z |
| И и | *И и* | i | i | i |
| Й й | *Й й* | y | ĭ | j |
| К к | *К к* | k | k | k |
| Л л | *Л л* | l | l | l |
| М м | *М м* | m | m | m |
| Н н | *Н н* | n | n | n |
| О о | *О о* | o | o | o |
| П п | *П п* | p | p | p |
| Р р | *Р р* | r | r | r |
| С с | *С с* | s | s | s |
| Т т | *Т т* | t | t | t |
| У у | *У у* | u | u | u |
| Ф ф | *Ф ф* | f | f | f |
| Х х | *Х х* | kh | kh | x |
| Ц ц | *Ц ц* | ts | ts | c |
| Ч ч | *Ч ч* | ch | ch | č |
| Ш ш | *Ш ш* | sh | sh | š |
| Щ щ | *Щ щ* | shch | shch | šč |
| Ъ ъ | *Ъ ъ* | " | " | " |
| Ы ы | *Ы ы* | y | y | y |
| Ь ь | *Ь ь* | ' | ' | ' |
| Э э | *Э э* | e | e | è |
| Ю ю | *Ю ю* | yu | iu | ju |
| Я я | *Я я* | ya | ia | ja |

*Ex. 7* Prepare a written transliteration of the following proper nouns using all three systems discussed above.

Демья́нка   Хрущёв   Мцхе́та   Новоросси́йск
Рыба́чье   Никола́й   Тёплая Гора́   Щу́чинск
Бахчисара́й   Улья́нов   Днепродзержи́нск   Евге́ний   Ирку́тск   Ха́рьков   Ку́йбышев   Оне́жское о́зеро   Я́лта   Емелья́н   Фёдор

---

[1]Transliterated as *ye* at the beginning of a word, after vowels, and after Ь and Ъ; elsewhere as *e*.

## II.  SPELLING AND PRONUNCIATION

The spelling rules are best learned in the course of studying Russian, as one learns the words which illustrate them.  This section should be reread several times in the course of further study.

### A.  *Palatalized Consonants*

Palatalization refers to a supplementary movement of the tongue which accompanies the articulation of a consonant.  In general, the consonant is pronounced with the front of the tongue more raised and forward than for the corresponding non-palatalized or hard consonant.  There is also a greater tensing of the facial muscles when a palatalized or soft consonant is pronounced.  However, the specific phonetic properties of palatalization vary considerably from one consonant to another, and if one wishes to master pronunciation, it must be learned through listening and imitation.  Seven basic rules relating to palatalization are given below.  Be sure you understand these rules, for they are important not only for developing good pronunciation, but also for understanding grammatical principles which will be discussed in subsequent chapters.

Note that palatalization is important in Russian because it is phonemic; that is, the meaning of a word can change when a hard consonant is substituted for a soft one or vice versa.

1.  The following 12 consonants:

Б  В  Д  З  Л  М  Н  П  Р  С  Т  Ф

are called paired consonants in Russian.  They can either be hard or soft.  In writing, either a following vowel letter or a special letter called a soft sign will indicate the value of the paired consonant.

The vowel letters А, О, У, Ы indicate that the preceding paired consonant is hard/non-palatalized.

The vowel letters Я, Ё, Ю, И indicate that the preceding paired consonant is soft/palatalized.

The hard/soft contrast is neutralized before the sound *e*, and all paired consonants are soft.  Thus we find only the letter Е, indicating palatalization, after paired consonants.  The letter Э is restricted in usage.  It occurs mostly in foreign borrowings and in acronyms.

Thus in the following pairs of syllables, it is the consonants, not the vowels, which are contrasted in pronunciation.  (Be careful to distinguish between

8

the written forms and the forms as they are pronounced.)  The pairs of letters А/Я, О/Ё, У/Ю, Ы/И
each designate the same vowel sound.

БА--БЯ        НЫ--НИ       ПО--ПЁ        ТУ--ТЮ
(/ba/ ~ /ḅa/) (/ni/ ~ /ṇi/) (/po/ ~ /ṗo/) (/tu/ ~ /ṭu/)

At the end of a word or before a consonant, a
palatalized paired consonant is indicated by Ь, the
"soft sign."

большой        *large*      интересоваꙏь    *to interest*
маленький      *small*      медаль          *medal*

SPELLING RULE 1:    THE "SOFT" PAIRED CONSONANTS ARE
                    INDICATED BY THE FOLLOWING LETTERS:
                    Е  Ё  И  Ю  Я  and  Ь.

*Ex.  8*    These syllables and the words in Ex. 9 should
        be recorded on tape or read aloud in class by
        a native Russian speaker.  Listen to the con-
        trast between hard (non-palatalized) and soft
        (palatalized) consonants.

| ба | бя | бо | бё | бу | бю | бы[1] | би | бэ | бе |
|----|----|----|----|----|----|----|----|----|----|
| ва | вя | во | вё | ву | вю | вы | ви | вэ | ве |
| да | дя | до | дё | ду | дю | ды | ди | дэ | де |
| за | зя | зо | зё | зу | зю | зы | зи | зэ | зе |
| ла | ля | ло | лё | лу | лю | лы | ли | лэ | ле |
| ма | мя | мо | мё | му | мю | мы | ми | мэ | ме |
| на | ня | но | нё | ну | ню | ны | ни | нэ | не |
| па | пя | по | пё | пу | пю | пы | пи | пэ | пе |
| ра | ря | ро | рё | ру | рю | ры | ри | рэ | ре |
| са | ся | со | сё | су | сю | сы | си | сэ | се |
| та | тя | то | тё | ту | тю | ты | ти | тэ | те |
| фа | фя | фо | фё | фу | фю | фы | фи | фэ | фе |

*Ex.  9*

| | | | |
|---|---|---|---|
| тем  | *themes*       | бос  | *bare-foot* |
| темь | *darkness*     | лось | *elk* |
| мол  | *breakwater*   | суда́ | *ships* |
| мёл  | *swept*        | сюда́ | *here* |
| лен  | *fief*         | баз  | *bases* |
| лень | *laziness*     | бязь | *coarse calico* |
| нос  | *nose*         | вол  | *ox* |
| нёс  | *carried*      | вёл  | *led* |

---

[1]Preceding consonants cause greater phonetic change in the vowel Ы than in the other vowels.  Nevertheless the significant
change occurs in the consonant, not the vowel.

| | | | |
|---|---|---|---|
| це*п* | *flail* | говор*и́т* | *he speaks* |
| це*пь* | *chain* | говор*и́ть* | *to speak* |
| *п*ат | *paste* | *т*ок | *current* |
| *п*я́ть | *five* | *т*ёк | *flowed* |
| | | | |
| сы*р* | *cheese* | сто*л* | *table* |
| сы*рь* | *dampness* | сто*ль* | *so* |
| *р*а́са | *race* | *л*ук | *onion* |
| *р*я́са | *cassock* | *л*юк | *hatchway* |
| | | | |
| *д*и́на | *dyne* | *ф*он | *background* |
| *д*и́ня | *melon* | *ф*ён | *Föhn (wind)* |
| | | | |
| зад | *back,backside* | | |
| зять | *son-in-law* | | |

2. The velar consonants Г, К, Х are automatically soft before the front vowels Е, И and hard before the back vowels А, О, У and elsewhere. Thus, we can only have the following combinations of Г, К, Х:

| With back vowels | | | With front vowels | |
|---|---|---|---|---|
| га | го | гу | ге | ги |
| ка | ко | ку | ке | ки |
| ха | хо | ху | хе | хи |

*SPELLING RULE 2:*  ONLY А О У Е И CAN FOLLOW Г К Х IN RUSSIAN SPELLING.

3. The other consonants Ж Ш Ц Ч Щ Й are either inherently hard or inherently soft. Ж Ш Ц are always pronounced as hard and Ч Щ Й are always pronounced as soft. For this reason after Ж Ш Ц Ч Щ the use of vowel letters has become conventional and does not represent the pronunciation.

*SPELLING RULE 3:*  Я Ю Ы Э NEVER OCCUR AFTER Ш Ж Ч Щ.

*SPELLING RULE 4:*  Я Ю Э NEVER OCCUR AFTER Ц, AND И OCCURS ONLY IN FOREIGN STEMS.

*SPELLING RULE 5:*  AFTER Ж Ш Ц Ч Щ THE SOUND О IS SPELLED Е WHEN UNSTRESSED. IN A STRESSED SYLLABLE IT IS SPELLED О IN ENDINGS, AND О OR Ё IN STEMS.

The following table illustrates vowel spellings after Ж, Ш, Щ, Ч, Ц.

| Underlying Vowel: | /i/ | /a/ | /e/ | /o/ | /u/ |
|---|---|---|---|---|---|
| **S** After Ж Ш Ч Щ | И | | | unstressed E | |
| **P** | | | | - - - - - | |
| **E** | | A | E | stressed ending O | У |
| **L** | | | | | |
| **L** After Ц | Ы | | | - - - - - | |
| **I** | - - - - - | | | | |
| **N** | И in foreign stems (цирк) | | | stressed stem O and Ё | |
| **G** | | | | | |

4. The consonant sound Й (English *y* as in *yet*) is inherently soft and is represented in spelling in various ways.

*SPELLING RULE 6:* BETWEEN VOWELS OR AT THE BEGINNING OF A WORD, THE VOWEL LETTERS Я Е Ё Ю И ARE USED FOR COMBINATIONS OF Й AND THE SOUNDS REPRESENTED BY THE VOWEL LETTERS А Э О У И.*

Study the following examples illustrating this rule.

Япо́ния ($\cong$ *yaponiya*)   мои́ *my* (pl.) ($\cong$ *moyi*)
её *her* ($\cong$ *yeyo*)   Югосла́вия ($\cong$ *yugoslaviya*)

*SPELLING RULE 7:* BETWEEN A CONSONANT AND A VOWEL, THE LETTERS Ь AND Ъ ARE USED FOR Й. THE VOWEL IS REPRESENTED BY THE SOFT VOWEL LETTER.

Note as illustrated in the following examples that Ъ replaces Й at the boundary of prefix and root and that elsewhere Ь is used.

адъюта́нт *(adyutant)*   пьедеста́л ($\cong$ *pyedestal*)
субъе́кт *(subyekt)*   серьёзный ($\cong$ *seryoznyy*)

---

*At the beginning of a word И is usually pronounced simply as an И, as in ИВА́Н , not as ЙИ.

11

*N.B.* After a vowel (before a consonant or nothing) *й* is unchanged

геро́й    тайфу́н    май    волейбо́л    музе́й
*(geroy*    *tayfun*    *may*    *voleybol*    *muzey)*

## B. *Stress*

Russian words have only one stressed syllable. Secondary stress, which frequently occurs in English, is very rare in Russian. There are a few words in Russian which are unstressed and when they occur, are pronounced as a part of the word which precedes them or which follows them. Such combinations will be noted when they appear in the text. Stress marks are normally not indicated in Russian except in text-books, in readers for beginners, and, of course, in dictionaries. Memorize the stress as part of every new word which you learn, since there is no complete-ly accurate way of predicting where the stress will occur in a word.

## C. *The Letter Ё*

In normal Russian printed material the letter *ё* appears without the diaeresis, that is, simply as *e*. The full form *ё* occurs where stress marks are also printed--textbooks, readers, and dictionaries. Else-where a stressed *e* can have two possible pronuncia-tions: *e* or *ё*. An unstressed *ё* is not even indicated in textbooks or dictionaries.

## D. *Vowel Reduction*

Unstressed vowels tend to be considerably weak-ened in Russian. The following simplified scheme provides the essential facts:

1. Unstressed *A, O* are pronounced
   [a] (as in f*a*ther)    in absolute initial posi-tion: *организа́ция*

                          and in first pretonic posi-tion (syllable before stressed vowel): *хорошо́*

   [ə] (as in *a*bout)    elsewhere, that is, more than one syllable before the stress, and in any post-tonic syllable (after stress): *хорошо́ Но́вгород*

2. Unstressed *E* is pronounced
   [i] (as in foll*y*)    after soft paired conso-nants: *сестра́ ма́ленький*

12

[ə] in neuter Nominative and Accusative endings:
   по́л*е*    заня́ти*е*    большо́*е*

3. Unstressed *Я* is pronounced
   [ə] in final position: ле́кци*я*    больша́*я*

   [i] elsewhere: де́с*я*ть    *я*зы́к [*yi*-]

4. Unstressed *Ю*, *У*, *И*, *Ы*, are not significantly reduced.

E.  *Devoicing of Voiced Consonants*

   Paired voiced consonants in word final position
become voiceless unless the following word begins
with a voiced consonant. The substitutions are made
as follows.

| | | | |
|---|---|---|---|
| п for б | пь for бь | т for д | ть for дь |
| ф for в | фь for вь | с for з | сь for зь |
| ш for ж | | | |

Thus: *Но́вгород* is pronounced (Но́вгарат), *гара́ж* is
pronounced (гара́ш), and *Хрущёв* is pronounced (Хрущёф).

*Ex.* 10  In this exercise you will hear a series of
          place-names and surnames illustrating the
          various characteristics of pronunciation dis-
          cussed in this chapter. Listen carefully and
          repeat after the speaker (or read for prac-
          tice if working alone).

   Москва́ Ленингра́д Ки́ев Оде́сса Сиби́рь
Сове́тский Сою́з Сою́з Сове́тских Социалисти́чес-
ких Респу́блик СССР Аме́рика Соединённые
Шта́ты Аме́рики США Севасто́поль Росто́в
Ха́рьков Обь Со́чи Свердло́вск Ирку́тск Я́лта
Енисе́й Ерева́н Югосла́вия Ташке́нт Запоро́жье
Ильичёвск Пермь Хмельни́цкий Улья́новск
Но́вгород Краснода́р Чёрное мо́ре

   Ле́нин Ста́лин Ку́йбышев Го́голь Пу́шкин
Толсто́й Достое́вский Хрущёв Лобаче́вский
Га́ршин Чайко́вский Че́хов Го́рький Турге́нев
Зо́щенко Солжени́цын Громы́ко Пастерна́к
Бе́лый Шаля́пин Жу́ков Ломоно́сов Жива́го
Дя́гилев Хачатуря́н Шостако́вич Ре́пин
Тро́цкий Серо́в Ри́мский-Ко́рсаков Гага́рин
Некра́сов Бре́жнев Остро́вский

CHAPTER II

## Noun Phrases in Nominative Singular

*VOCABULARY*

*Nouns*

| | | | |
|---|---|---|---|
| ла́мпа | *lamp* | де́ло | *matter, deed, business* |
| газе́та | *newspaper* | вино́ | *wine* |
| ста́нция | *station* | мо́ре | *sea* |
| фа́брика | *factory* | стул | *chair* |
| сестра́ | *sister* | сою́з | *union* |
| рабо́та | *work* | сове́т | *advice, council, 'Soviet'* |
| дочь | *daughter* | дом | *apartment building, house* |
| соль | *salt* | гость, м. | *guest* |
| ночь | *night* | геро́й | *hero* |
| мать | *mother* | поли́тика | *politics, policy* |

*Adjectives*

| | | | |
|---|---|---|---|
| но́вый | *new* | стра́нный | *strange* |
| ле́вый | *left* | ночно́й | *night, nocturnal* |
| серьёзный | *serious* | после́дний | *last, final* |

## WORD FORMATION

Suffixes

Russian makes great use of suffixes to change words from one part of speech to another and/or add other meanings to the stem. Three of the most commonly occurring suffixes are given below.

1. The suffix *-н-* forms adjectives from Russian noun stems and from foreign noun and adjective borrowings.

интере́с + -н- ⟶ интере́сн + ый[1]  *interesting*
а́том + -н- ⟶ а́томный  *atomic*
класс + -н- ⟶ кла́ссный  *class*
па́рти(я) + -н- ⟶ партийный  *party*
литерату́р(а) + -н- ⟶ литерату́рный  *literary*
ночь + -н- ⟶ ночно́й  *night, nocturnal*

*Practice 1:* Read and translate the following adjectives borrowed from foreign languages and derived by using the suffix *-н-*.

абстра́ктный     агресси́вный     конкре́тный

---

[1] -ый is a grammatical ending. See pp. 17-18.

14

интеллигéнтный  музыкáльный  прогрессúвный
серьёзный  центрáльный  интернационáльный

2.  The suffix -*ск*- also forms adjectives from noun stems and from foreign borrowings.

совéт + -ск- ⟶ совéтский  *Soviet*
партизáн + -ск- ⟶ партизáнский  *partisan*
Лéнин + -ск- ⟶ Лéнинский  *Lenin, Lenin's Leninist*
мóр(е) + -ск- ⟶ морскóй  *maritime, nautical*

*Practice 2*:  Read and translate the following adjectives formed with the suffix -*ск*-.

америкáнский  гигáнтский  ленингрáдский
марксúстский  медицúнский  республикáнский
рýсский  москóвский  англúйский
фашúстский

3.  The suffix -*к*- has many uses in Russian. One of its functions is to change an "actor" noun from masculine to feminine.

студéнт  *male student*  + -к- ⟶ студéнтка[1]
  *female student*
артúст  *male performer*  + -к- ⟶ артúстка
  *female performer*
космонáвт  *male astronaut*  + -к- ⟶ космонáвтка
  *female astronaut*

### *GRAMMAR*

I.  Russian has no articles corresponding to English "a" or "the".  Russian noun phrases are translated into English with either "a", "the", or nothing, depending on the *English usage* in that context.

II.  ENDINGS

Russian expresses many grammatical relationships by *endings*, which are added to noun and adjective stems, including any suffixes attached to the stems. For example, the grammatical concepts of *gender*, *number* and *case* are all expressed within and by the appropriate endings.

---

[1]-*a* is a grammatical ending. See Grammar section, this chapter.

a. *Gender*. All Russian nouns possess inherent gender. They are either masculine, feminine, or neuter. It is usually possible to identify the gender of a noun by inspection. (Contrast with English where the gender is based on meaning, or French, where it is largely unpredictable.)

b. *Number*. Russian nouns may be either singular or plural.

c. *Case*. Russian nouns always occur in one of several cases, which help to mark the function of the noun in the sentence in which it is found, i.e., as Subject, Direct Object, etc.

d. *Single ending*. For both nouns and adjectives the three concepts of gender, number, and case, in any given instance, are expressed by a single ending. (Contrast with English "children's" where number and case have separate endings, and "adults'" where number and case are incorporated into one ending.)

e. *Agreement*. Adjectives in Russian always *agree* in gender, number, and case with the nouns they modify. The adjective ending is not usually identical in form with the noun ending, with which it agrees, but the adjective ending does signify the same *gender*, *case*, and *number* as the noun ending. As with the noun ending, information about gender, number, and case is contained in a single ending.

f. *Noun Phrase*. The noun together with all the adjectives which may modify it form a noun phrase. In Russian the adjective most frequently precedes the noun which it is describing.

g. *Declensions*. A declension is the set of case endings characterizing a given set of words. See pp. 18-19.

A. *FEMININE NOUNS AND ADJECTIVES, NOMINATIVE SINGULAR*

ЛЕВ [АЯ] ПОЛИ́ТИК [А]     *left(wing) policy/politics*
agreement

ПОСЛЕ́ДН*ЯЯ* ЛА́МП*А*     *(a/the) last lamp*
agreement

А́ТОМН*АЯ* СТА́НЦИ*Я*     *(a/the) atomic station*
agreement

СЕРЬЁЗН*АЯ* МАТ*Ь*     *(a/the) serious mother*
agreement

16

Feminine nouns in the nominative case, singular, can end in -*a*, -*я*, or -*ь*.

Feminine adjectives in the nominative case, singular, can end in -*ая* or -*яя*.

*Practice 3:*  Read and translate the noun phrases below.

рýсская артúстка
лéнинская пáртия
медицúнская газéта
англúйская соль
совéтская космонáвтка
нóвая полúтика
абстрáктная теóрия

коллектúвная рабóта
америкáнская фáбрика
ленингрáдская ночь
послéдняя мелóдия
партúйная идéя
литератýрная газéта
интеллигéнтная дочь

B.  *NEUTER NOUNS AND ADJECTIVES, NOMINATIVE SINGULAR*

БАЛТИ́ЙСК*ОЕ* МО́РЕ        *the Baltic Sea*
└─── agreement ───┘

КАЛИФОРНИ́ЙСК*ОЕ* ВИНО́       *California wine*
└─── agreement ───┘

ПОСЛЕ́ДН*ЕЕ* ДЕ́Л*О*        *the final matter*
└─── agreement ───┘

Neuter nouns in the nominative case, singular, can end in -*o* or -*e*.

Neuter adjectives in the nominative case, singular, can end in -*oe* or -*ee*.

*Practice 4:*  Read and translate the noun phrases below.

интерéсное дéло
англúйское мóре
послéднее винó

нóвое винó
Каспúйское мóре
партúйное дéло

C.  *MASCULINE NOUNS AND ADJECTIVES, NOMINATIVE SINGULAR*

СЕРЬЁЗН*ЫЙ* СТУДÉ*НТ*       *(a/the) serious student*
└─── agreement ───┘

ПОСЛЕ́ДН*ИЙ* ГЕРО́*Й*       *(a/the) last hero*
└─── agreement ───┘

СОВЕ́ТСК*ИЙ* ГОСТ*Ь*       *(a/the) Soviet guest*
└─── agreement ───┘

17

НОЧН**ОЙ** М**И**ТИН**Г**        *(a/the) nocturnal, late-*
└────┬────┘        *night meeting*
  agreement

Masculine nouns in the nominative case, singular, have no (zero) ending added to the stem, which can have as its final letter a hard (non-palatalized) or soft (palatalized) consonant.

Masculine adjectives in the nominative case, singular, can end in *-ый*, *-ий*, or *-ой*.

*Practice 5:*   Read and translate the noun phrases below.

| | |
|---|---|
| н**о**вый стул | партиз**а**нский команд**и**р |
| фаш**и**стский союз | моск**о**вский чемпи**о**н |
| ленингр**а**дский гость | морск**о**й центр |
| посл**е**дний дом | р**у**сский самов**а**р |
| ночн**о**й клуб | л**е**вый реж**и**м |
| англ**и**йский порт | стр**а**нный грек |
| маркс**и**стский журн**а**л | америк**а**нский спортсм**е**н |
| медиц**и**нский экспер**и**мент | посл**е**дний пар**а**граф |
| л**е**нинский иде**а**л | гиг**а**нтский комб**а**йн |
| морск**о**й муз**е**й | итал**ь**янский хокк**е**й |

## III.  SUMMARY: A Review of the Declensions

As we have already stated, a declension is the set of case endings characterizing a given set of words. The Russian nouns you have been given represent almost all of the declensional possibilities. Just as the sound system of Russian is characterized by pairs of hard and soft consonants, the declensional system of Russian is characterized by sets of nouns and adjectives ending in either hard or soft consonants. This results in pairs of spellings for case endings which occur according to the following patterns:

1. The feminine nouns discussed in this chapter ending in *-a* or *-я* in the nominative singular belong to the so-called *2nd or -A Stem Declension*. Nouns whose stems end in a paired hard consonant or *-ч*, *-ж*, *-ш*, or *-щ* (see p. 10) take the spelling *-a*. Second declension nouns ending in a soft consonant take the spelling *-я*. But *-a* and *-я* are just two ways of spelling the same ending.

2. Masculine and neuter nouns which make up the *1st or -O Stem Declension* also have stems ending in both hard and soft consonants. The nominative, neuter ending *-o* is written *-o* after hard consonants

18

and *-e/-ё* after soft consonants. The masculine nominative singular ending is simply the stem final consonant with a zero (Ø) ending (that is, nothing). When the stem final consonant of the masculine nouns is hard, no special marker is used for the nominative case. However, if the stem final consonant is soft, then a soft sign *-ь* is written to show palatalization. Masculine and neuter nouns belonging to the first declension will have the same endings for almost all the other cases.

3. Feminine nouns with the -Ø ending in the nominative singular case belong to the *3rd or -I Stem Declension*. They do not have *both* hard and soft varients, since all nouns belonging to this declension end in paired soft consonants or *ж, ш, ч, щ*. After *ж, ш, ч, щ* the *-ь* in the nominative and accusative is simply a formal mark of the 3rd declension. It has no phonetic significance.

4. Adjectives form one basic declension with separate endings for gender and number, but, since the adjective stems can end in hard or soft consonants, we again have hard and soft spelling variants.

Hard stem adjectives in the nominative case have the following endings: Fem. *-ая*, Neut. *-ое*, Masc. *-ый* or stressed *-ой*.

Soft stem adjectives in nominative case have the following endings: Fem. *-яя*, Neut. *-ее*, Masc. *-ий*.

The spelling rules determine the vowel letter variant used, e.g., *u* for *ы* is written after velar *к*; see p.10, Rule 2.

All of this information on endings can be summed up in tabular form.

### Nouns

| | 1st Decl. | | | | 2nd Decl. | | 3rd Decl. |
|---|---|---|---|---|---|---|---|
| | Masc. | | Neut. | | Mostly Fem. | | Only Fem. |
| | Hard | Soft | Hard | Soft | Hard | Soft | Only Soft |
| Nom. Case | Ø | (-ь)Ø | -о | -е -ё | -а | -я | -ь |

### Adjectives

| | Fem. | | Neuter | | Masc. | |
|---|---|---|---|---|---|---|
| | Hard | Soft | Hard | Soft | Hard | Soft |
| Nom. Case | -ая | -яя | -ое | -ее | -ый (-ой) | -ий |

*Translation:* Read and try to translate the following noun phrases.

культурный гость
европейское море
серьёзный совет
английская газета
ночная работа
буржуазное дело
левый фронт
популярное вино
пролетарский герой
последний царь
новая ночь
солдатская медаль
последняя соль
марксистская мораль
русская мать
ленинградский фестиваль
литературная тема
профессиональный митинг
центральный санаторий
музыкальный инструмент
энергичный большевик
олимпийский комитет
аграрная станция
партийная идеология
вьетнамский лингвист

инициативный юрист
интернациональный институт
официальный визит
агрессивная роль
характерный юмор
московский юбилей
фашистская теория
религиозная идея
эксцентричная комедия
новый лидер
алюминиевый стул
официальный пропагандист
революционная трибуна
специальный аэродром
гигантский дом
арабский клуб
ночной центр
экспериментальная лампа
традиционный патриотизм
английский джин
индийская колония
бельгийская фабрика
пассивная интеллигенция
транспортный метод
абстрактная теория

# CHAPTER III

## Simple, Linking Sentences

### *Vocabulary*

*Nouns*

го́род   *city*
ме́сто   *place, seat*
нау́ка   *science*
труд   *labor*
челове́к   *human being, person*
рабо́тник   *worker*
страна́   *country*
спу́тник   *satellite*

*Pronouns*

кто   *who*
что (pronounced *што*) *what*
э́то   *this/that (is)*

*Conjunctions*

и   *and (addition)*
а   *and (contrast)*

*Adjectives*

городско́й   *urban*
ме́стный   *local*
нау́чный   *scientific*
трудово́й   *laboring, working*
челове́ческий   *human, humane*
типи́чный   *typical, characteristic*
хоро́ший   *good*
плохо́й   *bad*
како́й   *what (kind of), which (adj.)*
тру́дный   *difficult*

*Adverbs*

где   *where*
здесь   *here*
там   *there*
до́ма   *at home*

## WORD FORMATION

Suffixes

1. The suffix -ОВ- forms adjectives from noun stems.

труд + -ов- ⟶ трудово́й   *laboring, working*
класс + -ов- ⟶ кла́ссовый   *class*
бронз(а) + -ов- ⟶ бро́нзовый   *bronze*
роз(а) + -ов- ⟶ ро́зовый   *pink*

*N.B.* Кла́ссный/кла́ссовый and тру́дный/трудово́й, derived with different suffixes, have different meanings.

кла́ссная рабо́та   *class work (school work)*
кла́ссовая систе́ма   *(social) class system*
тру́дное де́ло   *a difficult (laborious) matter*
трудово́й ко́декс   *labor (laboring) code*

2. The suffix -ECK- is a variant of the -CK- suffix and has the same function. It is used in deriving adjectives from noun stems ending in -K-.

меха́ник(а) + -еск- ⟶ механи́ческий   *mechanical*

```
те́хник(а) + -еск- ────→ техни́ческий    technical
челове́к + -еск- ────→ челове́ческий    human
грек + -еск- ──────────→ гре́ческий      Greek
```

*N.B.* Certain regular consonant alterations accompany this suffix, e.g., the final -К- of the noun stem always changes to -Ч-:

челове́к ~ челове́ческий

*Practice 1:* Read and translate the following adjectives derived by using the suffix -ЕСК-.

| | | |
|---|---|---|
| электри́ческий | математи́ческий | хими́ческий |
| физи́ческий | автомати́ческий | экономи́ческий |
| крити́ческий | полити́ческий | класси́ческий |

3. The suffix -И́ЧЕСК- is another variant of the -СК- suffix. It occurs with many stems and especially with foreign borrowings ending in -ИСТ-.

```
коммуни́ст + -ическ- → коммунисти́ческий   communistic
социали́ст + -ическ- → социалисти́ческий   socialistic
капитали́ст + -ическ- → капиталисти́ческий  capitalistic
геогра́ф(ия) + -ическ- → географи́ческий     geographic
```

*Practice 2:* Read and translate the following adjectives derived by using the suffix -И́ЧЕСК-.

| | |
|---|---|
| астрономи́ческий | патриоти́ческий |
| фотографи́ческий | империалисти́ческий |
| идеалисти́ческий | агрономи́ческий |
| биологи́ческий | демократи́ческий |

4. Many terms designating a professional or specialist in some field consist of the root of the word designating that profession or speciality without any suffix at all. The corresponding name of the field ends in -ИЯ or -А.

| | | | |
|---|---|---|---|
| био́лог | *biologist* | биоло́гия | *biology* |
| гео́лог | *geologist* | геоло́гия | *geology* |
| астроно́м | *astronomer* | астроно́мия | *astronomy* |
| матема́тик | *mathematician* | матема́тика | *mathematics* |
| фи́зик | *physicist* | фи́зика | *physics* |
| кри́тик | *critic* | кри́тика | *criticism* |

*GRAMMAR*

## I. THE VERB "TO BE"

The verb "to be" is not used in the present tense in Russian. However, although it is omitted, it still must be supplied by the English-speaking

22

translator. Normally a dash (--) is written in place of the missing verb.

Турист--америка́нский профе́ссор.
> *The tourist [is] an American professor.*

Сове́тская проду́кция--плоха́я.
> *Soviet production [is] bad.*

Но́вый студе́нт--хоро́ший.
> *The new student [is] good/a good one.*

Но́вый студе́нт--хоро́ший челове́к. ⎫ *The new student*
Но́вая студе́нтка--хоро́ший челове́к. ⎭ *[is] a good person.*

*Practice 3:* A. Translate the following sentences.

1. Астроно́мия--интере́сная нау́ка.
2. Сове́тский челове́к--культу́рный.
3. Америка́нский олимпи́йский спортсме́н--плохо́й фи́зик.
4. Ара́бский студе́нт--серьёзный.
5. Но́вгород--истори́ческий ру́сский го́род.
6. Англи́йский ю́мор--стра́нный.
7. Уо́лл-стрит--капиталисти́ческий центр.
8. Сан Франци́ско--морско́й порт.

B. Match the appropriate words and phrases in Columns A and B to make simple sentences. Use each item only once.

| *Column A* | *Column B* |
|---|---|
| 1. Сату́рн | 1. буржуа́зная страна́ |
| 2. Ло́ндон | 2. популя́рная му́зыка |
| 3. маркси́стская поли́тика | 3. но́вая нау́ка |
| 4. ленингра́дский городско́й сове́т | 4. тала́нтливый юмори́ст |
| 5. Аме́рика | 5. типи́чный сове́тский геро́й |
| 6. джаз | 6. прогресси́вный |
| 7. Марк Твен | 7. антиимпериалисти́ческая |
| 8. нау́чный рабо́тник | 8. гига́нтская плане́та |
| 9. а́томная фи́зика | 9. англи́йский го́род |
| 10. после́дний пара́граф | 10. теорети́ческий |

## II. ADVERBS OF LOCATION

Three important adverbs of location are:

> здесь *here*
> там *there*
> до́ма *at home*

Здесь но́вый студе́нт.[1] *The new student is here.*

---

[1] Note the usual Russian word order.

Там хороший работник. *The good worker is there.*
Греческая артистка дома. *The Greek performer
is at home.*

*Practice 4:* Translate the following sentences.

1. Там плохой человек.
2. Здесь футбольный матч.
3. Там автомобильная фабрика.
4. Русский самовар--дома.
5. Там местное вино.
6. Здесь индийская газета.
7. Бронзовая медаль--дома.

## III. PERSONAL PRONOUNS

Russian has three 3rd person singular personal
pronouns:

он    *he, it*
оно   *it*
она   *she, it*

Интересный гость там.    *The interesting guest is there.*

Он        там.    *He is there.*

Новый стул там.    *The new chair is there.*

Он   там.    *It is there.*

Хорошее вино здесь.    *The good wine is here.*

Оно   здесь.    *It is here.*

Социалистическая газета здесь.   *The socialist newspaper is here.*

Она          здесь.   *It is here.*

Советская космонавтка дома.   *The Soviet astronaut
is at home.*

Она          дома.   *She is at home.*

ОН, ОНО, ОНА express the gender of the nouns
they replace. They usually occupy the same place in
the sentence as the noun phrase they stand for.

*Practice 5:* Read and translate the following sentences, then remodel each sentence sub-
stituting pronouns for the subject.

1. Турист--американский профессор.
2. Советская космонавтка--научный работник.
3. Местное вино--дома.
4. Суздаль--исторический русский город.
5. Астрономия--интересная наука.
6. Новое дело--интересное.
7. Атомная физика--новая наука.

24

8. Сове́тский рабо́тник--инициати́вный челове́к.
9. Балти́йское мо́ре--стра́нное ме́сто.
10. Гре́ческая арти́стка--популя́рная.

## IV. DEMONSTRATIVE PRONOUNS

Э́ТО serves as a demonstrative pronoun. It has the following meanings.

*this is/that is/it is*

When translating into English, choose the meaning that is most appropriate in context.

Э́то но́вый сове́тский нау́чный журна́л.
  *It/This/That is a new Soviet scientific periodical.*
Э́то стра́нное ме́сто.
  *It/This/That is a strange place.*
Э́то ме́стная пробле́ма.
  *It/This/That is a local problem.*

Э́ТО does *not* agree in gender or number with the predicate nominative. It occupies the first place in the sentence.

*Practice 6:* Translate the following sentences.

1. Э́то хоро́шее вино́.
2. Э́то ночно́й рабо́тник.
3. Э́то ле́вая газе́та.
4. Э́то но́вое де́ло.
5. Э́то плоха́я ла́мпа.
6. Э́то после́дний сове́т.

## V. FORM OF QUESTIONS

A. *Questions Without Interrogatives*

Тури́ст америка́нский профе́ссор?
  *Is the tourist an American professor?*
Но́вый студе́нт хоро́ший?
  *Is the new student a good one?*
Хоро́ший рабо́тник там?
  *Is the good worker there?*
Гре́ческая арти́стка до́ма?
  *Is the Greek performer at home?*
Она́ здесь?
  *Is she here?*
Э́то тру́дная пробле́ма?
  *Is it/this/that a difficult problem?*

In Russian questions without interrogatives, the word order is usually the same as in declarative sentences. In writing, only the question mark at the *end* of the sentence indicates that the sentence is a

25

question. In speaking, such sentences have a characteristic question intonation.

*Practice 7:* Translate the following sentences.

1. Албания--коммунистическая страна?
2. Он талантливый юморист?
3. Советский человек--хороший работник?
4. Это плохое дело?
5. Сан Франциско--морской порт?
6. Это трудовой кодекс?
7. Атомная физика--новая наука?
8. Американская олимпийская спортсменка--
   хороший доктор?
9. Она хорошая артистка?

B. *Questions With Interrogatives*

Four frequently occuring interrogatives are:

кто    *who*
что    *what*
где    *where*
какой  *what kind of, which*

*Practice 8:* Translate the following interrogative
            sentences.

Кто это?              Кто дома?
Кто он?              Кто там?
Что там?             Что это?
Что здесь?           Кто хороший работник?

Где серьёзный студент?    Где она?
Где плохое вино?

Какая это газета?         Это какое место?
Какой человек он?         Какая она сестра?

Interrogatives almost always occur first in the sentence. The word КАКОЙ is an adjective and must always agree with the noun it modifies.

*Practice 9:* Using one of the interrogatives, convert
            the sentences below from statements to
            questions. More than one choice is pos-
            sible for some sentences.

1. Астрономия--интересная наука.
2. Здесь индийская газета.
3. Это последний совет.
4. Это трудная работа.
5. Там хорошее вино.
6. Индия--нейтральная страна.
7. Советский работник--интеллигентный человек.
8. Это американский турист.

26

9. Ленингра́д--истори́ческий го́род.
10. Тала́нтливая журнали́стка до́ма.

## VI. SUMMARY

All nouns, noun phrases, adjectives and pronouns which have appeared in the sentences discussed in the Grammar section of this chapter are in the nominative case. The nominative case functions as:
    a. the subject of the sentence;
    b. the predicate nominative, i.e., the so-called "object" of the verb "to be".

*Translation:* Translate the following sentences into English.

1. Но́вый спу́тник--плохо́й.
2. Како́й он челове́к? Он хоро́ший.
3. Ру́сский профе́ссор--интеллиге́нтный челове́к?
4. Аме́рика--буржуа́зная страна́.
5. Э́то официа́льный визи́т.
6. Сове́тская арти́стка и америка́нский космона́вт до́ма.
7. Э́то абстра́ктное де́ло.
8. Сату́рн--гига́нтская плане́та.
9. Нью-Йо́рк--хоро́ший го́род?
10. После́дний пара́граф плохо́й.
11. Где ро́зовая ла́мпа? Она́ там.
12. Ро́зовое вино́--популя́рное.
13. Астроно́мия--интере́сная нау́ка?
14. Гре́ческая арти́стка до́ма?
15. Но́вый студе́нт--хоро́ший челове́к?
16. Нау́чный рабо́тник здесь.
17. Кака́я там соль?
18. А́томная фи́зика--но́вая нау́ка.
19. Минск--белору́сский го́род.
20. Где мать? Она́ до́ма.
21. Здесь городско́й тра́нспорт--плохо́й.
22. Здесь америка́нский джаз--популя́рная му́зыка.
23. Како́й э́то ме́стный комите́т? Он прогресси́вный.
24. Моско́вский городско́й сове́т акти́вный.
25. Но́вый ли́дер--делово́й челове́к.
26. Лос-А́нжелес--большо́й тра́нспортный центр.
27. Там типи́чная кла́ссовая эксплуата́ция.
28. Хоро́ший рабо́тник здесь, а плохо́й там.
29. Ле́нинская револю́ция--герои́ческий труд!
30. Олимпи́йская меда́ль бро́нзовая.
31. Маркси́стская поли́тика--антиимпериалисти́ческая.
32. "Парти́йное де́ло--челове́ческое де́ло!"
33. Ме́ксика--буржуа́зная страна́.
34. Морска́я соль хоро́шая.
35. Э́то англи́йская газе́та?

36. Кто Марк Твен?  Он талантливый американский
    юморист.
37. Балтийское море--европейское море?
38. Где плохой стул?
39. Последнее место--плохое.
40. Физик и химик здесь.
41. Это марксистская мораль.
42. Ленинградский фестиваль--интернациональный.


## CHAPTER IV

### Past Tense, Infinitives, Inanimate Accusative

#### *VOCABULARY*

| *Nouns* | *Adjectives* |
|---|---|
| народ *people, nation* | народный *people's,* |
| друг *friend* | *national, folk* |
| товарищ *acquaintance,* | другой *other, another* |
| *comrade, buddy* | большой *large* |
| тип *personality, type* | маленький *small* |
| рабочий *worker; also,* | молодой *young* |
| *adj. workers'* | старый *old* |

#### *Verbs*

| | | | |
|---|---|---|---|
| видеть | *to see* | быть | *to be* |
| делать | *to do* | любить | *to love* |
| работать | *to work* | лежать | *to lie (prone)* |
| писать | *to write* | читать | *to read* |
| продолжать | *to continue* | хотеть | *to want* |
| стоять | *to stand* | сидеть | *to sit* |
| говорить | *to speak* | | |

#### *WORD FORMATION*

Suffixes

1. The suffix -ТЬ is the most frequent infinitive suffix.  Verbs are listed in the dictionary in
infinitive form.

2. The suffix -OBA- is used to form verbal stems
and is very frequent for verbs formed from foreign
borrowings.

протéст + -ова- + -ть ⟶ протестовáть  *to protest*
интерéс + -ова- + -ть ⟶ интересовáть  *to interest*

*Practice 1:*  Translate the following verb infinitives.

арестовáть             критиковáть
мобилизовáть           планúровать
фотографúровать        эксплуатúровать
комáндовать            аплодúровать
агитúровать            интересовáть
организовáть           национализúровать
демонстрúровать        проектúровать

## GRAMMAR

## I.  PAST TENSE

The following sentences are in past tense:

Студéнтка протестовáла.  *The student protested.*
Рабóтник сидéл здесь.  *The worker sat here.*
Винó бы́ло там.  *The wine was there.*
Артúстка фотографúровала.  *The performer took pictures.*
Где механик рабóтал?  *Where did the mechanic work?*

A.  Past tense is formed with a special suffix -Л-
which is followed by the appropriate endings
expressing gender and/or number.  (The gender/
number endings always agree in gender and number with the subject.)

1. Feminine singular has the gender/number ending
-A:

Студéнт*ка* протестовáл*а*.   Артúст*ка* фотографúровал*а*.
└──────agreement──────┘       └──────agreement──────┘

2. Neuter singular has the gender/number ending
-O:
Вин*ó* бы́л*о* там.
└──agreement──┘

3. Masculine singular has a Ø ("zero") ending:

Рабóтни*к* сидé*л* здесь.   Где механи*к* рабóта*л*?
└──agreement──┘             └──agreement──┘

4. *Agreement of past tenses with* ЧТО, ЭТО, КТО.

a. ЧТО always takes a neuter singular verb in
the past tense.

Что бы́ло там?  *What was there?*

29

b. ЭТО always takes a neuter singular verb in the past tense when the sentence contains no noun phrase:

Э́то бы́ло там.  *It/This/That was there.*

Otherwise the noun phrase determines the gender ending of the verb:

Э́то был друго́й друг.  *That was another friend.*

c. КТО always takes a masculine singular verb.

-Кто рабо́тал там?  *Who worked there?*
-А́нна Петро́вна.  *Anna Petrovna.*

*Practice 2:*  A.  Translate the following sentences.

1. Молодо́й това́рищ рабо́тал до́ма.
2. Друго́й челове́к был там.
3. Япо́нский генера́л кома́ндовал?
4. Америка́нский президе́нт аплоди́ровал?
5. Но́вое де́ло бы́ло интере́сное.
6. Молода́я дочь чита́ла.
7. "Наро́дная Газе́та" лежа́ла там.
8. Хоро́ший друг стоя́л там.

B.  Make up sentences using noun phrases from Column A and verbs from Column B.  Do not repeat any of the choices.

| *Column A* | *Column B* |
|---|---|
| 1. Друго́й това́рищ | 1. рабо́тал |
| 2. Молодо́й спортсме́н | 2. был здесь |
| 3. Ста́рое ме́сто | 3. сиде́ла до́ма |
| 4. Молода́я мать | 4. бы́ло там |
| 5. Болга́рское вино́ | 5. трениро́вал здесь |
| 6. Хоро́шая дочь | 6. была́ до́ма |
| 7. Ста́рый био́лог | 7. бы́ло хоро́шее |
| 8. Наро́дный теа́тр | 8. критикова́л |
| 9. Ма́ленькая сестра́ | 9. писа́ла |
| 10. Но́вый алюми́ниевый стул | 10. стоя́л здесь |

## II. INFINITIVES

The past tense and the infinitive of Russian verbs are formed from the same stem, called the Infinitive Stem.  Compare:

хоте-ть ~ хоте-л- / работа-ть ~ работа-л-  etc.

Он хоте́л рабо́тать.  *He wanted to work.*
Она́ люби́ла чита́ть.  *She liked/loved to read.*
Он продолжа́л протестова́ть.  *He continued to protest/protesting.*

30

*Practice 3:* Translate the following sentences.

1. Молодáя артѝстка любѝла критиковáть.
2. Лейтенáнт Смирнóв хотéл сидéть там.
3. Совéтская космонáвтка продолжáла фотографѝровать.
4. Где он хотéл стоять?
5. Официáльный гость продолжáл аплодѝровать.
6. Мáленькая дочь хотéла писáть.
7. Кто продолжáл раббтать?
8. Где спортсмéнка хотéла сидéть и читáть?

## III. ACCUSATIVE CASE

*The accusative case expresses the direct object of the verb.*

For neuter nouns and masculine nouns designating non-living things, the accusative case has the same form as the corresponding nominative. Study the following examples. Identify the nominative (subject) and accusative (direct object) forms in each sentence.

Áвтор читáл журнáл.
  *The author read the magazine.*
Стáрый коммунѝст критиковáл план.
  *The old Communist criticized the plan.*
Сестрá вѝдела Балтѝйское мóре.
  *Sister saw the Baltic Sea.*
Городскóй совéт организовáл нóвый комитéт.
  *The city council organized a new committee.*
Космонáвтка хотéла видéть япóнский фильм.
  *The (woman) astronaut wanted to see the Japanese*
Что человéк дéлал?                                    *film.*
  *What did the man do?*

*Practice 4:* Translate the following sentences. Be prepared to identify nominative, accusative, past tense and infinitive forms.

1. Там дочь вѝдела мáленький рýсский самовáр.
2. Молодóй архитéктор проектѝровал нóвый большóй стадиóн.
3. Совéтский чемпиóн хотéл читáть америкáнский спортѝвный журнáл.
4. Вьетнáмский журналѝст писáл коммюникé.
5. Демократѝческая пáртия организовáла мéстный комитéт.
6. Наýчный раббтник продолжáл протестовáть.
7. Онá вѝдела Большóй теáтр?
8. Совéтская газéта критиковáла фашѝстский империалѝзм.
9. Что большевѝк дéлал там?

31

10. Кто стоял здесь и фотографировал музыкальный
    инструмент?
11. Кто там демонстрировал?
12. Какой он хороший работник!
13. Последняя демонстрация была серьёзная.
14. Другой товарищ хотел продолжать работать.
15. Рабочий демонстрировал специальный инструмент.
16. Атлантический океан--большой.

*Translation:* Translate the following sentences.

1. Что он делал там?
2. Городской комитет планировал новый районный
   транспорт.
3. Французский гость критиковал калифорнийское вино?
4. Она любила популярное розовое вино.
5. Русская мать хотела быть там.
6. Голландский доктор видел московский санаторий?
7. Он работал, а она сидела дома и читала.
8. Молодой грек любил там работать.
9. Старый товарищ продолжал писать.
10. Олимпийский спортсмен стоял здесь?
11. Старая артистка любила английский джин.
12. Пролетарский герой любил работать.
13. Это хороший друг.
14. Инженер проектировал новый транспортный план.
15. Английская медицинская газета лежала там?
16. Другой человек работал здесь?
17. Культурный гость продолжал аплодировать.
18. Сестра была дома, а дочь была здесь.
19. Кто командовал здесь?
20. Американская студентка любила протестовать.
21. Это серьёзная проблема?
22. Где механик работал?
23. Старое место было интересное.
24. Он хотел видеть новый музей.
25. Народный театр здесь?
26. Японский рабочий агитировал здесь.
27. Дочь читала польский журнал.
28. Кто продолжал работать?
29. Лейтенант Иванов хотел сидеть там?
30. Городской совет критиковал новый план.
31. Американский журналист писал коммюнике.
32. Кто стоял здесь и фотографировал последний матч?
33. Какое дело организовал испанский бизнесмен?
34. Марксистская газета критиковала французский пор-
    нографический фильм.
35. Это был армянский коньяк?
36. Греческий народ--старый народ.
37. Ленин был хороший товарищ.
38. Советский чемпион продолжал там стоять и гово-
    рить.

32

39. Где был наро́дный теа́тр?
40. Ива́н большо́й, а Пётр ма́ленький.
41. Кто лежа́л там?
42. Э́то бы́ло тру́дное де́ло.
43. Городско́й сове́т хоте́л организова́ть но́вый студе́н-
    ческий клуб.
44. Украи́нская арти́стка была́ до́ма?
45. Что он хоте́л де́лать?
46. Како́й он стра́нный тип!
47. Рабо́чий сове́т мобилизова́л городско́й тра́нспорт.
48. Где стоя́ла больша́я ла́мпа?
49. Това́рищ Смирно́в--ста́рый коммуни́ст и энерги́чный
    дире́ктор.
50. Италья́нский драмату́рг хоте́л организова́ть интер-
    национа́льный фестива́ль.

# CHAPTER V

## Genitive Case

### VOCABULARY

#### Nouns

маши́на   car, machine
реше́ние   decision, solu-
    tion
язы́к   language, tongue
вода́   water
часть (f.)   part
кни́га   book
во́дка   vodka
карти́на   picture
ка́рта   map

#### Adjectives

ка́ждый   each, every
кру́пный   large-scale,
    prominent
ва́жный   important
кра́сный   red
краси́вый   beautiful
пра́вый   right (~ left,
    wrong)
сре́дний   middle, average
пе́рвый   first

#### Adverbs

то́лько   only
почти́   almost
ча́сто   often
ре́дко   rarely
всегда́   always
почему́   why
о́чень   very, very much
когда́   when

#### Verbs

знать   to know
взять   to take
сказа́ть   to say
реши́ть   to decide, solve

#### Conjunctions

и́ли   or
что (never stressed)   that
ли   (interrogative particle)

## I.

**A.** The conjunction ЧТО ("that") should not be confused with the pronoun ЧТО ("what"). The former is *never* stressed.

> *Что* он хотéл?
> *What did he want?*
> Он знал, *что* она сказáла?
> *Did he know what she had said?*
> Он сказáл, *что* онá рабóтала дóма.
> *He said that she worked at home.*
> Она писала, *что* Иван--студент.
> *She wrote that Ivan was a student.*

## I.

**B.** *The Interrogative Particle* ЛИ

ЛИ is used to form interrogative sentences. It always comes after the first word in the sentence, which itself refers to the focus of the question. Compare the sentences:

1. Учúтель писáл экзáмен?
   Писáл ли учúтель экзáмен? } *Was the teacher writing an exam?*

2. Экзáмен ли писáл учúтель? *Was it an exam that the teacher is writing?*

3. Учúтель ли писáл экзáмен? *Was the teacher writing the exam?*

Sentences (1) are neutral questions, whereas (2) and (3) are expressively marked. Normally the verb is placed before the ЛИ to form neutral questions, otherwise whatever is placed before ЛИ is being specifically questioned.

## II. GENITIVE CASE

The principle function of the genitive case is the expression of the Noun Phrase (NP) modifier. Compare the following formulations of NP plus NP modifier in Russian and English. For both English and Russian the NP modifier is in caps.

| литр ВИНÁ | | a liter | OF WINE |
|---|---|---|---|
| NP | NP mod. (Gen.) | NP | NP mod. |

| план ГÓРОДА | | a map | OF THE CITY |
|---|---|---|---|
| NP | NP mod. (Gen.) | NP | NP mod. |

| машúна | ИВÁНА | | IVAN'S | car |
|---|---|---|---|---|
| NP | NP mod. (Gen.) | | NP mod. | NP |
| мотóр | АВТОМОБИЛЯ | | THE AUTOMOBILE'S motor | |
| NP | NP mod. (Gen.) | | NP mod. | NP |
| момéнт | РЕШÉНИЯ | | the moment | OF DECISION |
| NP | NP mod. (Gen.) | | NP | NP mod. |
| геогрáфия | МÓРЯ | | the geography | OF THE SEA |
| NP | NP mod. (Gen.) | | NP | NP mod. |
| багáж | ГÓСТЯ | | THE GUEST'S | luggage |
| NP | NP mod. (Gen.) | | NP mod. | NP |

In all of the examples the NP modifier is in the genitive case in Russian; in the English equivalents the NP modifiers are preceded by "of" or marked by the possessive *'s*.

## A.  *1ST DECLENSION NOUNS AND THEIR MODIFIERS*

All of the words which occurred in the genitive case in the Russian examples are 1st Declension nouns and are marked by the ending -A or -Я.  Compare with the nominative singular:

| *Nom. Sing.* | *Gen. Sing.* |
|---|---|
| вин-ó | вин-á |
| гóрод-∅ | гóрод-а |
| Ивáн-∅ | Ивáн-а |
| автомобúль-∅ | автомобúл-я |
| решéни-е | решéни-я |
| мóр-е | мóр-я |
| гость-∅ | гóст-я |

1. The genitive singular ending for 1st Declension nouns (masculine and neuter) is -A or -Я depending on whether the stem ends in a hard or soft consonant.

2. Adjectives must agree with the nouns they modify.

нóв*ый* сор*т* францýзск*ого* вин*á*    *a new variety of French wine*

| | | |
|---|---|---|
| NP | NP mod. (Gen.) | |

35

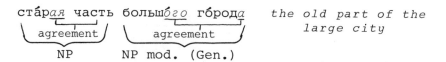

ста́р<i>ая</i> часть больш<i>ого</i> го́рода    *the old part of the*
    agreement       agreement          *large city*
     NP       NP mod. (Gen.)

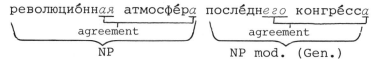

революцио́нн<i>ая</i> атмосфе́р<i>а</i> после́дн<i>его</i> конгре́сс<i>а</i>
       agreement            agreement
        NP          NP mod. (Gen.)

*the revolutionary atmosphere of the last congress*

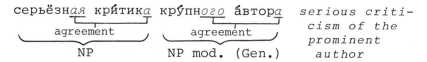

серьёзн<i>ая</i> кри́тик<i>а</i> кру́пн<i>ого</i> а́втор<i>а</i>    *serious criti-*
     agreement       agreement      *cism of the*
      NP      NP mod. (Gen.)    *prominent*
                                *author*

The genitive singular ending for adjectives modifying 1st Declension nouns is -ОГО/-ЕГО. *This ending is always pronounced as though written:* "-ОВО/-ЕВО".

- -ОГО is used for all adjectives ending in hard consonants.
- -ЕГО is used for all adjectives ending in soft consonants.

If the stem final consonant is Ж or Ш, the stress determines the type of spelling of the ending.

- -ОГО for stressed ending: большо́го
- -ЕГО for unstressed ending: хоро́шего

*Practice 1:* Give the genitive singular form for each of the noun phrases below.

но́вый профе́ссор      англи́йский наро́д
после́днее де́ло        хоро́шее ме́сто
ру́сское мо́ре          молодо́й друг
хоро́ший гость         большо́е мо́ре
большо́й автомоби́ль

*Practice 2:* Translate the following phrases.

1. молодо́й студе́нт институ́та ру́сского языка́
2. интере́сная газе́та профе́ссора Бу́нина
3. но́вый сорт ро́зового вина́
4. геогра́фия Сове́тского Сою́за
5. психоло́гия америка́нского журнали́ста
6. ма́ленький дом хоро́шего рабо́тника
7. арти́стка наро́дного теа́тра
8. хара́ктерный ю́мор англи́йского наро́да
9. после́дняя кни́га кру́пного а́втора
10. вода́ Балти́йского мо́ря

## B. 2ND AND 3RD DECLENSION NOUNS AND THEIR MODIFIERS

Read through the following examples and see if you can establish the genitive case endings of 2nd and 3rd Declension nouns and their modifiers.

парк культу́ры      *the park of culture*

NP   NP mod. (Gen.)

молодо́й а́втор кни́ги      *the young author of the book*

    NP      NP mod. (Gen.)

центра́льный комите́т коммунисти́ческой па́ртии

       NP        NP mod. (Gen.)

*the central committee of the Communist party*

хими́ческая структу́ра морско́й со́ли   *the chemical struc-*
                                   *ture of sea salt*

     NP       NP mod. (Gen.)

стул ма́ленькой сестры́      *the little sister's chair*

NP   NP mod. (Gen.)

литр хоро́шей во́дки      *a liter of good vodka*

NP   NP mod. (Gen.)

1. The ending for 2nd Declension is -Ы.  Its soft stem variant spelling is -И.
2. 3rd Declension nouns take only the -И ending.
3. The genitive singular ending for adjectives modifying feminine nouns      is -ОЙ.  Its soft stem variant is -ЕЙ.

If the stem final consonant is Ж, Ш, Щ, Ч or Ц the stress determines the spelling of the ending.

-ОЙ for stressed ending:    большо́й
-ЕЙ for unstressed ending:   хоро́шей

*Practice 3:*   Give the genitive singular form for each of the noun phrases below.

| | |
|---|---|
| агресси́вная па́ртия | краси́вая арти́стка |
| ва́жная рабо́та | физи́ческая хи́мия |
| но́вая роль | сре́дняя шко́ла |
| студе́нческая демонстра́ция | хоро́шая моде́ль |
| больша́я ста́нция | |

*Practice 4:*   Translate the following phrases.

1. решéние кáждой мáтери[1]
2. кни́га мáленькой дóчери[1]
3. профéссор биолóгии
4. геогрáфия срéдней чáсти Áфрики
5. áвтор наýчной кни́ги
6. рабóтник крýпной фáбрики
7. гость европéйской странь́
8. кри́тика вáжной наýчной рабóты
9. абстрáктный язы́к наýки
10. послéдняя часть хорóшей прогрáммы

*Translation:*   Translate the following sentences into
English.

1. Молодóй рабóтник хотéл знать, что дирéктор реши́л
   дéлать.
2. Онá хотéла ви́деть другóй фильм.
3. Почемý он сказáл, что áвтор наýчной кни́ги здесь?
4. Он рéдко фотографи́ровал здесь.
5. Сестрá товáрища Петрóва сидéла там?
6. Э́то систéма клáссовой эксплуатáции.
7. Кто читáл послéднее решéние городскóго совéта?
8. Револю́ция ликвиди́ровала буржуáзный класс.
9. Англи́йский тури́ст óчень люби́л Кремль и Музéй
   револю́ции.
10. Кто взял медици́нский журнáл?
11. Арти́стка Ленингрáдского теáтра былá здесь.
12. Крáсная маши́на секретаря́ пáртии стоя́ла там.
13. Где стоя́ла лáмпа профéссора?
14. Поли́тика лéвой пáртии--агити́ровать рабóчий класс.
15. Он талáнтливый компози́тор джáзовой мýзыки.
16. Корреспондéнт америкáнской газéты хотéл фото-
    графи́ровать парáд.
17. Какóе э́то винó, рóзовое и́ли крáсное?
18. Стáрый большеви́к люби́л францýзское винó.
19. Кто эксплуати́ровал срéдний класс Áнглии?
20. Лéкция америкáнского космонáвта интересовáла
    факультéт.
21. Тури́стка ви́дела Москóвский дом культýры?
22. Кто взял фотоаппарáт арáбского фи́зика?
23. Молодóй поэ́т знал язы́к трудовóго нарóда.
24. Профéссор Орлóв сидéл там и читáл техни́ческий
    журнáл.
25. Газéта дирéктора фáбрики лежáла здесь.

---

[1]The oblique case (every case but nominative and accusative)
stems of мать and дочь differ from the nominative stem and are
closer in form to their English equivalents: мать, матер-
*(mother)*; дочь, дочер- *(daughter)*.

26. Советская журналистка--интеллигентный человек.
27. Решение серьёзной проблемы расизма--очень трудное дело.
28. Максим Горький организовал институт литературы.
29. Архитектор нового театра--хороший музыкант.
30. Почему директор госпиталя редко читал журнал "Советская Медицина"?
31. Почему друг Анны и Николая продолжал там стоять и говорить?
32. Какой он человек, хороший или плохой?
33. Сестра продолжала работать, а мать сидела дома и читала.
34. Каждый советский рабочий знал, что хотела делать партия.
35. Балерина Большого театра была здесь.
36. Директор городского банка--хороший друг матери.
37. Русский музыкант любил американский джаз.
38. Дивизия Красной Армии атаковала фашистский аэродром.
39. Доктор медицины хотел видеть результат анализа.
40. Почему рабочий делегат сидел дома?
41. Новая биография Сталина--важный исторический партийный документ.
42. Средняя часть книги--очень интересная.
43. Что он решил сказать?
44. Важное решение Центрального Комитета партии очень интересовало народ.
45. Каждое решение партии--очень важное.
46. Почему она взяла новый журнал?
47. Иванов--средний рабочий.
48. Она очень любила последний фильм Эйзенштейна.
49. Политика новой газеты--левая или правая?
50. Жданов очень любил хороший английский джин.
51. Какая красивая картина!
52. Взял ли Лев эту книгу Алексея Толстого?
53. - Любила ли она море?  - Да, очень.

# CHAPTER VI

## Accusative Case (Continued), Personal and Interrogative Pronouns

### *VOCABULARY*

#### *Nouns*

земля́  *earth, land*
сло́во  *word*
жизнь (f.)  *life*
жи́тель  *inhabitant*
заво́д  *plant, industrial complex*
ко́мната  *room*
глава́  *"head" (the one in charge); chapter*
уче́ние  *study; doctrine, teaching*
учи́тель ⎫
учи́тельница ⎭ *teacher*
учи́лище  *school, educational institution*
зада́ча  *problem, task*
зда́ние  *building*
писа́тель  *writer*
речь (f.)  *speech*

#### *Adverbs*

уже́  *already*
то́же  *also*
давно́  *a long time ago; for a long time*

#### *Adjectives*

сло́жный  *complex, complicated*
вели́кий  *great*
живо́й  *living, alive*
ску́чный  *boring*
бе́лый  *white*
гла́вный  *principal*
учёный  *academic, scholarly; a scholar, a scientist*
высо́кий  *high, tall*

#### *Verbs*

нача́ть  *to begin*
учи́ть  *to study*
жить  *to live*
слу́шать  *to listen to*
слы́шать  *to hear*
встре́тить  *to meet*
ду́мать  *to think*
спроси́ть  *to ask (a question)*
нача́ть  *to begin*

#### *Conjunctions*

но  *but*
потому́ что  *because*

### *WORD FORMATION*

The suffixes -ТЕЛЬ (m.), -ТЕЛЬНИЦА (f.) denote the agent or the one who carries out the action described by the verb.

писа́ть--писа́тель, писа́тельница  *writer*
слу́шать--слу́шатель, слу́шательница  *listener*
жить--жи́тель, жи́тельница  *inhabitant*
чита́ть--чита́тель, чита́тельница  *reader*

In many instances masculine forms can now be used for both sexes:

люби́ть--люби́тель  *lover (a lover of something), fan*

*N.B.* A lover of someone is ЛЮБО́ВНИК, ЛЮБО́ВНИЦА.

Some feminine forms also have become obsolete, e.g., ЖИ́ТЕЛЬНИЦА and ЧИТА́ТЕЛЬНИЦА, and the masculine forms now generally denote both sexes.

*N.B.* These suffixes can also denote inanimate agents: громкоговори́тель *'loudspeaker'*

## GRAMMAR

## I. ACCUSATIVE CASE (Continued)

### A. *Accusative Case of Animate Masculine Noun Phrases*

1. As we saw in Chapter IV, inanimate masculine and neuter nouns have the same forms for Nominative and Accusative cases.

*Автомоби́ль* стоя́л там.     Ива́н ви́дел *автомоби́ль*.
Nom. Case                             Acc. Case

*Балти́йское мо́ре* краси́вое. Ива́н ви́дел *Балти́йское мо́ре*.
Nom. Case                                  Acc. Case

2. In the case of *Animate* masculine nouns the *Accusative* case forms are the same as the Genitive case.
Compare the forms below:

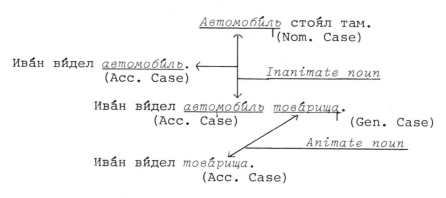

*Автомоби́ль* стоя́л там.
(Nom. Case)

Ива́н ви́дел *автомоби́ль*.
(Acc. Case)

*Inanimate noun*

Ива́н ви́дел *автомоби́ль това́рища*.
(Acc. Case)                    (Gen. Case)

*Animate noun*

Ива́н ви́дел *това́рища*.
(Acc. Case)

*N.B.* Animate beings include all animals.

Тигр слу́шал Леони́да. (Animate Acc.)
Леони́д ви́дел ти́гра. (Animate Acc.)

41

3. Adjectives must agree with the nouns they modify and will take the appropriate ending.

agreement

Борис любил русский язык.
*Inanimate Acc.*

agreement

Борис любил русское вино.
*Inanimate Acc.*

agreement

Борис любил русского профессора.
*Animate Acc.*

*Practice 1:* Indicate the Accusative Singular of the following phrases.

1. важный гость
2. красивый дом
3. крупный завод
4. каждый герой
5. старое место
6. большой работник
7. сложный метод
8. другое слово
9. русский язык
10. великий человек

*Practice 2:* Translate the following sentences.

1. Он слушал жителя Москвы.
2. Он встретил высокого учителя.
3. Любитель музыки слушал концерт.
4. Великий писатель читал роман Гоголя.
5. Он знал старого друга Ленина.
6. Последняя группа читала только Достоевского.
7. Он часто критиковал профессора Иванова.
8. Студент знал героя французской интеллигенции.
9. Керенский решил мобилизовать каждого русского студента.
10. Последняя часть газеты интересовала директора трудового союза.

B. *The Accusative Case of Second Declension Nouns and Related Noun Phrases*

1. All Second Declension nouns have -у as the accusative case ending (-ю for soft stems). In the singular no distinction is made between animate and

inanimate nouns.

Compare the forms below.

*Газе́та* была́ там.          Он ви́дел *газе́ту*.

Nom. Case                    Acc. Case

*Сестра́* была́ там.         Он ви́дел *сестру́*.

Nom. Case                    Acc. Case

*Фотогра́фия* была́ там.     Он ви́дел *фотогра́фию*.

Nom. Case                    Acc. Case

2. The ending for adjectives modifying feminine nouns is -УЮ (written -ЮЮ after paired soft stems.)

> Он ви́дел но́вую ру́сскую газе́ту.
> Он ви́дел краси́вую учи́тельницу.
> Он ви́дел после́днюю фотогра́фию.

*Practice 3:*   Indicate the accusative singular of the following phrases.

1. Коммунисти́ческая па́ртия
2. больша́я ла́мпа
3. Сре́дняя А́зия
4. Кра́сная А́рмия
5. плоха́я учи́тельница
6. пе́рвая глава́
7. сло́жная зада́ча
8. хоро́шая кни́га
9. ма́ленькая ста́нция
10. ску́чная рабо́та

C. *The Accusative Case of 3rd Declension Nouns and Related Noun Phrases*

1. The accusative case form of third declension nouns is the same as the nominative case form.

*Дочь* была́ там.            Он ви́дел *дочь*.

Nom. Case                    Acc. Case

*Соль* была́ там.            Он взял *соль*.

Nom. Case                    Acc. Case

2. Adjectives agreeing with 3rd Declension nouns show the expected feminine forms.

*Ма́ленькая дочь* была́ там.   Он ви́дел *ма́ленькую дочь*.

Nom. Case                    Acc. Case

*После́дняя часть* была́ там.  Он ви́дел *после́днюю часть*.

Nom. Case                    Acc. Case

*Practice 4:* Indicate the accusative case form of the following noun phrases.

1. плохая дочь
2. последний гость
3. какой учитель
4. другая жизнь
5. каждая ночь
6. скучная речь
7. великий писатель
8. старая мать
9. крупная продукция
10. правая часть
11. белый автомобиль
12. морская соль

D. *Adjectives Used as Nouns*

Adjectives in Russian can often stand alone, functioning as nouns (compare English 'the quick and the dead'). In most cases some noun can be "understood." The adjectives used as nouns preserve their adjectival endings: РАБОЧИЙ *workers'*, but also *a worker*, УЧЁНЫЙ *scholarly*, but also *a scientist* or *a scholar*. However, not every adjective can be used as a substantive; they must be learned individually, as presented.

Рабочий класс продолжал агитировать.
*The working class continued to agitate.*

Он критиковал английский рабочий класс.
*He criticized the English working class.*

Где был новый рабочий?
*Where was the new worker?*

Он видел нового рабочего.
*He saw the new worker.*

II. PERSONAL AND INTERROGATIVE PRONOUNS

The personal pronouns ОН (*he, it*), ОНА (*she, it*), ОНО (*it*) and the interrogative pronouns КТО (*who*) and ЧТО (*what*) have the following genitive and accusative case forms:

| Nom. | он | оно | она | кто | что |
|------|-----|------|-----|------|------|
| Gen. | его | его | её | кого | чего |
| Acc. | его | его | её | кого | что |

*N.B.* The accusative and genitive case forms of ОН and ОНО are the same. It makes no difference if ОН and ОНО refer to animate or inanimate nouns.

*Practice 5:* Translate the following sentences.

1. Когда она видела его?
2. Кого Иван спросил?
3. Что Таня читала?
4. Саша её очень любил.

44

5. Что она хотела слышать?
6. Когда рабочий делегат его встретил?
7. Кто взял вино? Петя его взял.
8. История Красной Армии её очень интересовала.
9. Когда Маша его слушала, она думала: какой он скучный человек!
10. Почему глава госпиталя хотел его видеть?

*Exercises*

A. Give the nominative case form of the following noun phrases. Identify the case in the form given below.

1. научного работника
2. большого автомобиля
3. хорошую книгу
4. великого человека
5. старую мать
6. красивого учёного
7. маленькой станции
8. первой части
9. живой язык
10. главное учение
11. другого слова
12. морской соли
13. советского рабочего
14. каждую ночь
15. последнего гостя
16. красивый дом
17. плохую дочь
18. старого места
19. сложной задачи
20. другой жизни
21. красное вино
22. последнего совета
23. красную армию
24. странной работы
25. городского жителя

B. Translate the following sentences into English.[1]

1. Центральный комитет арестовал антипартийную группу.
2. Учитель хотел решить задачу.
3. Он думал, что она была здесь.
4. Анатолий спросил гида, где жил Лев Толстой.
5. Рабочий делегат хотел встретить старого большевика.
6. Это страна великой рабочей революции.
7. Профессор Левин знал главу института атомной физики.
8. Он очень любил музыку великого русского композитора Римского-Корсакова.
9. Директор завода часто работал дома, потому что он любил фотографировать.
10. Товарищ Иванов уже встретил нового учителя музыки?
11. Кто слушал речь Брежнева?

---

[1] Before beginning the translation exercise see Appendix C, pp. 289-290, on Personal Names, for a discussion of the usage of given names, patronymics, and surnames.

12. Студе́нт лежа́л и чита́л ме́стную газе́ту.
13. Кто уже́ слу́шал о́перу "Садко́"?
14. Кого́ дире́ктор медици́нского институ́та хоте́л ви́деть здесь?
15. Мать встре́тила учи́тельницу до́чери?
16. Ко́мната до́ктора была́ больша́я и краси́вая.
17. Ста́рый эмигра́нт хоте́л нача́ть но́вую жизнь там.
18. Он чита́л то́лько часть грамма́тики ру́сского языка́.
19. Молода́я спортсме́нка игнори́ровала ску́чную речь сове́тского чемпио́на.
20. Он уже́ чита́л пе́рвую главу́ рома́на Достое́вского "Бра́тья Карама́зовы".
21. Вели́кий писа́тель Лев Толсто́й люби́л критикова́ть европе́йскую му́зыку.
22. Каку́ю во́дку он хоте́л взять? Он уже́ взял литр первокла́ссной по́льской во́дки.
23. Он давно́ учи́л монго́льский язы́к?
24. Това́рищ Н. слы́шал его́, когда́ он говори́л там.
25. Он её ре́дко ви́дел там.
26. Кого́ он хоте́л встре́тить?
27. Почему́ он продолжа́л говори́ть?
28. "Жизнь Ле́рмонтова"--интере́сная биогра́фия вели́кого ру́сского поэ́та.
29. Профе́ссор Ива́нов о́чень люби́л сове́тского писа́теля Макси́ма Го́рького, но ча́сто его́ критикова́л.
30. Он хоте́л слу́шать пе́рвую симфо́нию Проко́фьева.
31. Ца́рская поли́ция арестова́ла сестру́ молодо́го терро́риста.
32. Когда́ америка́нская арти́стка Айседо́ра Дунка́н встре́тила вели́кого ру́сского поэ́та Серге́я Алекса́ндровича Есе́нина?
33. Профе́ссор Бе́лая, сестра́ вели́кого писа́теля, чита́ла исто́рию францу́зской дра́мы.
34. Рабо́та молодо́го учёного интересова́ла дире́ктора биологи́ческого институ́та.
35. Ма́ленький пионе́р хоте́л ви́деть бро́нзовую меда́ль сове́тского боксёра.
36. Где па́спорт америка́нского тури́ста? Кто его́ взял?
37. Ма́ша продолжа́ла чита́ть "Пра́вду", а Ми́ша слу́шал америка́нскую наро́дную му́зыку.
38. Когда́ он учи́л америка́нскую исто́рию?
39. Люби́тель ру́сского теа́тра и ру́сской му́зыки Пётр Миха́йлович Валов знал компози́тора И́горя Страви́нского и балери́ну А́нну Па́влову.
40. Ру́сский царь Пётр Вели́кий был о́чень высо́кий челове́к.
41. Райо́нный сове́т уже́ давно́ плани́ровал здесь ме́стное техни́ческое учи́лище.
42. Па́ша взял литр хоро́шего бе́лого францу́зского вина́.
43. То́лько Вади́ма интересова́ла после́дняя часть рома́на "Ки́ра Петро́вна".

# CHAPTER VII

## Negation, Absence, the Prepositions
## ПРО́ТИВ, БЕЗ, ЗА

### *VOCABULARY*

#### *Nouns*

письмо́ *letter*
буты́лка *bottle*
молодёжь *(f.) youth (collective)*
шко́ла *school*
дверь *(f.) door*
стол *table*
прави́тельство *government*
дру́жба *friendship*
мир *peace; world*
окно́ *window*
пра́вда *truth*
нача́ло *beginning*
вопро́с *question*

#### *Pronouns*

никто́ *no one*
ничто́ *nothing*

#### *Adverbs*

нигде́ *nowhere*
вчера́ *yesterday*
сего́дня *today*
ещё *still, yet*
никогда́ *never*

#### *Adjectives*

ни́зкий *low; short*
лёгкий *easy; light (in weight)*
дорого́й *dear, expensive*
ли́чный *personal*
никако́й *no kind of, none whatsoever*

#### *Verbs*

закры́ть *to shut*
откры́ть *to open, to discover*
ко́нчить *to finish*
купи́ть *to buy*

#### *Particles and Conjunctions*

да *yes*
есть *there is/there are*
нет *there isn't, there aren't, no*
не *negating particle*
ни...ни... *neither... nor...*

#### *Prepositions*

про́тив + Gen. *against*
без + Gen. *without*
за + Acc. *for (the opposite of against)*

### *WORD FORMATION*

The negative particle НЕ discussed in the "Grammar" section of this chapter can also occur as a negative prefix with the same meaning as English "un-," e.g., "uninteresting," or "in-," "ir-," "im-," e.g., "inhuman." This prefix is productive in the formation of adverbs and especially productive in the formation of adjectives.

47

| | |
|---|---|
| недорогóй *inexpensive* | некраси́вый *not pretty,* |
| неважный *unimportant* | *ugly* |
| нехорóший *bad, not good* | некру́пный *medium sized,* |
| непра́вый *unjust, mistaken* | *not large* |
| ненау́чный *unscientific* | некульту́рный *uncivilized,* |
| несерьёзный *not serious* | *crude* |
| нетрудовóй *unproductive* | неплохóй *not bad, quite* |
| неда́вно *recently* | *good* |
| небольшóй *small, not* | нечеловéческий *inhuman,* |
| *great* | *inhumane* |
| нерéдко *frequently, not* | |
| *seldom* | |

## *GRAMMAR*

## I. NEGATION

A. The particle HE is used to express simple negation. When an entire sentence is negative, the particle immediately precedes the verb. In a sentence in which only a particular word is negated, the HE particle immediately precedes that word. Note the position of HE in the following sentences.

Ива́н *не* слы́шал. *Ivan didn't hear.*
Она́ *не* говори́ла. *She didn't speak.*
Он не хотéл стоя́ть там. *He didn't want to stand*
*there.*
Смирнóв не мéстный рабóчий. *Smirnoff is not a local*
*workman.*
Он нерéдко слу́шал му́зыку. *He frequently listened to*
*music.*
Она́ люби́ла не егó, а Бори́са. *She loved not him; she*
*loved Boris.*
Он жил не здесь, а дóма. *He didn't live here; he*
*lived at home.*
Не Бори́с, а Пётр ви́дел егó. *It wasn't Boris who saw*
*him; it was Pyotr.*

B. In complex negation, that is, in sentences containing a word beginning with НИ--

| | | | |
|---|---|---|---|
| никтó | *no one* | никакóй | *not any (kind of)* |
| ничтó | *nothing* | никогда́ | *never* |
| нигдé | *nowhere* | | |

or the conjunction НИ...НИ... (*neither...nor...*) the HE particle is obligatory and always immediately precedes the verb.

Он нигдé не рабóтал. *He worked nowhere.* or
*He didn't work anywhere.*
Никтó не говори́л? *Did no one speak?* or
*Didn't anyone speak?*

48

Ничего[1] не интересовало Бориса. *Nothing interested Boris.*

Он ничего не видел. *He saw nothing.* or *He didn't see anything.*

Он никого не слышал. *He heard no one.* or *He didn't hear anyone.*

Он никогда не жил там. *He never lived there.*

Он никакого русского профессора не знал. *He didn't know any Russian professor.*

Он там не видел ни учителя, ни студента. *He saw neither a teacher nor a student there.*

*N.B.* The position of НИ-words in a sentence is quite flexible, though they usually appear before the verb.

C. There is a strong tendency in Russian to express the direct object of a negated verb in the Genitive Case. Sometimes the Genitive is obligatory and sometimes not. In reading Russian you will encounter both usages. There is considerable individual variation in this regard.

*Practice 1:* Translate the following sentences.

1. Механик не взял вина.
2. Никто не работал там сегодня.
3. Маша не видела нового фильма.
4. Марк не любил слушать классическую музыку.
5. Мария читала не книгу, а газету.
6. Он не купил ни газеты, ни журнала.
7. Никто ничего не взял.
8. Виктор ничего не хотел знать.
9. Он не хотел видеть никакого артиста.
10. Вера не хотела писать письмо.
11. Профессор не видел новой студентки.
12. Студент не хотел продолжать читать.
13. Она не закрыла окна.
14. Иван ничего не видел.
15. Петя ещё не кончил читать романа.
16. Почему студентка не начала работать сегодня?
17. Рабочий не хотел сидеть дома.
18. Доктор не хотел купить бутылку водки.
19. Почему он никогда не работал дома?
20. Маленький пионер никогда не видел тигра.
21. Марк не читал газету сегодня.
22. Студентка ещё не решила трудной задачи.
23. Почему он никого не видел там?

---

[1]Used for Nom. ничто in colloquial Russian.

## II. PRESENCE/ABSENCE

A. The concepts of presence and absence in present time are signalled by the words ЕСТЬ and НЕТ --

| | |
|---|---|
| Здесь есть кни́га.<br>Кни́га здесь есть. | *There's a book here.* |
| Здесь нет кни́ги.<br>Нет кни́ги здесь. | *There is no book here./*<br>*There isn't any book here.* |
| Там есть окно́.<br>Окно́ там есть. | *There is a window there.* |
| Там нет окна́.<br>Нет окна́ там. | *There is no window there./*<br>*There isn't any window there.* |
| Там есть университе́т.<br>Университе́т там есть. | *There is a university there.* |
| Нет университе́та там.<br>Там университе́та нет. | *There is no university there./*<br>*There isn't any university there.* |

ЕСТЬ--*"there is"* comes from the now missing verb *"to be"* in the present tense. *It does not agree in gender or number with the subject.*

НЕТ--*"there is no"* or *"there isn't"* is really a contraction of НЕ ЕСТЬ and represents the negation of ЕСТЬ. НЕТ *always* takes the Genitive Case; i.e. that which is absent is in the Genitive Case.

> Здесь нет кни́г*и*.
> Там нет окн*а́*.
> Нет стол*а́* до́ма.

B. The past tense forms of ЕСТЬ in the singular are

> БЫЛ, БЫ́ЛО, БЫЛА́

These forms agree in gender and number with the subject. The only past tense form of НЕТ is НЕ́ БЫЛО. The "absent subject" in НЕ́ БЫЛО construction is always in the Genitive Case. Compare the expressions of presence and absence in the following sentences.

| | |
|---|---|
| Кни́га была́ здесь. | *The book was here.* |
| Здесь была́ кни́га. | *There was a book here.* |
| Кни́ги не́ было здесь. | *There was no book here./*<br>*There wasn't any book here.* |
| Окно́ бы́ло там. | *The window was there.* |
| Там бы́ло окно́. | *There was a window there.* |
| Окна́ не́ было там. | *There was no window there./*<br>*There wasn't any window there.* |

50

| | |
|---|---|
| Стол был здесь. | *The table was here.* |
| Здесь был стол. | *There was a table here.* |
| Стола нé было здесь. | *There was no table here./* |
| | *There wasn't any table here.* |

*Practice 2:* Convert the following sentences a) to indicate absence; b) to past time; c) to indicate absence in past time.

1. Нóвая книга здесь.
2. Там срéдняя шкóла.
3. Низкий стол здесь.
4. Интерéсное письмó здесь.
5. Большáя бутылка там.
6. Рýсский учитель дóма.
7. Плохóе винó здесь.
8. Мáленькая дверь там.
9. Стрáнный учёный там.
10. Там хорóшее здáние.
11. Несерьёзная спортсмéнка здесь.
12. Стáрый товáрищ там.

*N.B.* A distinction must be made between those sentences which are simply statements of absence and those sentences which give an explanation for the absence. The former have been treated so far; they are characterized by the use of Genitive Case. The sentences which give an explanation for the absence have a somewhat different construction, e.g.,

| | |
|---|---|
| Книга не здесь, а дóма. | *The book isn't here, it's at home.* |
| Книга былá не там, а дóма. | *The book wasn't there, it was at home.* |
| Окнó не там, а здесь. | *The window isn't there, it's here.* |
| Окнó бы́ло не там, а здесь. | *The window wasn't there, it was here.* |
| Профéссор не дóма, а здесь. | *The professor isn't at home, he's here.* |
| Профéссор был не дóма, а там. | *The professor wasn't at home, he was there.* |

No Genitive Case forms occur in these sentences and the past forms БЫЛ, БЫЛО, БЫЛÁ agree with the subject in gender and number.

## III. THE PREPOSITIONS--ПРÓТИВ, БЕЗ, ЗА

In Russian prepositions always govern (require) some case other than the nominative. Sometimes the same preposition governs more than one case, each

case having a different meaning.  The most popular
case for prepositions is the Genitive, however all
cases are represented.  Three common prepositions
are:

про́тив + Gen.  *(against)*
без + Gen.  *(without)*
за + Acc.  *(for)*

NOTE the meanings of ЗА + Acc.:

1. *"for"* (in favor of)

   Он голосова́л за президе́нта.  *He voted for the
   president.*

   за мир и дру́жбу            *for peace and friendship*

2. *"for"* (instead of, in exchange for), *"in the
   capacity of"*

   Он всё сде́лал за тебя́.  *He did it all for (instead of) you.*

   Она́ меня́ приняла́ за      *She took me for someone
   друго́го.                  else.*

   рабо́тать за больши́е      *to work for a lot of
   де́ньги                    money*

   купи́ть что́-нибудь за     *to buy something for
   10 до́лларов               10 dollars*

also note:

взять за́ руку              *to take by the hand*
моро́з за 30 гра́дусов       *over 30 degrees of frost*
за год, за неде́лю          *over the course of a
                            year, of a week*

*Practice 3:*  Translate the following prepositional
               phrases.

1. про́тив фаши́зма
2. про́тив наро́да
3. про́тив рабо́чего кла́сса
4. без хоро́шей воды́
5. без а́томной эне́ргии
6. без буты́лки джи́на
7. за мир и дру́жбу
8. за реше́ние па́ртии
9. за социали́зм
10. без рабо́ты
11. про́тив кого́
12. за маркси́стскую по-
    ли́тику
13. без ма́тери
14. за наро́дную му́зыку
15. за но́вое прави́тель-
    ство
16. про́тив ску́чной жи́зни
17. за сове́тскую молодёжь
18. без профессиона́льного
    учи́лища

*Translation:*  Translate the following sentences into
                English.

1. Оле́г не хоте́л откры́ть буты́лку дорого́го вина́.
2. Англи́йский наро́д был про́тив фаши́зма.
3. Никто́ не ви́дел профе́ссора фи́зики ни вчера́, ни

52

сегодня.
4. Товарищ Жданов сказал, что никто не критиковал министра испанского правительства.
5. Без Евы Адам не хотел жить.
6. Директор французской фабрики любил водку без лимона.
7. Почему сестра не хотела продолжать читать?
8. Здесь есть средняя школа? Нет, она не здесь, а там.
9. Студент не хотел писать письма.
10. Он купил дорогой новый стол и красивую лампу.
11. Старый польский писатель начал критиковать делегацию советской молодёжи.
12. Итальянская туристка не знала, где автобусная станция.
13. Личный секретарь президента часто читал советскую газету "Правда".
14. Старый солдат не знал, где генерал был вчера? Нет, никто не знал, где он был.
15. Сегодня начало театрального сезона.
16. Профессор не слышал вопроса молодого химика.
17. Земля здесь дорогая.
18. Я видел низкое красное здание без окна и двери.
19. Герой болгарского народа встретил Генерального секретаря ЦК КПСС товарища Л.И. Брежнева.
20. Почему Паша закрыл дверь?
21. "Комсомольская правда" вчера начала публикацию нового романа крупного советского писателя Михаила Александровича Шолохова.
22. Ваня не купил последнего номера "Нового мира". ("Новый мир"--интересный литературный журнал.)
23. "Без мира нет дружбы"--сказал старый индусский филбсоф.
24. Румынская молодёжь протестовала против визита турецкого консула.
25. Другого рабочего не было там?
26. Вера не хотела открыть дверь.
27. Петя не знал, где жил Лев Николаевич Толстой, когда он писал роман "Анна Каренина".
28. Почему лейтенант Крылов не хотел сидеть там вчера?
29. Работа советского фотографа не интересовала американскую молодёжь.
30. Никто не знал, почему архитектор не хотел продолжать работать здесь.
31. Это неплохое вино и тоже недорогое.
32. Сергей недавно кончил среднюю школу.
33. Там небольшое низкое здание.
34. Кто открыл дверь? Почему он не закрыл дверь?
35. Последняя часть задачи его очень интересовала.
36. Он не читал речи первого секретаря партии.

37. Комната Сергея была низкая и некрасивая.
38. Кто здесь не любитель футбола?
39. Личная жизнь французского актёра никого не интересовала.
40. Главная задача каждого советского человека--агитировать за мир.
41. Там не было никакой хорошей земли.
42. Пётр Денисович встретил Татьяну Фёдорову, когда он жил там.
43. Он уже сказал, что друг Васи говорил только правду.
44. "Учить русский язык--нетрудное дело",--сказал учитель.
45. Миша никогда её не слушал.
46. Правительство Кубы национализировало крупный американский завод.
47. Сегодня лёгкий экзамен.
48. Вчера здесь не было никакого студента.
49. Она писала, что первый вопрос товарища Минского был несерьёзный.
50. Кто взял белую книгу?
51. Госпожа Дыгина--новый директор ирландского морского училища. Иван давно её знал.
52. Её задача--кончить читать первую часть романа.
53. Это и есть правда.
54. Где он видел учёного Боткина?
55. Мария Борисовна уже давно встретила главного командира Попова.
56. Сестра крупного писателя Андрея Белого тоже жила там.
57. Маша решила спросить Игоря Трубецкого, когда Попова дома, потому что Маша хотела её видеть.
58. Красивая артистка очень интересовала молодого учителя.
59. Новая задача очень сложная?
60. Петя сказал, что речь ректора очень скучная.
61. Он хороший человек, но плохой музыкант.
62. Сказал ли он, что это картина его друга?

# CHAPTER VIII

## Prepositional Case, Motion/Direction, More Prepositions

### *VOCABULARY*

#### *Nouns*

гости́ница  *hotel*
собра́ние  *meeting, gathering*
приме́р  *example*
член  *member*
уро́к  *lesson*
съезд  *congress, conference*
пло́щадь *(f.)*  *square*
вокза́л  *(railway) station*
по́езд  *train*
самолёт  *airplane*
по́чта  *post; post office*
брат  *brother*
кварти́ра  *apartment*
у́лица  *street*
доро́га  *road*
изве́стие  *news item*

#### *Verbs*

пойти́[1]  *to go (on foot) (set out)*
пое́хать  *to go (by conveyance) (set out)*
положи́ть  *to place, to lay*
прийти́[1]  *to arrive (on foot)*
прие́хать  *to arrive (by conveyance)*
получи́ть  *to receive*
ждать  *to wait for*
забы́ть  *to forget*

#### *Adjectives*

настоя́щий  *present, actual, real*
ско́рый  *fast, quick*
свобо́дный  *free*
кита́йский  *Chinese*
изве́стный  *well-known*
огро́мный  *huge*
чёрный  *black*
до́брый  *good, kind*
бе́дный  *poor*
бога́тый  *rich*
мла́дший  *younger, junior*
ста́рший  *elder, senior*

#### *Prepositions*

в(о) + Acc.  *in(to)*
в(о) + Prep.  *in*
о(б) + Prep.  *about*
на + Acc.  *on(to)*
на + Prep.  *on*
при + Prep.  *attached to; during the time of*
из(о) + Gen.  *from (inside of)*
с(о) + Gen.  *from (off the top of)*
вме́сто + Gen.  *in place (of)/instead (of)*

---

[1] Пойти́, прийти́ are examples of verbs with infinitives ending in —ти rather than —ть.  Note the past tense of these verbs.

        пойти́—  пошёл, пошло́, пошла́
        прийти́—  пришёл, пришло́, пришла́

*Adverbs*

| | | | |
|---|---|---|---|
| вообще́ | generally, in general | куда́ | where (whither) |
| наприме́р | for example | сюда́ | here (to here, hither) |
| домо́й | homeward | туда́ | there (to there, thither) |
| отку́да | where...from | | |
| поэ́тому | therefore | | |

## GRAMMAR

## I. PREPOSITIONAL CASE

A. Prepositional Case is used only after certain prepositions, e.g., O "about." Study the following sentences, all of which contain noun phrases in the Prepositional Case. Pay attention to the Prepositional Case endings.

| | |
|---|---|
| Он говори́л о ста́ром го́роде. | He spoke about an old city. |
| Он ду́мал о плохо́м учи́теле. | He thought about the bad teacher. |
| Он спроси́л о большо́м музе́е. | He asked about the large museum. |
| Он слы́шал о сове́тском гербе́. | He heard about the Soviet hero. |
| Он писа́л о хоро́шем дру́ге. | He wrote about a good friend. |
| Он чита́л о францу́зском вине́. | He read about French wine. |
| Он говори́л о Балти́йском мо́ре. | He spoke about the Baltic sea. |
| Он говори́л о друго́м уче́нии. | He spoke about another doctrine. |
| Он знал о после́днем письме́. | He knew about the latest letter. |
| Он слы́шал о ску́чной кни́ге. | He heard about the boring book. |
| Он говори́л о сре́дней шко́ле. | He spoke about the high school. |
| Он чита́л о францу́зской а́рмии. | He read about the French army. |
| Он спроси́л о мла́дшей до́чери. | He asked about the younger daughter. |
| Он писа́л о морско́й жи́зни. | He wrote about nautical life. |
| Он ду́мал о пе́рвой ча́сти. | He thought about the first part. |
| Он чита́л о большо́й ста́нции. | He read about a large train station. |

56

# B. *Prepositional Case Endings*

1. Nouns of the 1st and 2nd Declensions take the ending -E[1];

| | |
|---|---|
| гóрод: гóроде | гость: гóсте |
| мóре: мóре | кнúга: кнúге |
| товáрищ: товáрище | слóво: слóве |

*except* for nouns with stems ending in -И-, when the ending is -И, e.g.

| | |
|---|---|
| решéние: решéнии | стáнция: стáнции |
| собрáние: собрáнии | áрмия: áрмии |

2. All 3rd Declension nouns take the ending -И;

| | |
|---|---|
| часть: чáсти | жизнь: жúзни |

3. The adjective endings are -OM when adjectives are modifying masculine and neuter nouns and -OЙ for feminine. Their "soft stem" variants are -EM and -EЙ respectively:

| | |
|---|---|
| нóвый: нóвом | большóй: большóм |
| нóвая: нóвой | большáя: большóй |

| | |
|---|---|
| послéдний: послéднем | хорóший: хорóшем |
| послéдняя: послéдней | хорóшая: хорóшей |

## II. The Prepositions В, НА, О, ПРИ

A. *These prepositions take Prepositional Case:*

в    *in, at*[2]
на   *on, at*[2]
о(б) *about*
при  *during the time of; in the presence of; attached to, at*[2]

*Practice 1:*   Translate the following prepositional phrases.

1. в мáленьком дóме
2. в истори́ческом музéе
3. о краси́вой студéнтке
4. об украи́нской мýзыке
5. при Калифорни́йском университéте
6. при царé Алексáндре Пéрвом
7. на послéднем собрáнии
8. в Росси́и
9. на Крáсной плóщади
10. во Фрáнции
11. на лунé
12. об извéстии из Амéрики
13. на урóке рýсского языкá
14. в нóвом решéнии

---

[1]Note that all paired consonants are palatalized before -E. (See p. 8)

[2]The correct translation is a function of English usage.

*N.B.* The preposition О becomes ОБ when the word immediately following it begins with a vowel sound, e.g. об окне́, об украи́нской му́зыке. The preposition В usually becomes ВО when the word immediately following it begins with a consonant cluster, e.g., во Фра́нции.

B. *On the meanings of the prepositions* В, НА

1. В indicates location inside all sizes of containers, animate beings and matter of any kind:

| | | |
|---|---|---|
| в буты́лке | в кни́ге | в автомоби́ле |
| в ко́мнате | в Ленингра́де | в Аме́рике |
| в зда́нии | в Кремле́ | в кла́ссе |

Certain other more abstract locations are also conceived of as containers.

| | | |
|---|---|---|
| в университе́те | в ре́чи | в сове́те |
| в шко́ле | в реше́нии | в газе́те |
| в институ́те | в изве́стии | |

2. НА indicates location on a surface.

| | | |
|---|---|---|
| на кни́ге | на земле́ | на столе́ |

It is also used in the following instances:

    a. to indicate location in regard to a "gathering": (at a gathering).

| | | |
|---|---|---|
| на ми́тинге | на ле́кции | на уро́ке[1] |
| на собра́нии | на конце́рте | на се́ссии |
| на съе́зде | на о́пере | на спекта́кле |
| на рабо́те | на фро́нте | на аэродро́ме |

    b. to indicate location within or at certain other places, most of which may not have been enclosed at one time.

| | | |
|---|---|---|
| на фа́брике | на по́чте | на вокза́ле |
| на заво́де | на ста́нции *N.B. also:* | на кварти́ре[2] |

    c. to indicate means of transportation.

| | | |
|---|---|---|
| на автомоби́ле | на авто́бусе | на по́езде |
| на трамва́е | на самолёте | на тролле́йбусе |

---

[1]Note the difference between НА УРО́КЕ *"at the lesson," "in class,"* and В КЛА́ССЕ *"in the classroom."*
[2]But compare:

Он был у Ива́на на кварти́ре. *He was at Ivan's apartment.*
дива́н в кварти́ре у Ива́на *the couch in Ivan's apartment*

3. ПРИ has the basic meaning of *"attached to"* and can be translated *"in the presence of," "in the time of" (under), "attached to," "during/in the course of" (process)*.

| | |
|---|---|
| при царе́ | при Петре́ Вели́ком |
| при социали́зме | лаборато́рия при институ́те |
| шко́ла при заво́де | при реше́нии полити́ческого вопро́са |

*Practice 2:* Translate the following sentences into English.

1. Кого́ он встре́тил на Кра́сной пло́щади?
2. Что она́ сказа́ла о това́рище Кузнецо́ве на после́дней се́ссии съе́зда?
3. Никто́ её не ви́дел на вокза́ле.
4. Ста́рший брат А́нны Никола́евны жил в огро́мной кварти́ре на Театра́льной пло́щади в Москве́.
5. Сего́дня никого́ не́ было на уро́ке ру́сского языка́.
6. Ста́лин сиде́л в большо́м чёрном автомоби́ле и ждал Че́рчилля.
7. Он ещё не чита́л последнее изве́стие о пе́рвом съе́зде но́вой нау́чной организа́ции.
8. Ста́рый фило́соф люби́л сиде́ть на ма́леньком ни́зком сту́ле и слу́шать му́зыку.
9. Кого́ Па́влова ждала́? Почему́ её не́ было на собра́нии?
10. Не́ было во́дки в буты́лке, поэ́тому он реши́л купи́ть но́вую буты́лку.
11. Вели́кий ру́сский поэ́т Пу́шкин жил в Петербу́рге.
12. Мари́на лежа́ла на дива́не в ма́леньком бе́дном до́ме и ждала́ но́вого царя́.

## III. DIRECTION VS. LOCATION

A. As has just been discussed, B and HA followed by Prepositional Case indicate states of rest or location. When the verb governing the Prepositional phrase indicates motion or direction (in)to or (on)to, Accusative rather than Prepositional Case is used. Compare the following sentences.

Он рабо́тал в педагоги́ческом институ́те. *He worked at the teacher's college.*
Он пое́хал в педагоги́ческий институ́т. *He went (rode) to the teacher's college.*

Она́ жила́ в Бе́лом До́ме. *She lived in the White House.*
Она́ пошла́ в Бе́лый Дом. *She went (in)to the White House.*

Она была́ на рабо́те. *She was at work.*
Она пошла́ на рабо́ту. *She went to work.*

Кто был на Кра́сной пло́щади? *Who was on/at Red Square?*
Кто пошёл на Кра́сную пло́щадь? *Who went to Red Square?*

B. Note that the change of case expresses the difference between rest and motion. In English this difference is often expressed by different prepositions. In Russian the preposition is the same, but the case is different. However even in English the preposition may be the same for expressing rest and motion. In that case the sense of the verb is the only indicator of rest or motion (in English, but not in Russian), e.g.

Он жил в Москве́. *He lived in Moscow.*
Он прие́хал в Москву́. *He arrived in Moscow, or*
                                     *He came to Moscow.*
Он сиде́л на дива́не. *He sat on the couch.*
Он положи́л кни́гу на дива́н. *He laid the book on the couch.*

1. В and НА plus Prepositional Case answer the question ГДЕ *"where,"* e.g.

    Где он жил?     Он жил в Москве́.
    Где он был?     Он был в го́роде.

2. В and НА plus Accusative Case answer the question КУДА́ *"where (to where, whither)"*, e.g.

Куда́ он пое́хал?   Он пое́хал в Москву́ (... в го́род.)
Куда́ он пое́хал?   Он пое́хал на Ку́бу (... на ста́нцию.)

3. The following adverbs of location have their counterparts, adverbs of direction.

    до́ма    *at home*   домо́й    *home*
    здесь    *here*       сюда́     *here (to here, hither)*
    там     *there*     туда́     *there (to there, thither)*

*Practice 3:*  Translate the following sentences into English. Convert each sentence into a question, using either КУДА́ or ГДЕ as an interrogative word.

1. Он пошёл в класс.
2. Он рабо́тал на фа́брике.
3. Он чита́л ле́кцию на собра́нии.
4. Она́ пое́хала на по́езде в Минск.
5. Она́ пое́хала на конце́рт.
6. Она́ была́ до́ма.

7. Мать сиде́ла на дива́не и чита́ла.
8. Она́ хоте́ла встре́тить бра́та в по́езде.
9. Он был на по́чте.
10. Ви́ктор пошёл домо́й.
11. Же́ня слу́шал му́зыку в кварти́ре.
12. Там он ждал сестру́.

## IV. THE PREPOSITIONS ИЗ and С

The prepositions ИЗ and С + Genitive are the opposite in meaning of В and НА + Accusative. They answer the question ОТКУДА?... *(from where?)*:

A. из(изо)[1] + Genitive = *from (inside of), from within*. ИЗ is the opposite in meaning of В + Acc.

B. с(со)[1] + Genitive = *from (off the top of)*. С is the opposite in meaning of НА + Acc.

Compare the following.

| | | | |
|---|---|---|---|
| в Бе́лый дом | *to the White House* | из Бе́лого До́ма | *from the White House* |
| на рабо́ту | *to work* | с рабо́ты | *from work* |
| на стол | *on(to) the table* | со стола́ | *from (off) the table* |
| на Кра́сную пло́щадь | *on(to) Red Square* | с Кра́сной пло́щади | *from Red Square* |

## V. INDECLINABLE FOREIGN WORDS

Many common nouns of foreign origin do not easily fit into the Russian declensional system. They are not declined. They do not have changing endings but nevertheless *do* have gender, number and case, as is shown by an accompanying adjective. Most are neuter in gender.

Some examples of the "indeclinables":

| | | | | | |
|---|---|---|---|---|---|
| ра́дио | *radio* | пальто́ | *coat* | кака́о | *cocoa* |
| метро́ | *subway* | такси́ | *taxi* | ко́фе (m.) | *coffee* |
| кино́ | *cinema* | бюро́ | *bureau* | кафе́ | *cafe* |
| меню́ | *menu* | шоссе́ | *highway* | | |

но́вое метро́--на но́вом метро́
большо́е такси́--на большо́м такси́
но́вое кино́--в но́вом кино́
администрати́вное бюро́--в администрати́вном бюро́
чёрный ко́фе--без чёрного ко́фе

---

[1]ИЗО and СО occur when the word following either of these prepositions begins with an "incompatible" consonant cluster.

# VI. PREPOSITIONAL CASE FORMS OF PRONOUNS

The Prepositional Case form of 3rd person personal pronouns and interrogative and negative pronouns is as follows.

| Nom. | Prep. |
|------|-------|
| он/оно́ | (о) нём |
| она́ | (о) ней |
| кто | (о) ком |
| что | (о) чём |
| никто́ | ни о ком |
| ничто́ | ни о чём |

When the pronouns НИКТО́ and НИЧТО́ are governed by prepositions, the preposition is placed between the negating prefix (НИ-) and the declined pronoun form, e.g.:

Он ни о ком не говори́л. *He didn't speak about anyone.*
Он ни о чём не писа́л. *He didn't write about anything.*

When 3rd person personal pronouns are governed by prepositions they are always written with an initial Н-.

Он говори́л о нём (о Петре́). *He spoke about him (about Peter).*
Он рабо́тал вме́сто неё. *He worked instead of her.*
Он рабо́тал без него́. *He worked without him.*
Он рабо́тал про́тив неё. *He worked against her.*

## *SUMMARY*

In tabular form the endings used in the declension of nouns and adjectives are as follows.

| *Nouns:* | *1st Decl.* | *2nd Decl.* | *3rd Decl.* |
|------|------|------|------|
| Nom. | Ø; о/е, ё | а/я | Ø (nothing) |
| Gen. | а/я | ы/и | и |
| Acc. | Nom./Gen. | у/ю | Ø (nothing) |
| Prep. | е(и) | е(и) | и |

| *Adjectives:* | *Masc.* | *Neuter* | *Fem.* |
|------|------|------|------|
| Nom. | ый (ой)/ий | ое/ее | ая/яя |
| Gen. | ого/его | ого/его | ой/ей |
| Acc. | Nom./Gen. | Nom. | ую/юю |
| Prep. | ом/ем | ом/ем | ой/ей |

# Some Remarks on Phrase Order

In Russian use of case endings and grammatical agreement permits a freer word and phrase order than in English. But the order is never completely free. For each type of sentence, there is a *neutral order*; deviations serve two main functions: to point out *new information*, and *to emphasize*.

I. *Neutral Order*. The following examples illustrate some basic principles of obligatory or neutral order:

1. HE before negated topics        (obligatory)

   Он ещё *не пошёл* в парк.
   Она жила *не в Москве́*, а в Ленингра́де.

2. NP + NP(GEN)                (obligatory)

   Бори́с купил *литр во́дки*.

3. Adj + Noun                  (neutral)

   Э́то *ва́жная и интере́сная кни́га*.

4. Verb + Object (except Pronoun Objects)          (neutral)

   Ива́н *чита́л кни́гу*.
   Он *встре́тил дире́ктора*.

5. Pronoun Object + Verb          (neutral)

   Оле́г *её ви́дел*.
   А́нна *его́ не встре́тила*.

II. *Old Information and New Information*. The following examples show how phrase order variation reflects the principle of ordering old information before new information. This type of order variation is especially noticeable in longer contexts--dialogue, continuous narrative, etc.

    Что там бы́ло? Там была́ ла́мпа.
    Где была́ ла́мпа? Ла́мпа была́ там.
    Кто сиде́л в кварти́ре? В кварти́ре сиде́ла сестра́.
    Когда́ мой брат прие́хал в Ки́ев, его́ встре́тила
    делега́ция рабо́чих.

Sometimes the reversal of Subject and Object can be translated by the passive voice in English:

    Но́вый дом стро́ила     *The new building was built*
      уда́рная брига́да.     *by the shock-worker team.*

63

III. *Emphasis*. The following examples illustrate how change from neutral phrase order serves to *emphasize* various elements of the sentence.

> Э́то де́лал Ми́ша.
> *Misha did that!*

> Я па́спорт получи́л.
> *I got a passport!*

> Домо́й он пошёл.
> *He went home!*

> Его́ я не люби́л. (а её--да)
> *I didn't care for him  (but I did...her)*

> Моё фами́лию Ива́н забы́л, но...
> *Ivan forgot my last name, but...*

> Я то́лько на съезд прие́хал.
> *I only came to attend the conference.*

> Без Людми́лы он жить не хоте́л.
> *He didn't want to live without Ludmila.*

When translating Russian, always remember that the basic grammatical information, who is the subject, who the object, etc., is being conveyed by the endings, and *not the word order*. With practice you will learn to recognize the stylistic functions of order variation.

*Translation:* Translate the following sentences into English.

1. По́езд на ста́нции.  Он уже́ пришёл.
2. Мла́дший брат сиде́л в самолёте и чита́л газе́ту.
3. Где жила́ ста́ршая сестра́ солда́та?
4. Америка́нский тури́ст ждал бра́та на аэродро́ме.
5. Сего́дня на Кра́сной пло́щади был большо́й пара́д.
6. Ве́ра пошла́ на по́чту получи́ть письмо́ из Ита́лии.
7. Профе́ссор Ды́мов уже́ давно́ пришёл домо́й с ле́кции.
8. Вообще́ он не люби́л францу́зского вина́.
9. Куда́ он пое́хал, в Москву́ или Со́чи?
10. Кто ви́дел бе́дную мать вчера́ в го́спитале?
11. Ива́н не пришёл на уро́к матема́тики и поэ́тому не знал, о чём говори́ла учи́тельница.
12. Марк пое́хал встре́тить америка́нского музыка́нта на вокза́ле.
13. Высо́кая гражда́нка не хоте́ла сиде́ть в кварти́ре мла́дшего бра́та, потому́ что он то́лько слу́шал америка́нскую му́зыку.
14. Ста́ршая сестра́ кита́йского ко́нсула прие́хала на рабо́чий съезд в Москве́.
15. Бога́тый америка́нский тури́ст не хоте́л жить в

64

гостинице "Украина".

16. Вместо инженера, механик поехал на завод.
17. Виктор сидел на месте профессора и говорил о
    религии.
18. Почему скорый поезд из Ташкента еще не пришёл?
19. Известный советский учёный Сахаров часто крити-
    ковал правительство СССР.
20. В театре нигде не было свободного места.
21. "Это плохой пример",--сказал учитель химии.
22. Он вчера встретил её на почте, где в августе
    работал Серёжа.
23. Доктор Смирнов не любил водки и поэтому купил
    большую бутылку белого вина.
24. При царе Петре Великом русское правительство
    открыло окно в Европу.
25. Академик Павлов жил в новом высоком здании на
    улице Александра Невского.
26. Сергей вчера забыл прийти на лекцию известного
    агронома.
27. Ни о брате, ни о сестре он ещё не слышал ни слова.
28. Он любил сидеть в библиотеке и читать "Правду."
29. "Кто здесь член партии?"--спросил китайский жур-
    налист.
30. Пётр забыл в метро не только книгу, но и пальто.
31. Что он знал об украинской народной музыке?
32. В речи члена районного совета не было ничего
    нового.
33. Московский цирк никогда не был в Лос-Анжелесе.
    А балет Большого Театра?
34. В трамвае не было кондуктора.
35. Товарищ Кузнецов ничего интересного не сказал на
    последнем съезде.
36. Кто ждал Павлову на вокзале?
37. Он нигде не видел товарища Серова--ни на собрании,
    ни на лекции, ни на уроке.  Никто не знал, куда
    он пошёл.
38. Старшего брата Вари не было дома.
39. Кто сказал, что молодой царь любил Марину?
40. Он забыл спросить её о нём.
41. Сегодня никто не хотел быть на уроке.
42. Какой он тип!  Он идиот.  Он никогда в жизни ни о
    чём не думал.
43. Старая мать комиссара Воробьёва приехала сюда из
    Минска на автобусе.
44. Новая гостиница "Интурист"--на улице Горького.
45. В октябре он поехал в Сочи и приехал домой только
    сегодня.
46. Младший лейтенант Киджи не знал, где квартира
    генерала Ростова, и поэтому не был на собрании.
47. Молодой турист видел новый автомобиль на дороге
    в Киев.

# CHAPTER IX

## Short Form Adjectives, Comparatives, Superlatives, У Clauses

### *VOCABULARY*

#### *Nouns*

муж  *husband*
жена́  *wife*
коли́чество  *quantity*
ка́чество  *quality*
значе́ние  *meaning,*
    *significance*
разви́тие  *development*
хозя́йство[1]  *economy*
председа́тель  *chairman*
колхо́з  *collective farm*
отве́т  *answer*

#### *Adverbs*

так  *so; thus*
как  *how; as*
до́лго  *long, a long time*
бо́льше  *bigger; more + verb*
мно́го  *much; many*
ма́ло  *little, few; not*
    *enough*
ме́ньше  *smaller; less +*
    *verb*
вот  *here (is), there (is)*
бо́лее  *more* ⎫ ⎧*positive de-*
ме́нее  *less* ⎭ +⎨*gree of an*
    ⎩*adjective*

#### *Adjectives*

бы́стрый  *fast*
ме́дленный  *slow*
ти́хий  *quiet*
гро́мкий  *loud*
просто́й  *simple*
тако́й  *such; so*
гото́вый  *ready (for);*
    *prepared (for)*
се́льский[1]  *agrarian,*
    *rural*
возмо́жный  *possible*
у́мный  *clever, wise*
за́нятой  *occupied, busy*
о́бщий  *general, common*
си́льный  *strong, power-*
    *ful*
сла́бый  *weak*
спосо́бный  *able, tal-*
    *ented*

#### *Prepositions*

у + Gen.  *adjacent to*
для + Gen.  *for (the*
    *benefit of)*
от + Gen.  *from (away*
    *from)*

#### *Verbs*

мочь[2]  *to be able (physically)*
понести́[2]  *to carry, to start to carry (on foot)*
принести́[2]  *to bring (on foot)*

---

[1]се́льское хозя́йство  *agriculture*
[2]The infinitives МОЧЬ, ПОНЕСТИ́, ПРИНЕСТИ́ deviate from
the standard formations in -ТЬ.  These verbs have the following past tense forms.
      мочь:  мог, могло́, могла́
      понести́:  понёс, понесло́, понесла́
      принести́:  принёс, принесло́, принесла́

иметь  *to have*
уметь  *to be able to, to know how to*
ответить (на вопрос)  *to answer (a question)*
смотреть на + Acc.  *to look at*
строить  *to build*

## WORD FORMATION

1. -ОСТЬ is a suffix (always 3rd Declension, Fem.)
forming *abstract* nouns from *adjectives*.  It is the
equivalent to English -*ness* and -*ty*.  Note the
occasional expanded form -НОСТЬ as in ГОТОВНОСТЬ.)

способный  *able* — способность  *ability*
возможный  *possible* — возможность  *possibility*
трудный  *difficult* — трудность  *difficulty*
странный  *strange* — странность  *strangeness*
личный  *personal* — личность  *personality*
разный  *different* — разность  *difference*
молодой  *young* — молодость  *youth (~ old age)*
сложный  *complex* — сложность  *complexity*
новый  *new* — новость  *piece of news*
бедный  *poor* — бедность  *poverty*
аккуратный  *careful, accurate* — аккуратность  *accuracy, care*
готовый  *ready* — готовность  *readiness*
редкий  *rare, infrequent* — редкость  *rarity, scarceness*
народный  *national* — народность  *nationality, folksiness*
партийный  *party* — партийность  *Party membership, Party spirit*
грамотный  *literate* — грамотность  *literacy*

2. -НИЕ and -СТВО form abstract neuter nouns.  -НИЕ
is formed from verb stems only.

знать  *to know* — знание  *knowledge*
решить  *to decide* — решение  *decision, solution*
положить  *to put* — положение  *position*
сказать  *to say, to tell* — сказание  *story, legend*
учить  *to teach* — учение  *doctrine, teaching*
продолжать  *to continue* — продолжение  *continuation*
планировать  *to plan* — планирование  *planning*
строить  *to build* — строение  *structure (of the government, etc.)*
видеть — видение  *vision, apparition*
видение  *sight, vision [the sense]* cf. телевидение  *television [the medium]*

67

-СТВО is formed from a variety of other parts of speech. Many words in -СТВО formed from *agent nouns* have a more or less collective meaning, but this is not at all absolute.

учи́тель    *teacher* ——————⟶ учи́тельство    *teaching staff*
това́рищ    *comrade* ——————⟶ това́рищество    *comradeship*
граждани́н    *citizen* ——————⟶ гражда́нство    *citizenship*
челове́к    *person* ——————⟶ челове́чество    *humanity*
брат    *brother* ——————————⟶ бра́тство    *brotherhood,*
                                        *fraternity*
жи́тель    *resident* ——————⟶ жи́тельство    *residence*
мини́стр    *minister* ——————⟶ министе́рство    *ministry*
бога́тый    *rich* ——————————⟶ бога́тство    *wealth*
о́бщий    *general* ——————————⟶ о́бщество    *society*
стро́ить    *build* ————————⟶ строи́тельство    *construction*
        строи́тельство социали́зма    *building of socialism*
        культу́рное строи́тельство    *cultural construction*
как    *how* ——————————————⟶ ка́чество    *quality*
ско́лько[1]    *how many* ——⟶ коли́чество    *quantity*
госуда́рь[1]    *sovereign* ——⟶ госуда́рство    *state*
прави́тель[1]    *governor* ——⟶ прави́тельство    *government*
производи́ть[1]    *to pro-* ——⟶ произво́дство    *production*
                *duce*
бо́льше    *more* ——————————⟶ большинство́    *majority*
                (*N.B.* большеви́к    *Bolshevik*)
ме́ньше    *less* ——————————⟶ меньшинство́    *minority*
                (*N.B.* меньшеви́к    *Menshevik*)

*Review:*    Give an English equivalent for each of these words. Try to remember the meaning of each root .

| | | |
|---|---|---|
| бра́тство | ка́чество | сло́жность |
| ра́зность | ли́чность | значе́ние |
| бога́тство | продолже́ние | эффекти́вность |
| зна́ние | строи́тельство | пи́сьменность |
| учи́тельство | наро́дность | коли́чество |
| уче́ние | аккура́тность | сказа́ние |
| большинство́ | меньшинство́ | но́вость |
| прави́тельство | отве́тственность | реше́ние |
| бе́дность | гражда́нство | о́бщество |
| плани́рование | парти́йность | положе́ние |
| тру́дность | реши́мость | ре́дкость |
| това́рищество | министе́рство | челове́чество |
| ста́рость | строе́ние | жи́тельство |
| гото́вность | произво́дство | |

---

[1] These are base words not yet given.

68

## GRAMMAR

## I. SHORT FORM ADJECTIVES

Russian distinguishes two uses of the adjective, attributive (the *good* boy) and predicative (the boy is *good*). In Russian special forms of many adjectives, the so-called *short forms*, can occur in the predicative function. Study the following examples.

Но́вая кни́га на столе́. *The new book is on the table.*
Кни́га но́вая. *The book is (a/the) new (one).*
Кни́га нова́. *The book is new.*

Но́вый автомоби́ль здесь. *The new car is here.*
Автомоби́ль но́вый. *The car is (a/the) new (one).*
Автомоби́ль нов. *The car is new.*

Но́вое зда́ние там. *The new building is there.*
Зда́ние но́вое. *The building is (a/the) new (one).*
Зда́ние но́во. *The building is new.*

*Short forms can occur* only in the predicate function and therefore only in the nominative case. The long forms can occur as both attributive and predicate adjectives. For many adjectives there is very little difference in meaning between short and long forms, but for a few adjectives the two forms can be quite divergent in meaning.

In such cases the long form suggests a permanent, inherent objective property, the short form a temporary, relative, subjective property. Compare long and short forms with divergent meanings in the following examples.

Он хоро́ший. *He is (a) good (person/one).*
Он хоро́ш. *He is good.*

Она́ краси́вая. *She is a beautiful (one/person).*
Она́ краси́ва. *She is beautiful.*

Костю́м большо́й. *The suit is (a) large (one).*
Костю́м вели́к. *The suit is (too) big.*

Some adjectives, for example, all adjectives in -СК- and -ОВ-, never have short forms. A few adjectives have special short forms, e.g.

большо́й: вели́к, вели́ка, вели́ко *too big*
ма́ленький: мал, мала́, ма́ло *too small*

*Practice 1:* Translate the following sentences.

1. Он давно́ был гото́в чита́ть ле́кцию.
2. Това́рищ Кузьмин за́нят сего́дня?
3. "Как он был хоро́ш!"--сказа́ла Ве́ра Ака́киевна.
4. "Зна́ние англи́йской исто́рии ва́жно,"--писа́л сове́т-ский диплома́т.
5. Но́вая кварти́ра мала́!
6. По́льская во́дка была́ дорога́.
7. После́дняя но́вость здесь ещё неизве́стна.
8. Почему́ телефо́н Ве́ры Па́вловны всегда́ был за́нят?
9. До́ктор сказа́л, что ста́рый большеви́к очень слаб и поэ́тому в го́спитале.

## II. ADVERBS

A. Adverbs modify verbs and adjectives. In Russian many adjectives form adverbs with the ending -O. Thus the adverb is identical in form with the short form neuter adjective.

> Он пло́хо чита́л. *He read poorly.*

*Practice 2:* Form adverbs from the following adjectives.

| | | |
|---|---|---|
| плохо́й | бы́стрый | си́льный |
| интере́сный | ме́дленный | свобо́дный |
| серьёзный | хоро́ший | сла́бый |

B. Adjectives in -СКИЙ form adverbs in -СКИ.

техни́чески сло́жный план *a technically complex plan*
истори́чески изве́стный факт *an historically known
fact*

C. Adverbs derived from nationalities have a special prefix in ПО-, e.g.

> по-францу́зски *in French*
> по-англи́йски *in English*

Such forms are most commonly used to refer to *the use of languages*, e.g.

Он хорошо́ говори́л по-ру́сски. *He spoke Russian well.*
Он пло́хо писа́л по-англи́йски. *He wrote poorly in
English.*
but note:

Он краси́во танцева́л по-цыга́нски. *He danced Gypsy
style beautifully.*

*N.B.* Without the ПО- prefix, languages are referred to as: ру́сский язы́к, испа́нский язы́к, etc. and "in a language" is usually на ру́сском, кита́йском, etc. языке́.

70

Indeclinable language names must be used with this construction:

Он говори́л на языке́ у́рду, иври́т, суахи́ли, etc.

*Practice 3:* Translate the following sentences.

1. Америка́нский фи́зик свобо́дно говори́л по-кита́йски.
2. Она́ так ти́хо говори́ла, что никто́ не мог её слы́-шать.
3. Жена́ генера́ла непло́хо жила́ в ма́леньком го́роде на Украи́не.
4. Почему́ он так стра́нно смотре́л на неё?
5. Ва́ня ду́мал, что он у́мно отве́тил на вопро́с учи́теля.
6. Молода́я писа́тельница всегда́ писа́ла про́сто, но ин-тере́сно.
7. Корреспонде́нт про́сто хоте́л знать о жи́зни кру́пного учёного.
8. Он взял журна́л и бы́стро пошёл домо́й.
9. Он ли́чно не знал но́вого председа́теля.
10. Она́ жила́ бе́дно в Нью-Йо́рке?
11. По́езд ме́дленно пошёл.
12. Това́рищ Попо́в свобо́дно говори́л по-италья́нски.
13. Высо́кий челове́к гро́мко говори́л на собра́нии.
14. Э́то истори́чески ва́жный моме́нт.
15. Он хорошо́ знал главу́ хими́ческого заво́да.
16. Она́ его́ до́лго ждала́.
17. Она́ бо́льше не хоте́ла чита́ть.
18. Ва́ня так бы́стро рабо́тал, что он ско́ро ко́нчил стро́ить моде́ль самолёта.
19. Са́ша ма́ло знал о жи́зни в колхо́зе потому́, что он всегда́ жил в го́роде.
20. Никого́ не́ было до́ма, когда́ мать инжене́ра прие́хала с аэродро́ма.
21. Пётр Пе́рвый (Вели́кий) организова́л пе́рвое морско́е учи́лище в Росси́и.
22. Америка́нский архео́лог Дави́д Лав рабо́тал в библи-оте́ке Брита́нского Музе́я.
23. Никто́ не хоте́л сказа́ть, о чём он её спроси́л.
24. Почему́ на собра́нии не́ было секретаря́ профсою́за?
25. "Пра́вда"--изве́стная сове́тская газе́та.

## III. COMPARISON OF ADJECTIVES AND ADVERBS

A. Comparison of adjectives and adverbs in Russian is similar to English.  Russian uses a special word, like English "more":

бо́лее интере́сный *more interesting*
бо́лее тру́дный *more difficult*

БО́ЛЕЕ constructions *are required* for all attributive adjective comparisons:

бóлее интерéсная кнѝга
бóлее трýдный вопрóс

B. Comparisons formed with БÓЛЕЕ are also possible in predicates but a suffix (cf. English *-er*,
*slower*, *better*, *later*) is more common in predication.
The Russian suffix is -ЕЕ (colloquial variant -ЕЙ).
Study the following sentences.

Бóлее нóвая кнѝга здесь. *The newer book is here.*
(Attr. Comp.)
Кнѝга Ивáна бóлее нóвая. *Ivan's book is the newer*
*(one).* (Pred. Comp.)
Кнѝга Ивáна нóвее. *Ivan's book is newer.*
(Pred. Comp.)
Он купѝл бóлее дорогýю кнѝгу. *He bought the more*
*expensive book.* (Attr. Comp.)
Кто принёс бóлее крéпкую вóдку? *Who brought the*
*stronger vodka?* (Attr. Comp.)
Это бóлее интерéсное письмó. *This is a more inter-*
*esting letter.* (Attr. Comp.)
Письмó из Москвы́ интерéснее. *The letter from Moscow*
*is more interesting.* (Pred. Comp.)
Вéра красѝвее. *Vera is prettier.* (Pred. Comp.)
Решéние послéдней задáчи труднéе. *The solution of*
*the final problem is more difficult.* (Pred. Comp.)

C. Some common adjectives have less predictable
predicate comparative forms. These must be memorized
as active vocabulary.

большóй--бóльше          тѝхий--тѝше
мáленький--мéньше        грóмкий--грóмче
хорóший--лýчше           дорогóй--дорóже
плохóй--хýже             молодóй--молóже
высóкий--вы́ше           простóй--прóще
нѝзкий--нѝже

D. Adverbial comparatives are formed either with
БÓЛЕЕ or are the simple form in (-Е)Е:

Он лýчше читáл. *He read better.*
Он бóлее мéдленно писáл. *He wrote slower.*
Он интерéснее говорѝл. *He spoke more interestingly.*

E. МÉНЕЕ *"less"* is used parallel with БÓЛЕЕ to
form inverse comparatives, e.g.

Онá читáла мéнее интерéсную кнѝгу, чем Ивáн. *She*
*read a less interesting book than Ivan.*

F. The conjunction ЧЕМ (English *"than"*) can be used in expressing any comparison, e.g.

Óльга былá умнéе, чем Мáша. *Olga was smarter than Masha.*

Ивáн говорúл лýчше, чем Пётр. *Ivan spoke better than Peter.*

Он писáл бóлее мéдленно, чем читáл. *He wrote slower than he read.*

У профéссора машúна лýчше, чем у дирéктора институ́та. *The professor's car is better than the car of the director of the institute.*

G. However, where the thing compared would be in the Nominative Case after ЧЕМ:

Óльга былá умнéе, чем Мáша. *Olga was smarter than Masha.*

Ивáн говорúл лýчше, чем Пётр. *Ivan spoke better than Peter.*

the ЧЕМ construction can be replaced by Genitive Case and in fact usually is:

Óльга былá умнéе Мáши. *Olga was smarter than Masha.*

Ивáн говорúл лýчше Петрá. *Ivan spoke better than Peter.*

*Practice 4:* Translate the following sentences.

1. Ивáн знал рýсскую литератýру лýчше, чем Васúлий.
2. Пáвел любúл óперу бóльше, чем теáтр.
3. Студéнт жил беднéе, чем учúтель.
4. Он говорúл грóмче профéссора.
5. Прáвда, что Áтлас был сильнéе Самсóна?
6. Вúктор стáрше Сáши, но молóже Гáли.
7. Он нáчал говорúть тúше, когдá онá пришлá.
8. Он хýже говорúл по-рýсски, чем брат.
9. Онá никогдá в жúзни не читáла бóлее скýчного ромáна.
10. Квартúра Глéба мéньше, чем кóмната Борúса.
11. Какóй автомобúль дорóже, "Москвúч" или "Жигулú"? А какóй лýчше?
12. Молодáя студéнтка дýмала, что онá умнéе профéссора.
13. Глáвное здáние Москóвского Госудáрственного Университéта (М Г У) вúше, чем гостúница "Украúна".
14. Молодóй учúтель говорúл о Толстóм прóще, но интерéснее,чем стáрый извéстный академúк.
15. Мáша вúше сестрú.
16. Пéрвый вопрóс мéнее вáжный, чем послéдний.
17. Япóнская машúна мéнее дорогá.
18. Глáвное здáние типúчного америкáнского университéта нúже, чем глáвное здáние МГУ.

73

H. *Superlative Forms with* СА́МЫЙ.

Although superlatives can be formed in several ways, it is most common to use the adjective СА́МЫЙ with the regular form (positive form) of the adjective, e.g.

| | |
|---|---|
| са́мая краси́вая сестра́ | *the most beautiful sister* |
| са́мый хоро́ший приме́р | *the best example* |
| са́мое высо́кое зда́ние | *the tallest building* |

## IV. THE PREPOSITION У.

Another preposition of location is У; it always governs the Genitive Case.

A. With *non-human* objects У expresses the idea of adjacency.  Compare:

| | |
|---|---|
| у окна́ | *at the window* |
| у две́ри | *at (beside) the door* |
| у автомоби́ля | *(standing) by the car* |

B. With *people* the preposition У is equivalent to French *chez*, German *bei*, English *at (someone's place)*:

| | |
|---|---|
| у до́ктора | *at the doctor's* |
| у бра́та | *at brother's (place)* |
| у него́ на кварти́ре | *at his apartment* |
| у това́рища Ма́йского | *at comrade Maisky's place* |
| у меха́ника | *at the mechanic* |
| у сестры́ | *at sister's* |

*Practice 5:* Translate the following sentences.

1. Он жил у сестры́.
2. Учи́тельница стоя́ла у две́ри и говори́ла.
3. Кто сиде́л там у окна́?
4. Ми́ша рабо́тал у до́ктора Смирно́ва.
5. Кого́ он ви́дел у Григо́рия на кварти́ре?
6. У бра́та в кварти́ре не́ было ни стола́, ни сту́ла.
7. Он её встре́тил вчера́ у акаде́мика Па́влова.
8. Когда́ он жил у арти́стки Ива́новой?
9. Он стоя́л у стола́.

C. Russian also uses the У preposition to express the idea of possessing, e.g.

У Ива́на есть кни́га. *John has a book.* *There is a book at John's/by John.*

actual translation

literal translation

74

| | |
|---|---|
| У Ивáна | ИВÁН is governed by the preposition У and is in the Genitive Case. In similar Russian sentences *the possessor is expressed as the object of* У. |
| есть | The use of ЕСТЬ here exactly parallels the "there is" construction discussed in Chapter 7, p. 50. |
| кни́га | КНИ́ГА is the subject of the Russian sentence and is in Nominative Case. In similar Russian sentences *that which is being possessed is expressed by nominative case.* |

*Practice 6:* Translate into English.

1. У Вéры Ивáновны есть нóвая маши́на.
2. У когó есть журнáл?
3. У дирéктора есть францýзское винó.
4. У бéдного студéнта есть буты́лка вóдки.
5. У негó есть послéдний нóмер "Литератýрной газéты".
6. У господи́на Брáуна есть квартира?
7. У извéстного филóсофа есть фотоаппарáт?
8. У Мáши есть стáрший брат?
9. У неё есть крáсный костю́м?
10. У молодóго рабóчего есть нóвый телеви́зор?

The past tense of "have" constructions is parallel with "there is" constructions.

У профéссора Пни́на был скýчный друг.
У Варвáры Ивáновны бы́ло хорóшее винó.
У богáтого студéнта былá краси́вая маши́на.

*Practice 7:* Convert the sentences in Practice 6 to past tense.

Negated possessive sentences also parallel the "there is" construction (Chapter 7, p. 50): НЕТ plus Genitive for present time and НÉ БЫЛО plus Genitive for past time.

У негó нет богáтого дрýга. *He doesn't have a rich friend.*
У Ивáна нé было другóго пальтó. *Ivan didn't have another coat.*
У товáрища Нóвикова нé было никакóго отвéта на вопрóс журнали́ста. *Comrade Novikov didn't have any answer to the journalist's question.*

*Practice 8:* Convert the sentences in Practice 6 to show negation both in present and past time.

*N.B.* The ЕСТЬ in sentences expressing possession is omitted in the present tense in affirmative sentences if the stress is not on ownership.

У неё есть но́вая маши́на. *She has (owns) a new car.*
У неё но́вая маши́на. *She has a new car (we all know she has a car.)*

У кого́ есть маши́на? *Who has (owns) a car?*
У кого́ маши́на? *Who happens to have a car?* or
*Who has the car?*

*Practice 9:* Translate into English. These sentences illustrate some uses of the preposition У discussed in this chapter.

1. У кого́ есть автомоби́ль сего́дня?
2. У Ива́на был гость вчера́.
3. У ма́тери не́ было биле́та на конце́рт.
4. Са́ши не́ было у Ви́ктора сего́дня.
5. Ни у кого́ не́ было пла́на го́рода.
6. У молодо́й студе́нтки был отве́т на вопро́с учи́теля.
7. У него́ не́ было никако́й кни́ги о ру́сской исто́рии.
8. Кака́я у него́ профе́ссия? Он до́ктор и́ли адвока́т?
9. Почему́ Ма́ша была́ у него́ вчера́? Что она́ там де́лала?
10. У Петра́ есть дочь?
11. У неё не́ было никако́й отве́тственности.
12. Где Ве́ра? Она́ не здесь? Она́ у Петра́?

## V. MORE ABOUT "HAVE"

Russian does have a verb corresponding to English "to have": ИМЕ́ТЬ. It is used only in the abstract sense of "having," when intangibles are possessed. Read the following examples.

1. Молодо́й учёный име́л возмо́жность рабо́тать в меди-ци́нском институ́те в Ки́еве. *The young scientist had the opportunity to work at the medical institute in Kiev.*
2. Рабо́та Ломоно́сова име́ла большо́е значе́ние для разви́тия ру́сской нау́ки. *The work of Lomonosov had a great significance for (in) the development of Russian science.*
3. Дире́ктор фа́брики плани́ровал но́вый рабо́чий клуб здесь, и ме́стный городско́й сове́т ничего́ не име́л про́тив э́того. *The director of the factory planned a new workers' club here and the local city council had nothing against it (was not opposed).*

У + *Genitive* constructions would be less usual in any of these sentences.

76

Russian also uses other constructions which can be translated by English *"have,"* e.g.

В автомоби́ле Бори́са--но́вый мото́р.
*Boris's car has a new motor/There is a new motor in Boris's car.*

На но́вом моско́вском тра́кторном заво́де есть и рестора́н, и поликли́ника.
*The new Moscow tractor plant has both a restaurant and a clinic./There is both a restaurant and a clinic at the new Moscow tractor plant.*

## VI. THE PREPOSITIONS ОТ AND ДЛЯ.

A. Note that the preposition У has a concrete spatial or locational meaning like В and НА (See Chapter 9, p. 74). Just as the latter two prepositions have correlating prepositions meaning *"from"*:

в *'in'* ~ из *'from (inside of)'*
на *'on'* ~ со *'from (on top of)'*

У *'next to, at'* has the preposition ОТ *'from (next to, at)'*:

у *'next to, at'* ~ от *'from (next to, at)'*

All three *"from"* prepositions govern the Genitive Case:

от окна́ *from the window*
от до́ктора *from the doctor's*
от това́рища Ма́йского *from comrade Maisky ('s)*
из го́рода *from the city*
со стола́ *from the table*

Он получи́л кни́гу от фи́зика. *He received the book from the physicist.*
Он име́л стипе́ндию от прави́тельства. *He had a scholarship from the government.*
Он прие́хал от до́ктора. *He came from the doctor's.*

NOTE: ВЗЯТЬ У + Gen. *to take from*

B. ДЛЯ *ДЛЯ* means *for (for the sake of, for the benefit of)* and takes Genitive Case. Cf. ЗА + Acc. = *for (~ against)*, p. 52.

Он рабо́тал для па́ртии. *He worked for the party.*
Она́ жила́ для него́. *She lived for him.*
Он чита́л письмо́ не для неё, а для Ве́ры. *He wasn't reading the letter for her, but for Vera.*

77

*Translation:* Translate the following sentences into English.

1. Мать положила книгу для Веры на стол.
2. Он долго смотрел на неё, потому что она была так красива.
3. Она не имела возможности поехать в Америку.
4. Сергей не умел читать ни по-английски, ни по-итальянски.
5. Он не мог прийти сюда сегодня, потому что он был очень занят.
6. Женя сегодня ни от кого не получил письма.
7. Председатель колхоза давно хотел начать строить новую школу.
8. Она принесла маленького брата в школу.
9. Жена не знала, у кого она взяла концертную программку.
10. Почему Иван не пришёл на концерт сегодня?
11. Гость принёс для дочери красивую розу.
12. Член местного рабочего комитета не ответил на вопрос журналиста.
13. Он купил огромное количество водки хорошего качества.
14. Развитие сельского хозяйства в Сибири очень интересовало американского агронома.
15. Председатель рабочего комитета--старый член партии.
16. Почему она ещё не готова?
17. Он начал говорить тише, когда доктор пришёл в комнату.
18. Зина вчера получила новую квартиру на улице Горького.
19. Степан думал, что профессор уже кончил говорить о жизни Лермонтова вчера, но лекция сегодня тоже была о Лермонтове.
20. Работа И. Е. Репина почти не известна в Америке.
21. На московской улице Ваня видел новый автомобиль--такси "Волга".
22. Старшая сестра председателя работала в техническом училище города Фрунзе.
23. У здания Большого театра народ ждал английскую балерину Маргот Фонтейн.
24. Борис слышал только последнюю часть концерта, но это была самая красивая часть.
25. Он недавно получил книгу из Советского Союза "Живой русский язык".
26. Это не имело никакого значения для него.
27. Кто умнее его?
28. У кого он работал ? Для кого Женя работал ?
29. Алексей Шатиков, председатель центрального комитета Общества советско-польской дружбы, вчера

приёхал в Варшáву из Ленингрáда.
30. У товáрища Вóлкова нé было ни брáта, ни сестрý.
31. Я хотéл взять в библиотéке биогрáфию нарóдного
поэта Алексéя Кольцóва, но кнúги в библиотéке
нé было.
32. На лéкции интерéсно говорúл стáрый инженéр из
Сибúри.
33. Квартúру брáта на ýлице Н. он не любúл: онá былá
малá.
34. Товáрищ Григóрьева никогдá не вúдела майóра Слá-
бина без пальтó.
35. Решéние о развúтии áтомной энéргии бы́ло óчень
вáжно для совéтской индýстрии.
36. Вáня знал бóльше, чем Вéра.
37. Вообщé классúческая мýзыка интересовáла крúтика
"Прáвды" мéньше, чем нарóдная мýзыка.
38. Молодóй механик имéл возмóжность рабóтать в по-
литехнúческом институте.
39. Решéние такóй задáчи-всегдá большáя трýдность
для студéнта.
40. Кáчество нóвого стрóйтельства вообщé óчень нúзко.
41. Рабóта Лобачéвского имéла большóе значéние для
развúтия математики.
42. Профсоюз хотéл стрóить нóвый рабóчий клуб на
центрáльной плóщади, и мéстный гóродской совéт
ничегó не имéл прóтив.
43. Сáмый послéдний перúод в развúтии сéльского хозяйства в Индии--исторúчески сáмый вáжный.
44. Он читáл об извéстном мáршале Крáсной Áрмии Г. К.
Жýкове в Большóй Совéтской Энциклопéдии.
45. Что онá дéлала на пóчте? Онá читáла письмó.
46. Он рабóтал в эксперментáльной шкóле при Ленин-
грáдском педагогúческом институте.
47. Он ничегó не знал о Каспúйском мóре.
48. Галúна Петрóвна спросúла о нóвом проéкте?
49. Онá никогдá не вúдела егó во Флорúде.
50. Он был на пéрвом концéрте Владúмира Ашкенáзи в
Амéрике.
51. Чтó сказáл профéссор на лéкции о речи Хрущёва
на XXII-ом[1] съéзде пáртии?
52. Онá óчень спосóбная, но её послéдняя картúна
слáбая.
53. Знáли ли вы возмóжный отвéт на э́тот простóй
вопрóс?
54. Был ли её муж ýмный человéк?
55. Егó нóвый фильм--картúна тúхой сéльской жúзни.
56. -Хорóший ли он председáтель колхóза?
-А кто лýчше?

---

[1]на двáдцать вторóм (22nd).

# CHAPTER X

## Relative Clauses, Fleeting Vowels, Declension of Pronouns, Possessive Adjectives, Plural of Verbs

### *VOCABULARY*

#### *Nouns*

библиотéка  *library*
этáж  *floor (story)*
отéц  *father*
представи́тель  *representative*
статья́  *article*
рису́нок  *drawing, sketch*
мужчи́на  *man*
слу́чай  *case, accident*
дáча  *dacha (country cottage)*
дерéвня  *village; country (not city)*
америкáнец  *American (m.)*
америкáнка  *American (f.)*
жéнщина  *woman*
поря́док  *order, sequence*
конéц  *end*
страни́ца  *page*
юг  *south*
зáпад  *west*
востóк  *east*
сéвер  *north*
беспоря́док  *disorder*
копéйка  *kopeck (coin)*
день *(m.)*  *day*
сын  *son*
любóвь *(f.)*  *love*

#### *Adjectives*

котóрый  *who, which (that)*
дóлжен, должнá  *must, have to*
востóчный  *east, eastern*
зáпадный  *west, western*
ю́жный  *south, southern*
сéверный  *north, northern*
четвёртый  *fourth*
пя́тый  *fifth*
прия́тный  *nice, pleasant*
вторóй  *second*

#### *Adverbs*

вдруг  *suddenly*
дáже  *even*
рáно  *early*
рáньше  *earlier*
тепéрь  *now*
пóздно  *late*
пóзже  *later*
далекó  *far, far off*
тóлько что  *just (now)*

#### *Pronouns*

всё  *everything*
все  *everyone*
я  *I*
ты  *you*
мы  *we*
вы  *you (pl.)*
они́  *they*

### *Demonstrative and Determinative Adjectives (Pronominal Adjectives)*

| оди́н | однó | однá | *one; a, an; a certain* |
|-------|------|------|-------------------------|
| тот | то | та | *that* |
| э́тот | э́то | э́та | *this, that* |
| весь | всё | вся | *all, the whole* |

*Possessive Adjectives* (*Pronominal Adjectives*)

мой, моё, моя *my*            наш, на́ше, на́ша *our*
твой, твоё, твоя *your*      ваш, ва́ше, ва́ша *your*
его́ *his, its*               их *their*
её *her, its*               свой, своё, своя *own*

N.B.   The forms of ЕГО, ЕЁ, ИХ remain the same regardless of the gender, number, or case of the
nouns being modified.

## *GRAMMAR*

## I.  RELATIVE CLAUSES

English uses the words "who" and "which (that)"
as relative pronouns. As their equivalent, Russian
uses the relative pronoun КОТО́РЫЙ which takes regular
adjectival endings. Notice how these relative pronouns are used in the sentences below.

| | |
|---|---|
| *The tall man was sitting there. He is a pro-fessor.* → | *The tall man who was sitting there is a professor.* |
| Высо́кий челове́к сиде́л там. Он профе́ссор. → | Высо́кий челове́к, *кото́рый* сиде́л там, про-фе́ссор. |
| *Who saw the lamp? The lamp stood by the sofa.* → | *Who saw the lamp which/ that stood by the sofa?* |
| Кто ви́дел ла́мпу? Ла́мпа стоя́ла у дива́на. → | Кто ви́дел ла́мпу, *кото́-рая* стоя́ла у дива́на? |

Study the additional examples:

| | |
|---|---|
| Я не ви́дел молодо́го комму-ни́ста, *кото́рый* рабо́тал там. | *I didn't see the young Communist who worked there.* |
| Вот францу́зский тури́ст, *кото́рого* Ива́н ви́дел вчера́. | *There's the French tourist whom John saw yesterday.* |
| Он люби́л арти́стку, у *кото́-рой* была́ больша́я да́ча в дере́вне. | *He loved the performer who had a large dacha in the country.* |
| Ве́ра совсе́м забы́ла о собра́-нии, на *кото́ром* говори́л пе́рвый секрета́рь. | *Vera completely forgot about the meeting at which the 1st secre-tary spoke.* |

81

У Са́ши был порнографи́чес-
кий журна́л, о *кото́ром*
Ки́ра говори́ла.

*Sasha had the porno-
graphic magazine
about which Kira was
speaking.*

*The rule is:* КОТО́РЫЙ *has the gender of the noun
it stands for (the antecedent) and the grammatical
case required by the clause in which it occurs.*
КОТО́РЫЙ *clauses are always set off from the rest of
the sentence by commas.*

*Practice 1:* Translate the following sentences.  Be
able to identify the antecedent of КОТО́-
РЫЙ and account for the grammatical
case of КОТО́РЫЙ in the relative clause.

1. Но́вая кни́га, кото́рую она́ купи́ла, о́чень дорога́я.
2. Вот письмо́, кото́рое я получи́л из Москвы́.
3. Она́ не зна́ла молодо́го челове́ка, кото́рого Па́вел
   вчера́ встре́тил.
4. Кто ещё был на собра́нии, на кото́ром она́ была́
   вчера́?
5. Мари́я Фёдоровна жила́ на да́че, кото́рая была́ у
   Чёрного мо́ря.
6. Дире́ктор заво́да, на кото́ром Серёжа рабо́тал, жил
   у до́ктора Па́льчикова.
7. Вот това́рищ, кото́рый ча́сто не говори́л пра́вду.
8. Он хоте́л взять энциклопе́дию, кото́рой тепе́рь уже́
   не́ было в библиоте́ке.
9. Дом, в кото́ром он жил, ни́зкий, ма́ленький и вообще́
   некраси́вый.
10. Она́ положи́ла кни́гу на стол, кото́рый стоя́л у окна́.
11. Кита́йская учи́тельница, кото́рую он ви́дел в шко́ле,
    уме́ла хорошо́ писа́ть по-ру́сски.
12. Гость, кото́рый прие́хал вчера́,--изве́стный био́лог.
13. Он хоте́л купи́ть тот рома́н Гончаро́ва, о кото́ром
    профе́ссор чита́л ле́кцию.
14. Он получи́л журна́л, кото́рый Ма́ша хоте́ла чита́ть.

*Practice 2:* Use the appropriate form of КОТО́РЫЙ to
fill in the blanks in the sentences
below.

1. Отку́да председа́тель колхо́за, _____ говори́л на
   после́днем съе́зде?
2. Вот кни́га, _____ она́ купи́ла вчера́.
3. Учи́тельница, _____ сего́дня была́ у до́ктора
   Ивано́ва, о́чень краси́вая.
4. Где молодо́й америка́нец, о _____ Ве́ра Па́влова
   писа́ла?
5. Никто́ не знал фи́зика, _____ жил в ма́ленькой

квартире.
6. Вот учёный, у _____ Светлана работала.
7. Новый химический завод, _____ Московский городской совет планировал в южном районе города, --самый большой в мире.
8. Дочь, для _____ он купил белое пальто, приехала сегодня из Турции.
9. Она только сегодня встретила жену директора, _____ Паша любил.
10. Кто ещё хотел читать письмо, _____ я получил из Советского Союза?

## II. FLEETING VOWELS

The past tenses of the verbs ПОЙТИ, ПРИЙТИ illustrate a special root alternation: when there is an ending (any vowel) the stem has no vowel:

пошла, пришла; пошло, пришло

when there is a "zero" ending, there is a vowel in the stem:

пошёл; пришёл

(Compare English "winter" ~ "wintry")
This "zero/vowel" alternation is very common in Russian, especially in the noun declension. The vowel which disappears is always е/ё/о.[1] The process is typical of certain common suffixes, for example, -ЕЦ, -ОК.

| Nom. Case | Gen. Case | Acc. Case | Prep. Case |
|-----------|-----------|-----------|------------|
| отец | отца | отца | об отце |
| американец | американца | американца | об американце |
| комсомолец | комсомольца | комсомольца | о комсомольце |
| украинец | украинца | украинца | об украинце |
| конец | конца | конец | в конце |
| порядок[2] | порядка | порядок | в порядке |
| рисунок | рисунка | рисунок | на рисунке |

however it can also appear in roots:

| | | | |
|-----------|-----------|-----------|------------|
| день | дня | день | о дне |
| любовь | любви | любовь | о любви |
| сон (sleep) | сна | сон | во сне |
| Лев | Льва | Льва | о Льве |

---

[1]Except for ОДИН (see p. 85 in Section IV) and a few low frequency words.

[2]Contrast with ВОСТОК where the -ОК is not a suffix and does not have a "zero/vowel" alternation in oblique cases: ВОСТОК/ВОСТОКА/О ВОСТОКЕ.

The fleeting vowel appears quite frequently in the masculine short form adjective. Compare the following sentences.

| | | |
|---|---|---|
| Она́ гото́ва. | | Он гото́в. (гото́вый) |
| Она́ занята́. | | Он за́нят. (занято́й) |
| | *but* | |
| Она́ сильна́. | | Он си́лен. (си́льный) |
| Она́ интере́сна. | | Он интере́сен. |
| Она́ должна́.[1] | | Он до́лжен. |
| Она́ легка́. | | Он лёгок. |

## III. DEMONSTRATIVE AND DETERMINATIVE ADJECTIVES

The demonstrative adjectives ЭТОТ (*this, that*), ТОТ (*that*) and ВЕСЬ (*all, the whole*) belong to a special pronominal adjectival declension.

| | *Masc.* | *Neut.* | *Fem.* |
|---|---|---|---|
| *Nom.* | э́тот, тот, весь ‖ э́то, то, всё[2] | | э́та, та, вся |
| *Gen.* | э́того, того́, всего́ | | э́той, той, всей |
| *Acc.* | Nom. or Gen. | | э́ту, ту, всю |
| *Prep.* | э́том, том, всём | | э́той, той, всей |

*N.B.* 1. ЭТОТ and ТОТ have an extra -Т which is found only in Nom. Singular Masculine.
2. ВЕСЬ has a fleeting vowel in Nom. Sing. Masc.
3. ЭТОТ has a wider range of meaning than English "*this*" and is used for anything one can perceive, however distant in space.
4. ТОТ is used in direct contrast with ЭТОТ, e.g., не э́та кни́га, а та . . . (*not this book but that one*).
5. ТОТ is used with КОТО́РЫЙ - ТОТ . . . кото́рый . . . (*that . . . , which . . .*) та кни́га, кото́рая была́ на столе́ . . . (*that book which was on the table . . .*)
6. НЕ ТОТ means "*the wrong*" Он взял не ту кни́гу. *He took the wrong book*.
7. ТОТ ЖЕ means "*the same*" Он ви́дел тот же фильм. *He saw the same film*.

---

[1]The short form of ДО́ЛЖНЫЙ "*necessary, owing*" can be translated into English by "*must, ought to, should,*"
Она́ должна́ пойти́ домо́й. *She ought to go home.*
Он до́лжен был отве́тить на вопро́с. *He should have answered the question.*
[2]The pronoun ВСЁ "*everything*" is the neuter form of the pronominal adjective ВЕСЬ "*all, the whole.*"

*Practice 3:* Translate the following sentences.

1. Ресторáн, в котóром Бóря рабóтал, óчень приятен.
2. Онá должнá встрéтить егó на вокзáле.
3. Кто вѝдел молодóго комсомóльца на лéкции?
4. Всё в порядке? Нет. Борѝса Петрóвича ещё нет.
5. Кто дóлжен был говорѝть об этой задáче на собрáнии?
6. Сегóдня Пáша дóлжен сидéть дóма и читáть.
7. Сегóдня товáрищ Петрóва должнá былá принестѝ эту статью.
8. На четвёртой странѝце нé было хорóшего рисýнка.
9. Вéра не знáла, что взялá не ту кнѝгу.
10. Тот украѝнец, котóрый рабóтал на завóде, купѝл нóвую машѝну.
11. Он не вѝдел концá фѝльма.
12. Вéра сказáла, что конéц этого ромáна-сáмая интерéсная часть.
13. Он спосóбен на всё.
14. Гáля весь день сидéла дóма и читáла.
15. Áвтор писáл о пéрвой любвѝ молодóго рабóчего.
16. Почемý Вáня так стрáнно смотрéл на этого человéка?
17. Вéра спросѝла отцá, но он не мог отвéтить.
18. В егó кóмнате всё всегдá бы́ло в порядке.
19. Не этот журнáл, а тот лежáл на столé у двéри.
20. Тепéрь у отцá есть рабóта почтѝ кáждый день.

## IV. ОДѝН

A. The number one ОДѝН also belongs to the pronominal adjectival declension. It has a unique fleeting vowel (И) in the nominative singular masculine:

|  | *Masc.* | *Neut.* | | *Fem.* |
|---|---|---|---|---|
| *Nom.* | одѝн | однó | | однá |
| *Gen.* | одногó | | | однóй |
| *Acc.* | Nom. or Gen. | | | однý |
| *Prep.* | однóм | | | однóй |

B. ОДѝН is sometimes used like the English indefinite article "*a*", or may mean "*a certain,*" e.g.,

| Вчерá он встрéтил однý дáму, котóрая жилá в Сибѝри. | *Yesterday he met a/a certain woman who lived in Siberia.* |
|---|---|

C. ОДѝН also means "*alone*":

| Онá сидéла дóма однá и смотрéла телевѝзор. | *She stayed home alone and watched TV.* |
|---|---|

Царь Пётр стоял один у
мо́ря и ду́мал о Росси́и.

*Tsar Peter stood alone by
the sea and thought about
Russia.*

Note also:

Орло́в и Со́колов рабо́тали
на одно́й фа́брике.

*Orlov and Sokolov worked
in the same factory.*

## V. PERSONAL PRONOUNS

A. The 1st and 2nd person pronouns have a
unique declension. Study the forms of these pronouns and review the declension of the 3rd person
pronouns.

*Singular*

| | | | | |
|---|---|---|---|---|
| *Nom.* | я | ты | он/оно́ | она́ |
| *Gen.* | меня́ | тебя́ | его́ | её |
| *Acc.* | меня́ | тебя́ | его́ | её |
| *Prep.* | обо мне́ | о тебе́ | о нём | о ней |

*Plural*

| | | | |
|---|---|---|---|
| *Nom.* | мы | вы | они́ |
| *Gen.* | нас | вас | их |
| *Acc.* | нас | вас | их |
| *Prep.* | о нас | о вас | о них |

B. The past tense of the verb agrees with the
gender of 1st and 2nd person subjects.

Я (m.) чита́л.           Ты (m.) писа́л.
Я (f.) чита́ла.          Ты (f.) писа́ла.

C. ТЫ is the familiar form and is used only in
reference to a single individual. Russians still
distinguish between familiar and polite forms of
address. The tendency is to use familiar form in
addressing peers or individuals with lesser status.
The polite form is used with individuals who are not
well known and/or are of ·a higher status.

## VI. PLURAL OF PAST TENSE VERBS

A. In the plural, 1st, 2nd, and 3rd Persons
all take a past tense verb form ending in -И.
Gender is no longer distinguished, e.g.,

Мы бы́ли на собра́нии. *We were at the meeting.*
Вы не слы́шали об э́том? *Didn't you hear about that?*
Они́ не жи́ли в Москве́. *They haven't lived in Moscow.*

B. ВЫ also represents the polite singular and is
thus used in addressing a single individual, as well
as any number of plural addressees.

86

No matter whether ВЫ refers to one or more individuals, it always takes a plural verb form,
e.g.,

Профе́ссор Ива́нов, вы
бы́ли на ле́кции?

*Professor Ivanov, were you
at the lecture?*

Ма́ша и Па́ша, вы бы́ли
в теа́тре?

*Masha and Pasha, were you
at the theater?*

*Practice 4:*  Translate the following sentences.

1. Я уже́ говори́л о пя́той главе́.
2. Вы бы́ли на собра́нии вчера́?  Кого́ вы там ви́дели?
3. Ду́ня, почему́ ты ещё не ко́нчила писа́ть письмо́?
4. Они́ до́лго смотре́ли на вас.
5. Когда́ он был у вас?
6. Вы меня́ не ви́дели на конце́рте?
7. Ты уже́ забы́л, что Ве́ра сказа́ла о тебе́?
8. Одна́ же́нщина, кото́рую вы встре́тили вчера́, хоте́ла
   вас ви́деть.
9. Он спроси́л их, но у них не́ было хоро́шего отве́та.
10. Оди́н из них здесь, а друго́й там.
11. Вы их не слы́шали вчера́?  Они́ так гро́мко говори́ли.
12. Они́ жи́ли в одно́й дере́вне, в одно́м до́ме.
13. Мы купи́ли э́ту кни́гу для вас.
14. О чём ты писа́ла?
15. Я получи́л письмо́ от них.
16. Почему́ она́ принесла́ его́ сюда́?
17. Она́ то́лько вас люби́ла.
18. Сын никогда́ меня́ не слу́шал.
19. Мы пришли́ вме́сто них.
20. Вы до́лго её жда́ли?
21. Она́ уже́ забы́ла тебя́.
22. Почему́ он продолжа́л говори́ть обо мне́?
23. В э́той кни́ге не́ было ни одного́ хоро́шего рису́нка.

# VII.  POSSESSIVE ADJECTIVES

A. The 1st and 2nd Persons have possessive
adjectives which belong to the Pronominal Adjectival
Declension.

я → мой          мы → наш
ты → твой        вы → ваш

| | *Nom.* | *Gen.* | *Acc.* | *Prep.* |
|---|---|---|---|---|
| *Masc.* | мой | моего́ | N/G | моём |
| *Neut.* | моё | | | |
| *Fem.* | моя́ | мое́й | мою́ | мое́й |

|        | *Nom.* | *Gen.* | *Acc.* | *Prep.* |
|--------|--------|--------|--------|---------|
| *Masc.* | твой ⎞ | | N/G | твоём |
| *Neut.* | твоё ⎠→ твоего | | | |
| *Fem.* | твоя | твоей | твою | твоей |
| *Masc.* | наш ⎞ | | N/G | нашем |
| *Neut.* | наше ⎠→ нашего | | | |
| *Fem.* | наша | нашей | нашу | нашей |
| *Masc.* | ваш ⎞ | | N/G | вашем |
| *Neut.* | ваше ⎠→ вашего | | | |
| *Fem.* | ваша | вашей | вашу | вашей |

B. There is also a reflexive possessive adjective СВОЙ *(own)* declined like МОЙ ТВОЙ and used with all three persons.  When used with first and second person it emphasizes possession.

Я взял мою книгу.     *I took my book.*
Я взял свою книгу.     *I took my (own) book.*

Ты принесла твою книгу?   *Did you bring your book?*
Ты принесла свою книгу?   *Did you bring your (own)
                           book?*

Мы кончили наш эксперимент.   *We finished our experiment.*
Мы кончили свой эксперимент.   *We finished our (own)
                                experiment.*

*Practice 5:* Translate the following sentences.

1. Мужчина, который стоял там у окна,--мой брат.
2. Где был ваш друг вчера?
3. Твоя сестра долго жила на юге?
4. Сегодня моя дочь должна поехать в деревню.
5. Что он сказал о моём друге?
6. Почему вашего товарища не было на собрании?
7. Моя сестра старше твоей.
8. Они уже спросили о вашей лекции.
9. Кто купил вашу дачу?
10. Вас встретил директор на вокзале?
11. Почему вы так смотрели на неё?
12. Ваша машина ещё у нас.
13. Они тебя долго ждали.
14. Он давно был у нас в колхозе.
15. Они хорошо знали твоего отца.

C. The 3rd Person possessive pronouns are:

он → его   оно → его   она → её   они → их

These possessive forms are not declined--they do not give any indication of gender, number, or case.

Я вѝдел егó кнѝгу.   *I saw his book.*
Я вѝдел её дрýга.   *I saw her friend.*
Я вѝдел их брáта.   *I saw their brother.*

In the 3rd Person the difference between СВОЙ and ЕГÓ/ЕЁ/ИХ is obligatory. Compare the following sentences.

Он читáл егó кнѝгу.   *He was reading his (someone else's) book.*

Он читáл своý кнѝгу.   *He was reading his (own) book.*

Онá любѝла её мýжа.   *She loved her (someone else's) husband.*

Онá любѝла своегó мýжа.   *She loved her (own) husband.*

Онѝ встрéтили их дрýга.   *They met their (someone else's) friend.*

Онѝ встрéтили своегó дрýга.   *They met their (own) friend.*

When the subject of the sentence is in the 3rd Person, only СВОЙ possessive adjectives show possession by the subject.

Он не хотéл жить без своегó котá.   *He didn't want to live without his (own) tomcat.*

Here again "ЕГÓ КОТÁ" would mean someone else's cat.

*N.B.*   Possessive adjectives are ordinarily omitted when referring to members of one's own family, to parts of one's own body, or to one's own clothing.

*Practice 6:* Translate the following sentences.

1. Онá положѝла всё на мéсто.
2. Ивáн взял егó газéту потомý, что он забѝл своý дóма.
3. Её сестрá давнó жилá на зáпаде.
4. Он тóлько что получѝл письмó от брáта, котóрый жил в Кѝеве.
5. Кто знал её дочь?
6. У неё нé было своéй машѝны.
7. Ты любѝл егó женý?
8. Егó ромáн меня óчень интересовáл.
9. Он не знал, где пальтó.
10. Онá ждалá их отцá.
11. Онá ждалá отцá.
12. Вéра красѝвее её сестрѝ.
13. Онѝ ещё не получѝли квартѝру.
14. Вéра забѝла, кудá положѝла своý кнѝгу.

15. У неё ещё нé было своéй кóмнаты. Поэ́тому онá продолжáла жить у меня́.

*Practice 7:* Identify each form below as to case, gender, and number. There may be more than one correct answer. Also give the Nominative Case form.

| | | |
|---|---|---|
| 1. меня́ | 14. своегó | 27. моём |
| 2. когó | 15. нас | 28. вáшем |
| 3. всю | 16. обо мнé | 29. в ней |
| 4. ни о чём | 17. всей | 30. тогó |
| 5. без неё | 18. о кóм | 31. для чегó |
| 6. об э́том | 19. вас | 32. её |
| 7. их | 20. однóй | 33. всегó |
| 8. своя́ | 21. все | 34. той |
| 9. моéй | 22. свою́ | 35. своём |
| 10. егó | 23. ту | 36. при том |
| 11. для негó | 24. на нём | 37. на неё |
| 12. у тебя́ | 25. всём | 38. вáшего |
| 13. прóтив неё | 26. твою́ | 39. в негó |

*Translation:* Translate the following sentences into English.

1. Ивáн купи́л для отцá нóвый нóмер журнáла "Геогрáфия Сиби́ри", в котóром былá интерéсная статья́ о Сéверном пóлюсе.
2. Вéра спроси́ла мужчи́ну, котóрый стоя́л у большóго здáния, где Рýсский музéй.
3. Я уже́ читáл статью́ о рýсской клáссике на япóнской сцéне в газéте "Совéтская культýра".
4. Мы не знáли, где дáча Пастернáка в Переделкине. Поэ́тому, когдá мы приéхали туда́ из Москвы́, мы спроси́ли стáрого жи́теля, котóрого мы встрéтили на стáнции, гдé она.
5. Прáвда, что Натáлия Ефи́мовна купи́ла рисýнок Канди́нского в э́той галерéе? Я тóже хотéл купи́ть для мáтери такóй рисýнок.
6. Представи́тель колхóза "Пролетáрская диктатýра" пóздно приéхал на собрáние райóнного совéта. Председáтель спроси́л, почемý он приéхал так пóздно. Но представи́тель ти́хо сидéл и ничегó не отвéтил.
7. Они́ не могли́ читáть газéту, потомý что нé было лáмпы в той кóмнате.
8. Они́ жи́ли у сестры́. У неё былá большáя краси́вая кварти́ра в цéнтре гóрода, недалекó от ГУМ'а.
9. Бéдная мать всё дéлала для сы́на. Онá егó óчень люби́ла, и кáждый день сидéла и ждалá от негó письмá. Но он никогдá не писáл домóй.
10. Когдá Сóня кóнчила университéт, онá реши́ла

поехать на се́вер рабо́тать в ма́ленькой дере́вне.
11. Он рабо́тал без конца́, день и ночь. Но у него́ не́ было ни одно́й копе́йки в ба́нке.
12. Мы не уме́ли писа́ть по-гре́чески.
13. У молодо́го учёного не́ было возмо́жности рабо́тать в хими́ческой лаборато́рии акаде́мика Пономарёва.
14. Он не знал, что вы ничего́ не име́ли про́тив э́того.
15. Она́ должна́ прие́хать сюда́ из Оде́ссы.
16. Андре́й не знал, что его́ брат жил на ю́ге и рабо́тал на строи́тельстве.
17. В э́той кни́ге не́ было ни одного́ рису́нка.
18. Кто организова́л револю́цию на восто́ке?
19. Они́ не зна́ли его́ ли́чно, а чита́ли о нём в газе́те.
20. Она́ мла́дше вас, но ста́рше нас.
21. Ве́ра вы́ше тебя́, но ни́же меня́.
22. Никто́ не говори́л по-ру́сски ху́же меня́.
23. Чёрное мо́ре--на ю́ге, а Балти́йское--на се́вере. А где Ти́хий океа́н, на восто́ке или на за́паде?
24. Сего́дня он прие́хал домо́й ра́ньше, чем вчера́.
25. Наш гид сказа́л, что за́падная часть США--са́мая краси́вая.
26. Кру́пный америка́нский капитали́ст то́лько что прие́хал во Флори́ду из Ю́жной Аме́рики, где он откры́л но́вый шокола́дный заво́д.
27. Они́ да́же не зна́ли, что их брат ра́ньше жил здесь.
28. Мы по́зже тебя́ прие́хали на конце́рт.
29. Вдруг он закры́л окно́.
30. Мы не могли́ продолжа́ть жить в тако́м беспоря́дке.
31. Агроно́м реши́л писа́ть статью́ о разви́тии се́льского хозя́йства на за́паде.
32. Вот типи́чное нача́ло сентимента́льного рома́на: "Я люби́л её бо́льше мое́й жены́, бо́льше жи́зни, бо́льше всего́. Кака́я э́то была́ краси́вая же́нщина! Но она́ не зна́ла моего́ секре́та."
33. Он не хоте́л говори́ть о неприя́тном слу́чае.
34. На э́той страни́це был то́лько оди́н рису́нок.
35. Э́та же́нщина вообще́ ничего́ не зна́ла об исто́рии на́шего го́рода.
36. В э́том кла́ссе не́ было ни одного́ америка́нца, и поэ́тому мы говори́ли то́лько по-ру́сски.
37. Я не могла́ вчера́ принести́ э́тот рису́нок на уро́к.
38. Кварти́ра моего́ бра́та--на четвёртом этаже́ э́того зда́ния.
39. Она́ ча́сто ви́дела э́того мужчи́ну на свое́й да́че в дере́вне.
40. В э́той кни́ге не́ было четвёртой страни́цы, поэ́тому я до́лжен был купи́ть другу́ю кни́гу.
41. В э́той шко́ле библиоте́ка на пе́рвом этаже́, а лаборато́рия--на второ́м.
42. Кто до́лжен был пойти́ на по́чту сего́дня?

# CHAPTER XI

## Plurals

### Nouns

англича́нин *Englishman*
англича́нка *Englishwoman*
не́мец *German (m.)*
не́мка *German (woman)*
лю́ди *people*
господи́н *Mr.*
госпожа́ *Ms.*
граждани́н ⎫ *citizen*
гражда́нка ⎭
роди́тели *parents*
ребёнок *child*
де́ти *children*
де́вушка *girl*
неде́ля *week*
врач *doctor, physician*
де́ньги *money*
рубль *(m.) rouble*
каранда́ш *pencil*
авторучка *fountain pen*
бума́га *paper*
Соединённые Шта́ты Аме́рики
 *United States of America*
Сою́з Сове́тских Социалисти́-
ческих Респу́блик *Union
of Soviet Socialist
Republics*

### Verbs

полете́ть *to go (by fly-
ing)*
прилете́ть *to arrive (by
flying)*
повезти́[1] *to carry, to
start to carry
(by conveyance)*
привезти́[1] *to bring (by
conveyance)*

### Adverbs

ско́лько *how much, how
many*
не́сколько *several*
немно́го *a little, a
little bit*
ве́чером *in the evening*
у́тром *in the morning*
днём *in the day-time*
но́чью *at night*

### Adjectives

не́который *some, a cer-
tain*
ра́зный *various, differ-
ent*

## I. PLURAL FORMS

The following should be noted:

 a. Declensional differences tend to be lost
  in the plural, but not case differences.
 b. Adjectives do not distinguish gender in the
  plural and have only one ending for each
  case.

---

[1] These verbs have the following past tense forms:
 повезти́: повёз, повезло́, повезла́, повезли́
 привезти́: привёз, привезло́, привезла́, привезли́

A. *Nominative Plural*

*Nouns:* Possible endings are -Ы(-И), -А(-Я), and rarely--Е.

### -Ы(-И)

1. all 3rd Declension nouns

жизнь: жизни   соль: соли   ночь: ночи

2. all 2nd Declension nouns

газета: газеты   мужчина: мужчины   книга: книги
лаборатория: лаборатории   статья: статьи

3. most 1st Declension masculine nouns

ответ: ответы   автомобиль: автомобили   отец: отцы
писатель: писатели   герой: герои

### -А(-Я)

1. most 1st Declension neuter nouns

слово: слова[1]   море: моря   собрание: собрания

2. a few 1st Declension masculine nouns, for example:

учитель: учителя   доктор: доктора   город: города
профессор: профессора   дом: дома   поезд: поезда
паспорт: паспорта

*Adjectives:* Regardless of Gender the ending is -ЫЕ(-ИЕ).

новый: новые   средний: средние   большой: большие

*Practice 1:* Give the nominative plural form of the following noun phrases.

1. высокий мужчина
2. хороший председатель
3. какая часть
4. плохое начало
5. большая станция
6. способный товарищ
7. тихое место
8. старый музей
9. последняя новость
10. официальный гость
11. лёгкая задача
12. важное дело
13. советский космонавт
14. скучная речь

---

[1] A singular/plural accent contrast frequently is found in monosyllabic and bisyllabic neuter nouns; similar accent shifts occur with less regularity in masculine and feminine nouns.

*Pronominal Adjectives:* Possible endings are -И or -Е.

| *Nom. Singular* | *Nom. Plural* |
|---|---|
| э́тот, э́то, э́та | э́ти |
| оди́н, одно́, одна́ | одни́ |
| мой, моё, моя́ | мои́ |
| твой, твоё, твоя́ | твои́ |
| свой, своё, своя́ | свои́ |
| наш, на́ше, на́ша | на́ши |
| ваш, ва́ше, ва́ша | ва́ши |
| тот, то, та | те |
| весь, всё, вся | все |

*N.B.* The plural form of ВЕСЬ functions as a pronoun
meaning *'everyone,'* (literally, *'all'*), e.g.,

> *Все* говори́ли по-ру́сски там. *Everyone spoke*
> *Russian there.*

*Short Form Adjectives:* The ending is -Ы(-И).

| *Nominative Singular* | *Nominative Plural* |
|---|---|
| гото́в, гото́во, гото́ва | гото́вы |
| до́лжен, должно́, должна́ | должны́ |
| вели́к, велико́, велика́ | велики́ |

*Practice 2:* Translate the following sentences into
English.

1. Молоды́е спортсме́нки критикова́ли ску́чную речь сове́тского чемпио́на.
2. Что́ профессора́ медици́нского институ́та должны́ де́лать здесь?
3. На́ши това́рищи уже́ спроси́ли его́ об э́том.
4. Где ва́ши паспорта́? Кто их взял?
5. Все сове́тские студе́нты слы́шали об америка́нском писа́теле Дже́ке Ло́ндоне.
6. Рабо́чие не хоте́ли сиде́ть до́ма.
7. Что там де́лали ма́ленькие пионе́ры?
8. Э́ти больши́е буты́лки там, на столе́.
9. Ста́рые по́льские писа́тели на́чали критикова́ть делега́цию сове́тской молодёжи.
10. Мои́ роди́тели никогда́ не́ были в Ло́ндоне.
11. Не́которые интере́сные пи́сьма из Москвы́ лежа́ли у две́ри на столе́.
12. Э́ти студе́нтки ещё не гото́вы.
13. Италья́нские тури́стки не зна́ли, где авто́бусная ста́нция.
14. Молда́вские ви́на неплохи́е и то́же недороги́е.
15. Все но́вые зда́ния в на́шем го́роде краси́вые.
16. Мои́ кни́ги лежа́ли на дива́не.

17. Кто взял те лáмпы, котóрые стоя́ли здесь?
18. Где жи́ли сёстры солдáта?
19. Поездá из Ленингрáда и Хабáровска--на стáнции.
    Они́ пришли́ рáно сегóдня.
20. Вáши товáрищи зáняты сегóдня?
21. Нóвые кварти́ры малы́!

B. *Genitive Plural*

*Nouns:* Possible endings are -∅ (Ь,Й), -ЕЙ, -ОВ (-ЕВ).

### ∅ (Ь,Й)

1. almost all 2nd Declension nouns

   кни́га: книг    мужчи́на: мужчи́н    неде́ля: неде́ль
   стáнция: стáнций

2. almost all neuter 1st Declension nouns

   мéсто: мест    винó: вин    реше́ние: реше́ний
   собрáние: собрáний

*N.B.* Because of the zero ending, the "zero/vowel"
alternation ("fleeting vowel") occurs in some
Genitive Case forms.

   сестрá: сестёр    дере́вня: дереве́нь
   письмó: пи́сем    земля́: земе́ль    окнó: óкон

   The "zero/vowel" alternation always occurs
   before the -К- suffix.

   арти́стка: арти́сток    де́вушка: де́вушек
   не́мка: не́мок    авторýчка: авторýчек

### -ЕЙ

1. all 3rd Declension nouns,

   часть: часте́й    ночь: ноче́й    речь: рече́й

2. all 1st Declension masculine nouns with stems ending in paired soft consonants (Remember that
   these are indicated by -Ь in Nominative singular.)

   учи́тель: учителе́й    гость: госте́й
   автомоби́ль: автомоби́лей

3. all 1st Declension masculine nouns with stems
   ending in -Ш, -Ж, -Ч, and -Щ,

   товáрищ: товáрищей    врач: враче́й
   этáж: этаже́й    карандáш: карандаше́й *(pencil)*

4. The Gen. Pl. of МОРЕ is МОРЕ́Й *(contra* principle 2,
   p. 102).

95

## -OB (-EB)

All other nouns, including:

1. 1st Declension masculine nouns with stems ending in other hard consonants,

   язы́к: языко́в    коне́ц: концо́в    би́блог: би́блогов
   наро́д: наро́дов    оте́ц: отцо́в

2. all 1st Declension masculine nouns with stems ending in -Й take -ЕВ

   геро́й: геро́ев    ге́ний: ге́ниев    музе́й: музе́ев

3. all 1st Declension masculine nouns with stems ending in -Ц when the ending is unstressed, take -ЕВ

   америка́нец: америка́нцев    не́мец: не́мцев

*Practice 3:* Give the nominative singular form of the following nouns. Explain the ending used for the genitive plural form.

| | | |
|---|---|---|
| отве́тов | глав | возмо́жностей |
| разви́тий | площаде́й | министе́рств |
| жён | приме́ров | зда́ний |
| представи́телей | пи́сем | демонстра́ций |
| колхо́зов | люби́телей | слов |
| дереве́нь | кварти́р | писа́телей |
| не́мцев | чле́нов | фа́брик |
| това́рищей | буржу́ев | поездо́в |

*Adjectives:* Regardless of Gender the ending is -ЫХ (-ИХ).

   молодо́й: молоды́х    сре́дний: сре́дних
   ру́сский: ру́сских

*Pronominal Adjectives:* Possible endings are -ИХ or -ЕХ. The distribution corresponds to the nominative plural endings -И, -Е, e.g.,

   одни́: одни́х    э́ти: э́тих    те: тех.

*Practice 4:* Give genitive plural forms for the following noun phrases.

1. на́ши ру́сские студе́нтки
2. все молоды́е де́вушки
3. э́ти слу́чаи
4. его́ после́дние пи́сьма
5. твой рубли́
6. их у́мные отве́ты
7. те врачи́
8. свой де́ньги
9. мой ма́ленькие моде́ли
10. её рису́нки

96

*Practice 5:* Translate the following sentences into English.

1. У молодых студентов не было вопросов.
2. Они ниже её, но выше сестёр.
3. Учительница стояла у дверей и тихо говорила.
4. У бедных студентов была только одна бутылка водки.
5. У известных журналистов не было хороших фотоаппаратов.
6. У молодых рабочих были новые телевизоры.
7. У Ивана сегодня не было гостей из СССР.
8. На станции не было поездов.
9. Она работала у старых немцев.
10. На собрании не было ни писателей, ни врачей.
11. У моих товарищей есть новая машина.
12. Члены местных рабочих комитетов ничего не знали о новом решении КПСС.
13. Они только что приехали от доктора.
14. Он пришёл без последних газет.
15. У украинцев очень красивая народная музыка.
16. Я купил их для ваших отцов.
17. Для своих учителей американцы привезли из Ленинграда огромное количество водки.
18. В этом районе не было больших деревень.
19. У него не было никаких книг о русской истории.

## C. *Accusative Plural*

Like masculine nouns in the singular, in the plural *all nouns are either animate or inanimate*, therefore:

1. If the noun phrase is inanimate, the accusative plural = nominative plural.

2. If the noun phrase is animate (neuter and feminine as well as masculine), the accusative plural = genitive plural.

Compare:

| | |
|---|---|
| Он видел письмо. | Он видел красивую артистку. |
| Он видел письма. | Он видел красивых артисток. |
| Он видел новый автомобиль. | Он видел старого товарища. |
| Он видел новые автомобили. | Он видел старых товарищей. |
| Он видел готовую часть. | Он видел старшую дочь. |
| Он видел готовые части. | Он видел старших дочерей. |

*Practice 6:* Give the accusative plural of the following noun phrases.

1. красивая артистка
2. великий писатель
3. хорошая книга
4. молодой немец
5. средняя школа
6. другое слово
7. последняя часть
8. плохая учительница
9. старый большевик
10. американский гость
11. крупный завод
12. большая станция

*Practice 7:* Translate the following sentences.

1. Мать положила последние номера московских газет на стол.
2. Он долго смотрел на своих родителей, но ничего не сказал.
3. Председатели колхозов давно хотели строить новые средние школы в нашем районе.
4. Они только что получили новые квартиры в московском микрорайоне "Красный Октябрь".
5. Вера спросила мужчин, которые стояли у дверей большого здания.
6. Никто в классе не любил умных ответов Маши.
7. Где вы купили такие красивые рисунки?
8. Я уже кончил читать все эти статьи.
9. Он никого там не видел, ни женщин, ни мужчин.
10. Она не знала советских корреспондентов, которых вы встретили вчера.
11. Немецкие книги, которые мы купили в Гамбурге, очень дорогие.
12. Кто видел местных комсомольцев на лекции?
13. Вера не знала, что она взяла не те книги.
14. Она повезла все столы и стулья в другую квартиру.
15. Китайские учительницы, которых он встретил в Пекине, вообще очень хорошо умели говорить по-русски.
16. Я уже слышал болгарских народных музыкантов!
17. Она никогда не забыла умные слова старого отца.
18. Ты долго ждала работников?
19. Вчера он получил те же научные журналы, которые Маша читала.

D. *Prepositional Plural*

*Nouns:* The ending for nouns of all declensions is
–АХ (–ЯХ),

работник: работниках
площадь: площадях
книга: книгах
дело: делах
речь: речах
товарищ: товарищах

*Adjectives:* The prepositional plural ending for
   adjectives is the same as the genitive plural:
   -ЫХ (-ИХ).

*Pronominal Adjectives:* The ending for pronominal
   adjectives is the same as for the genitive case.

*Practice 8:* Translate the following sentences into
            English.  Also,rewrite them in Russian
            in the singular.
1. На каки́х площадя́х Москвы́ вы бы́ли?
2. Га́нгстеры сиде́ли в больши́х чёрных автомоби́лях и
   ти́хо его́ жда́ли.
3. Почему́ председа́теля колхо́за "Вели́кий Октя́брь" не́
   было на после́дних се́ссиях сове́та?
4. Ве́ра Петро́вна спроси́ла гла́вного инжене́ра о но́вых
   прое́ктах.
5. Он ма́ло ду́мал о всех свои́х плохи́х учителя́х.
6. Кто жил в тех ма́леньких, ни́зких ко́мнатах?
7. Ты уже́ говори́л об э́тих места́х?
8. Пу́шкин жил при царя́х Алекса́ндре Пе́рвом и Нико-
   ла́е Пе́рвом.
9. В э́тих зда́ниях больши́е кварти́ры?
10. Что она́ сказа́ла о ва́ших това́рищах?

E. Note the peculiarities of Proper Name declension
   (Appendix C, pp. 289-290), especially female last
   names in -ИН- and -ОВ-.


II.  QUANTIFIERS

   The following words are quantifiers.

            мно́го  *much, a lot of, many*
            ма́ло  *few, too few, little*
            не́сколько  *several*
            немно́го  *a little, a little bit*
            ско́лько  *how much, how many*

A. Some quantifiers can be used as direct verb modifiers (adverbs):

   Он мно́го чита́л.  *He read a lot.*
   Мы ма́ло говори́ли.  *We spoke little.*
   Она́ немно́го писа́ла.  *She wrote a little.*
   Он немно́го да́льше от нас стоя́л.  *He stood a little*
                                 *further away from us.*
*N.B.* СКО́ЛЬКО and НЕ́СКОЛЬКО cannot be so used.

B. Quantifiers can be used as "pro-nouns" in the nominative and accusative cases:

99

Ско́лько бы́ло[1] там...? *How much/many was/were there?*
Мно́го бы́ло там...? *There was/were a lot there...?*

In this usage the quantifiers may have noun phrase complements in the genitive case:

Ско́лько журна́лов бы́ло на столе́?  *How many magazines were on the table?*

Ско́лько студе́нтов у вас в университе́те?  *How many students do you have in the university?*

В Балти́йском мо́ре мно́го воды́.  *There is much water in the Baltic Sea.*

У нас в Калифо́рнии мно́го больши́х городо́в.  *In California we have many large cities.*

Ма́ло профессоро́в бы́ло на собра́нии.  *Few professors were at the meeting.*

Ско́лько со́ли он хоте́л?  *How much salt did he want?*

Он взял не́сколько книг в библиоте́ке.  *He took several books out of (at) the library.*

Он купи́л то́лько немно́го вина́.  *He bought only a little wine.*

*N.B.* The genitive case after СКО́ЛЬКО, МНО́ГО, МА́ЛО, НЕ́СКОЛЬКО, НЕМНО́ГО *is obligatory*.

C. *Quantifiers as Adjectives*

1. In the other cases (besides nominative and accusative) the quantifiers become ordinary adjectives. Only the plural forms occur. МА́ЛО never occurs in the other cases and is replaced by НЕМНО́ГИХ. (Cf. У НЕГО́ МА́ЛО КНИГ; ОН ГОВОРИ́Л О НЕМНО́ГИХ КНИ́ГАХ.) The two most frequently occurring quantifier adjectives are:

мно́гие (мно́гих)    немно́гие (немно́гих)

   Study the following examples:

во мно́гих слу́чаях  *in many cases*
от немно́гих студе́нтов  *from a few students*
для немно́гих това́рищей  *for a few comrades*
без мно́гих учителе́й  *without many teachers*

2. МНО́ГИЕ, referring to people taken as individuals is usually used in the nominative instead of МНО́ГО. Compare:

Там бы́ло мно́го учителе́й. *There were many teachers there.*

Мно́гие учителя́ не получи́ли рабо́ты. *Many teachers didn't get a job.*

---
[1] The verb is singular and in past tense neuter.

3. НЕ́КОТОРЫЙ means *"some, certain ones."* It can only
be used as an adjective.

| | |
|---|---|
| Не́которые чле́ны о́чень по́зд- но пришли́ на се́ссию. | *Some members came very late to the meeting.* |
| Он взял не́которые мои́ кни́ги. | *He took certain of my books.* |

4. ОДНИ́, the plural of ОДИ́Н, means *"some,"* contrasted
with ДРУГИ́Е *"others"*:

| | |
|---|---|
| Одни́ рабо́тали, други́е то́лько сиде́ли и критикова́ли. | *Some worked, others just sat and criti- cized.* |

*Practice 9:* Translate the following sentences.

1. Ско́лько председа́телей бы́ло на собра́нии?
2. Она́ то́лько немно́го говори́ла у врача́.
3. Ско́лько де́нег у вас?
4. Дире́ктор ду́мал, что ма́ло студе́нтов бы́ло на уро́ке вчера́.
5. В СССР мно́го кру́пных городо́в.
6. Мно́гие стоя́ли в вестибю́ле и говори́ли о ре́чи пред- седа́теля.
7. Он то́лько хоте́л немно́го воды́.
8. Во мно́гих слу́чаях та маши́на пло́хо рабо́тала.
9. Одни́ говори́ли то́лько по-ру́сски, а други́е по- англи́йски.
10. То́лько не́которые сове́тские учёные име́ли возмо́ж- ность пое́хать на За́пад.
11. Ско́лько ко́фе вы купи́ли?
12. Я купи́л все немно́гие рису́нки э́того ма́стера.

## III. MORE ON PLURALS

### A. *Declensional Patterns*

Sometimes it is easier to learn endings as
declension patterns. Compare:

| | | | | | | |
|---|---|---|---|---|---|---|
| *Nom. Sg.* | кни́га | ме́сто | реше́ние | ночь | дом | учи́тель |
| *Gen. Sg.* | кни́ги | ме́ста | реше́ния | но́чи | до́ма | учи́теля |
| *Nom. Pl.* | кни́ги | места́ | реше́ния | но́чи | дома́ | учителя́ |
| *Gen. Pl.* | кни́г | мест | реше́ний | ноче́й | домо́в | учителе́й |

The following general observations can be made
about similarities in endings.

1. For all 2nd and 3rd Declension nouns, all 1st
Declension neuter nouns, and masculine 1st Declension
nouns with nominative plurals in А́(Я́), the genitive
singular ending and the nominative plural endings are
the same, i.e.,

# Genitive singular = Nominative plural

2. For all genders, the nominative singular is contrasted with the genitive plural. If the nominative singular is Ø (no ending), the genitive plural takes one of the predictable endings (-ЕЙ, -ОВ/-ЕВ). If there is an ending for nominative singular (-О/-Е/-Ё, -А/-Я) the genitive plural is Ø, (no ending).

B. *Unusual Plural Stems*

A few Russian nouns have unusual stem changes in the plural. (Compare English *'child ~ children,'* *'goose ~ geese.'*) In general these changes affect only the stems, the endings are the same as those we have already seen. Classes of unusual plural stems are:

1. *Suppletion.* The singular stem is replaced by a completely different stem in the plural,

| Nom. Sing. | Nom. Pl. | Gen. Pl. | Prep. Pl. |
|---|---|---|---|
| челове́к | лю́ди | люде́й | о лю́дях |
| ребёнок *child* | де́ти | дете́й | о де́тях |

2. *The Plural suffix -j- (ь).* Here are the words given so far with this plural:

| | Nom. Sg. | Nom. Pl. | Gen. Pl. | Prep. Pl. |
|---|---|---|---|---|
| Stressed Stem | стул | сту́лья | сту́льев | о сту́льях |
| | брат | бра́тья | бра́тьев | о бра́тьях |
| Stressed Ending | муж | мужья́ | муже́й | о мужья́х |
| | сын | сыновья́ | сынове́й | о сыновья́х |
| | друг | друзья́ | друзе́й | о друзья́х |

The genitive plural ending is dependent upon the location of stress; unstressed plural endings take -ЕВ (correctly, after -j-); stressed plural endings almost always take Ø (zero), with a fleeting vowel appearing between consonant and -j-.

3. *Loss of singular suffix -ИН in plural.* (Most nominative plurals will take the ending -E.)

| Nom. Sing. | Nom. Pl. | Gen. Pl. | Prep. Pl. |
|---|---|---|---|
| граждани́н | гра́ждане | гра́ждан | о гра́жданах |
| крестья́нин *'peasant'* | крестья́не | крестья́н | о крестья́нах |
| англича́нин | англича́не | англича́н | об англича́нах |
| христиани́н *'Christian'* | христиа́не | христиа́н | о христиа́нах |
| but: господи́н | господа́ | госпо́д | о господа́х |

Note that these nouns, like the last three in 2) above, violate the general principle of Nom. Sg. ~ Gen. Pl. ending contrast (p. 102), but due to their plural or singular *suffix*, the Nom. Sg. and Gen. Pl. forms remain different from each other.

C. *Nouns Occurring Primarily in the Plural.* Some nouns are used exclusively or very frequently in the plural,

| Nom. Pl. | Gen. Pl. | Prep. Pl. |
|---|---|---|
| бума́ги[1] *securities, (important) papers* | бума́г | о бума́гах |
| де́ньги *money* | де́нег | о деньга́х |
| де́ти *children* | дете́й | о де́тях |
| докуме́нты *documents* | докуме́нтов | о докуме́нтах |
| консе́рвы[2] *canned goods* | консе́рвов | о консе́рвах |
| но́рмы[2] *standards* | норм | о но́рмах |
| о́рганы[2] *agencies, bodies* | о́рганов | об о́рганах |
| проду́кты[2] *produce* | проду́ктов | о проду́ктах |
| роди́тели *parents* | роди́телей | о роди́телях |
| фру́кты[2] *fruit* | фру́ктов | о фру́ктах |
| ша́хматы *chess* | ша́хмат | о ша́хматах |
| щи *cabbage soup* | щей | о щах |

*N.B.* All indeclinable foreign borrowings are indeclinable in the plural as well as the singular.

*Practice 10:* Indicate the case, number, and gender of the noun phrases listed below. Translate them into English. Then rewrite the singular phrases in the plural and vice versa.

1. восто́чной му́зыке
2. пя́тую главу́
3. просты́х англича́н
4. спосо́бных председа́телях
5. у́мном отве́те
6. ме́дленные поезда́
7. сове́тские гра́ждане
8. таки́е учителя́
9. ли́чных секретаря́х
10. кру́пных враче́й
11. рабо́чих делега́тов
12. большо́м коли́честве
13. дороги́е друзья́
14. ва́жных бума́г
15. сло́жную зада́чу
16. се́верные колхо́зы
17. краси́вые лю́ди
18. бра́тья Карама́зовы
19. сла́бых аргуме́нтов
20. ни́зких двере́й
21. се́льское хозя́йство
22. нау́чные рабо́тники
23. ма́леньких дете́й
24. ти́хих города́х
25. но́вой кварти́ре
26. роди́телей жены́

---

[1] In the singular бума́га means '*paper.*'
[2] These words are found very frequently in the plural in *Soviet usage.*

27. других слов
28. общего значения

29. китайские рабочие
30. плохих примеров

*Translation:* Translate the following sentences into English.

1. Учителя хотели решить эти задачи.
2. Для музыканта важен вопрос о качестве музыки, а не о её форме.
3. Комнаты докторов были большие и красивые.
4. Председатель жюри Московского балетного конкурса, народный артист СССР Ю. Григорович, вчера сказал в интервью, что он ещё не видел Баланчина и его балета.
5. У нас мало бумаги для студентов.
6. Девушки не пришли на лекцию. Они работали в ресторане.
7. На этой неделе мы читали на уроке роман Шолохова "Тихий Дон".
8. Госпожа Смит пришла домой без денег. Она купила новое пальто и авторучку.
9. Дети не хотели слушать своих родителей.
10. На земле нет общего языка.
11. Англичане прилетели в Москву вчера. Они привезли много багажа.
12. Работа молодых американских учёных интересовала советских корреспондентов.
13. В этом городе мало хороших врачей.
14. Он привёз много красивых рисунков из Англии.
15. На этом собрании не было детей, потому что большинство членов клуба не хотело слушать их речей.
16. Они должны его встретить на вокзале.
17. --А ваши родители? Как они смотрели на ваш футбол?--спросил журналист.
18. "Наука и жизнь"--один из массовых советских научно-популярных журналов.
19. Кто ещё не читал статьи "Нет ничего лучше Невского проспекта..."?
20. --Людей неинтересных в мире нет!--так сказал старый индусский философ.
21. У моих братьев в квартире не было ни столов, ни стульев.
22. У гражданки Поповой не было никаких ответов на вопросы американского делегата на Всемирном конгрессе молодёжи.
23. Вот немцы, которых Иван встретил вчера днём на даче Петра Волкова.
24. Новые химические заводы, которые проектировали в Новосибирске,--самые крупные в Союзе.
25. У профессора Пнина, как всегда, было много скучных друзей.

26. Дочери, для которых он купил новые пальто, только что приехали из Ташкента.
27. Вице-президент университета должен был читать лекцию у нас.
28. Мы ещё не готовы, а ваши друзья уже пришли.
29. --Вы способны на всё?--спросил молодого лейтенанта старший офицер.
30. Нас встретили на вокзале директора городских училищ.
31. Что я забыла купить сегодня утром в магазине? Фрукты, вино, соль, консервы? Нет, ничего не забыла. Всё в порядке.
32. У старых, но богатых женщин часто красивые молодые мужья.
33. Сколько больших вокзалов в Москве? Несколько. Есть, например, Белорусский, Ленинградский, Казанский, Ярославский, Киевский и другие.
34. Госпожа Живаго долго жила во Франции без мужа и дочерей.
35. Продукты в СССР дороже, чем у нас в Америке.
36. Самолёты сюда не могли прилететь ночью, потому что здесь аэродром маленький.
37. Он не любил смотреть телевизор вечером и всегда слушал радио, но его жена и дети не могли жить без телевизора.
38. --Сколько копеек в одном рубле?--спросил учитель студентов.
39. Несколько девушек из нашего института вчера утром полетели в Париж.
40. Даже его друзья не знали, сколько у него было детей и жён.
41. Сколько студентов было в вашем классе на этой неделе?
42. Когда Вера приехала сюда, в мае или в июле?
43. Самолёт прилетел из Парижа без монгольских депутатов.
44. Он жил у своих братьев.
45. Мы начали говорить громче, когда они принесли бутылку вина.
46. У них есть новый телевизор? Да, они только что его купили.
47. Администратор гостиницы сказал, что их комната на пятом этаже.
48. Мы приехали из Москвы на том же поезде.
49. "Правда, что Колумб открыл Америку? А я и не знал!"--сказал саркастически норвежский учёный.
50. Его задача--кончить читать первую часть романа.
51. Видел ли инженер, что рабочий не работал?
52. Купил ли он картину Куинджи? Она очень красивая.
53. Знала ли мать, что её сын не пошёл на урок математики, а пошёл в кино?

# CHAPTER XII

## Aspect: Imperfective/Perfective

### *VOCABULARY*

*Adverbs*

обыкновённо *usually,*
  *normally*
иногда́ *sometimes*
пото́м *then (later in time)*
тогда́ *then (at that point*
  *in time)*
обы́чно *usually, normally*
внима́тельно *attentively*
одна́ко *however*

та́кже *also*
совсём *quite, entirely*
наконе́ц *at last, finally*

*Prepositions*

по́сле + Gen. *after*
во время + Gen. *during*
до + Gen. *before*

*Verbs*

[1]находи́ть /
[2]найти́   *to find*

*Conjunctions*

и́ли...и́ли... *either...*
  *or...*

### *GRAMMAR*

## I.  ASPECT

All Russian verbs are divided into two broad classes called *aspects*.  The basis of the division is semantic.  The verbs you have already learned represent both aspects, IMPERFECTIVE and PERFECTIVE.

*Examples of IMPERFECTIVE verbs:*

| | | |
|---|---|---|
| ви́деть | име́ть | сиде́ть |
| говори́ть | лежа́ть | слу́шать |
| де́лать | люби́ть | слы́шать |
| ду́мать | мочь | смотре́ть |
| ждать | писа́ть | стоя́ть |
| жить | продолжа́ть | стро́ить |
| знать | рабо́тать | уме́ть |
| учи́ть | хоте́ть | чита́ть |
| протестова́ть | интересова́ть | трениров́ать |
| фотографи́ровать | кома́ндовать | плани́ровать |
| агити́ровать | аплоди́ровать | проекти́ровать |

*These verbs designate actions which are conceived of as states or processes, without defined boundaries, indefinitely extendable.*

---

[1] Whenever the imperfective and perfective "twin" verbs are given, the imperfective will be given first.
[2] The past tense of найти́: нашёл, нашла́, нашло́, нашли́.

*Examples of PERFECTIVE verbs:*

| | | |
|---|---|---|
| взять | встре́тить | забы́ть |
| закры́ть | ко́нчить | купи́ть |
| нача́ть | отве́тить | откры́ть |
| положи́ть | получи́ть | прие́хать |
| прийти́ | принести́ | прилете́ть |
| привезти́ | реши́ть | сказа́ть |
| спроси́ть | арестова́ть | найти́ |

*These verbs designate actions which are conceived of as limited in time, unitary, bounded either with respect to commencement, or to completion, or both.*

*Practice 1:* Translate the following sentences into English. Identify the aspect of each verb and think about its aspectual meaning in the given context.

1. Кто́ это стоя́л здесь и фотографи́ровал пара́д?
2. Кто взял медици́нский журна́л?
3. Кто продолжа́л рабо́тать?
4. Что́ он сказа́л?
5. Молодо́й поэ́т знал язы́к трудово́го наро́да.
6. Что́ он реши́л сказа́ть?
7. Почему́ рабо́чий делега́т сиде́л до́ма?
8. Ру́сский музыка́нт люби́л америка́нский джаз.
9. Она́ смотре́ла телеви́зор.
10. Мы ко́нчили экза́мен.
11. Она́ учи́ла матема́тику в сре́дней шко́ле.
12. Его́ ничего́ не интересова́ло.
13. Почему́ ты меня́ не спроси́ла?
14. Она́ хоте́ла купи́ть но́вую авторучку для вас.
15. Откуда Са́ша прилете́л?
16. Кого́ вы ви́дели у него́?
17. Кто откры́л о́кна?
18. Он не мог об э́том говори́ть.
19. Что ты привёз домо́й?
20. Ма́ма положи́ла каранда́ш на тот стул.
21. Кого́ вы жда́ли?
22. Он не уме́л чита́ть ни по-ру́сски, ни по-англи́йски.

## II.  ASPECT FORMATION

What makes the aspectual system important is that most Russian verbs form either perfective or imperfective "twins."

### A. *Imperfectives Forming Perfective Verbs*

Imperfective verbs designating "state" or "process" type actions form perfective verbs usually by the addition of a prefix; they then present the same action in a "perfective" way, as limited, unitary, focusing on commencement or completion, or both.  The verbal prefixes quite often lend clearly defined semantic shifts to a verb stem in the process of perfectivization.  These shifts weaken the "pair" relationship so that in many cases we find more an *association* of a prefixed form with a base form than a true pair.

Some typical perfectivizing prefixes are:

1. C- *(successful) accomplishment*

ДЕ́ЛАТЬ → СДЕ́ЛАТЬ *to make, to do/(accomplish)*

| | |
|---|---|
| Он мно́гое хоте́л де́лать, но ничего́ не сде́лал. | *He wanted to do a lot of things, but he didn't do anything.* |
| Что вы реши́ли сде́лать? | *What have you decided to do?* |

МОЧЬ → СМОЧЬ *to be able to/ (manage)*

| | |
|---|---|
| Она́ могла́ слу́шать таку́ю му́зыку весь ве́чер. | *She could listen to such music all evening.* |
| Она́ не смогла́ закры́ть дверь. | *She was unable (didn't manage) to close the door.* |

ФОТОГРАФИ́РОВАТЬ → СФОТОГРАФИ́РОВАТЬ *to take (a) pictures*

| | |
|---|---|
| Он фотографи́ровал ра́зные зда́ния в Москве́. | *He took pictures of various buildings in Moscow.* |
| Он то́лько что сфотографи́ровал Ни́ну Петро́вну. | *He just took a picture of Nina Petrovna.* |

2. У- *sudden commencement (verbs of perception)*

ВИ́ДЕТЬ → УВИ́ДЕТЬ *to see/to catch sight of*

| | |
|---|---|
| Кого́ ты ви́дел на вокза́ле? | *Whom did you see at the station?* |
| Са́ша её уви́дел на у́лице. | *Sasha caught sight of her on the street.* |

ЗНАТЬ → УЗНА́ТЬ *to know/to find out*

| | |
|---|---|
| Никто́ не знал, отку́да он пришёл. | *No one knew where he came from.* |

108

| Мы узна́ли об э́той но́вости то́лько сего́дня у́тром. | We found out about this news only this morning. |
|---|---|

СЛЫ́ШАТЬ → УСЛЫ́ШАТЬ  *to hear*

| Он ча́сто слы́шал э́ти ре́чи ра́ньше. | He had often heard these speeches before. |
|---|---|
| Вдруг он услы́шал му́зыку на у́лице. | He suddenly heard music in the street. |

3. ПРО-  *through to completion*

ЧИТА́ТЬ → ПРОЧИТА́ТЬ  *to read*

| Он чита́л ме́дленно по-ру́сски. | He read Russian slowly. |
|---|---|
| Он уже́ прочита́л э́ту кни́гу. | He has already read this book. |

ДИКТОВА́ТЬ → ПРОДИКТОВА́ТЬ  *to dictate*

| Учи́тель так бы́стро дикто-ва́л фра́зы, что сту-де́нты не могли́ их писа́ть. | The teacher dictated the sentences so rapidly that the students couldn't write them. |
|---|---|
| Он продиктова́л не́сколько фраз. | He dictated several sentences. |

СЛУ́ШАТЬ → ПРОСЛУ́ШАТЬ  *to listen to*

| Он слу́шал внима́тельно, когда́ мать говори́ла. | He listened carefully when his mother spoke. |
|---|---|
| Он прослу́шал всю ле́к-цию и пото́м пошёл домо́й. | He listened to the whole lecture and then went home. |

4. ПО-  *a. completion of an action*

СТРО́ИТЬ → ПОСТРО́ИТЬ  *to build*

| Како́е зда́ние стро́или[1] там? | What building were they building there? |
|---|---|
| Мно́го больши́х домо́в постро́или в ю́жном райо́не го́рода. | They have built many large houses in the southern area of the city. |

---

[1]Plural verb forms without a subject can be translated by English impersonal "they" or by the passive.

СМОТРЕ́ТЬ (НА) → ПОСМОТРЕ́ТЬ (НА)  *to look at/to*
*take a look at*

| | |
|---|---|
| Она́ смотре́ла на мо́ре... | *She looked at the sea...* |
| Она́ посмотре́ла на него́, но ничего́ не отве́тила. | *She took a look at him but didn't reply.* |

ДУ́МАТЬ → ПОДУ́МАТЬ  *to think/to think for a bit,*
*to consider*

| | |
|---|---|
| Он не хоте́л ду́мать о рабо́те. | *He didn't want to think about work.* |
| Он немно́го поду́мал и сказа́л нет. | *He thought for awhile and said no.* |

Other "process" verbs which frequently appear with this prefix are:

говори́ть → поговори́ть  *to talk/to talk for awhile,*
*to chat*
жить → пожи́ть  *to live/to live for awhile*
лежа́ть → полежа́ть  *to lie down/to lie down for awhile*
рабо́тать → порабо́тать  *to work/to work for awhile*
сиде́ть → посиде́ть  *to sit/to sit for awhile*
слу́шать → послу́шать  *to listen/to listen for awhile*
стоя́ть → постоя́ть  *to stand/to stand for awhile*
чита́ть → почита́ть  *to read/to read for awhile, to*
*read a little*

| | |
|---|---|
| Он ра́но пришёл домо́й, почи-та́л газе́ту, послу́шал ра́дио и пото́м на́чал рабо́тать. | *He came home early, read the newspaper for awhile, listened to the radio for awhile and then started to work.* |

In these cases the semantic shift of the per-fective form has virtually destroyed the pair rela-tionship.

5. HA- *completion of an action customarily done on*
*the surface of an object*

ПИСА́ТЬ → НАПИСА́ТЬ  *to write*

| | |
|---|---|
| Он всегда́ писа́л ме́д-ленно, но аккура́тно. | *He always wrote slowly but neatly.* |
| Он вчера́ написа́л письмо́ домо́й. | *Yesterday he wrote a letter home.* |

## 6. ЗА- *commencement of an action*

ХОТÉТЬ → ЗАХОТÉТЬ  *to want/to start to want, to get an urge*

Он хотéл слýшать рáдио.  *He wanted to listen to the radio.*

Он захотéл послýшать óперу Рúмского-Кóрсакова.  *He wanted to listen to a Rimskii-Korsakov opera. (after reading about it, etc....)*

ИНТЕРЕСОВÁТЬ → ЗАИНТЕРЕСОВÁТЬ  *to interest/to begin to interest*

Егó интересовáла португáльская литератýра.  *Portuguese literature interested him.*

Её заинтересовáла рабóта совéтского учёного.  *The work of the Soviet scientist began to interest her.*

Note also:

аплодúровать → зааплодúровать  *to applaud/to begin applauding, to burst into applause*

It is important to note that the prefixes, especially С-, У-, ПО-, and ЗА-, have other meanings with other semantic groups of verbs. There are also several other prefixes in common use, and the process of prefixation is also very important for forming verbs with new meanings.

## B. *Forming Imperfective Verbs*

Since base perfective verbs are basically limited and unitary, it becomes necessary to form imperfectives from them to express the duration, process, non-completion or repetition of a perfective action.

The process of imperfectivization generally involves some alteration of the right-hand side of the verb stem; conjugational alternation, suffixation, or vowel alternation.

Imperfectives formed in this way are called secondary imperfectives or derived imperfectives.

Imperfective types include the following:

## 1. *Conjugational Alternation, Perfective* -ИТЬ → *Imperfective* -АТЬ.

КОНЧÁТЬ ← КÓНЧИТЬ  *to finish*

Когдá я пришёл, он кончáл сво́ рабóту.  *When I arrived, he was finishing his work.*

111

Она́ ко́нчила свою́ рабо́ту и пошла́ домо́й. — She finished her work and went home.

ПОЛУЧА́ТЬ ← ПОЛУЧИ́ТЬ  *to receive*

Светла́на ча́сто получа́ла пи́сьма из Сове́тского Сою́за. — Svetlana often received letters from the Soviet Union.

Она́ сего́дня получи́ла интере́сную кни́гу от него́. — Today she received an interesting book from him.

ВСТРЕЧА́ТЬ ← ВСТРЕ́ТИТЬ  *to meet*

Ве́ра почти́ ка́ждый день встреча́ла учителе́й в библиоте́ке. — Vera met the teachers almost every day in the library.

Вчера́ он встре́тил ста́рого дру́га на ста́нции. — Yesterday he met an old friend at the station.

ОТВЕЧА́ТЬ ← ОТВЕ́ТИТЬ  *to answer*

Он никогда́ не отвеча́л на вопро́сы журнали́стов. — He never answered the questions of the journalists.

Он не отве́тил на вопро́с учи́тельницы. — He didn't answer the teacher's question.

РЕША́ТЬ ← РЕШИ́ТЬ  *to decide*

Он всегда́ реша́л все зада́чи ра́ньше учи́теля. — He always solved all the problems before the teacher.

Он реша́л[1] зада́чу, но не реши́л её. — He worked on/tried to solve the problem, but couldn't solve it.

Note also:

ПРИЛЕТА́ТЬ ← ПРИЛЕТЕ́ТЬ  *to fly, to arrive by flying*

2. *Suffix* -ЫВА-, -ИВА-, -ВА-, -В-, *added to the stem.*

ЗАБЫВА́ТЬ ← ЗАБЫ́ТЬ  *to forget*

Профе́ссор иногда́ забыва́л своё пальто́ в кла́ссе. — Sometimes the professor forgot his coat in the classroom.

Он забы́л принести́ свою́ кни́гу в класс. — He forgot to bring his book to class.

---

[1]Here the imperfective focuses on the performance of the action, without any results.

ЗАКРЫВА́ТЬ ← ЗАКРЫ́ТЬ   *to close*

| | |
|---|---|
| Он никогда́ не закрыва́л о́кна в свое́й ко́мнате. | *He never shut the windows in his room.* |
| О́льга закры́ла кни́гу и послу́шала ра́дио. | *Olga shut the book and listened to the radio for awhile.* |

*Also:*

ОТКРЫВА́ТЬ ← ОТКРЫ́ТЬ   *to open*
АРЕСТО́ВЫВАТЬ ← АРЕСТОВА́ТЬ   *to arrest*

3. *Other Changes*

СПРА́ШИВАТЬ ← СПРОСИ́ТЬ   *to ask*

| | |
|---|---|
| Спортсме́нка не́рвничала, когда́ журнали́ст спра́шивал её о ма́тче. | *The athlete was nervous when a journalist questioned her about the match.* |
| Почему́ он не спроси́л об э́том вчера́? | *Why didn't he ask about it yesterday?* |

НАЧИНА́ТЬ ← НАЧА́ТЬ   *to start*

| | |
|---|---|
| Ва́ря обыкнове́нно начина́ла рабо́ту по́сле уро́ков. | *Varya usually started work after the classes.* |
| Пе́тя на́чал говори́ть о рома́не Достое́вского "Идио́т". | *Peter started to talk about the novel by Dostoevsky, The Idiot.* |

4. *Stem Alternation (going verbs)*

ПРИЕЗЖА́ТЬ ~ ПРИЕ́ХАТЬ   *to arrive (by conveyance)*

| | |
|---|---|
| На́дя ча́сто приезжа́ла в наш го́род. | *Nadya often came to our city.* |
| Сестра́ прие́хала домо́й вчера́. | *My sister came/arrived home yesterday.* |

ПРИХОДИ́ТЬ ~ ПРИЙТИ́   *to arrive (on foot)*

| | |
|---|---|
| Серге́й никогда́ не приходи́л на уро́ки, а на экза́мен пришёл. | *Sergei never came to class but he did come to the exam.* |

*Also:*

ПРИНОСИ́ТЬ ~ ПРИНЕСТИ́   *to bring (on foot)*
ПРИВОЗИ́ТЬ ~ ПРИВЕЗТИ́   *to bring (by conveyance)*
НАХОДИ́ТЬ ~ НАЙТИ́   *to find*

## 5. *Suppletion*

There is a very small number of verbs (10-15) where perfectives and imperfectives are based on entirely different stems. These must be memorized.

### БРАТЬ ~ ВЗЯТЬ   *to take*

| | |
|---|---|
| А́нна брала́ кни́ги в биб-лиоте́ке для свои́х друзе́й. | *Anna took books from the library for her friends.* |
| Лю́ба взяла́ журна́л и начала́ чита́ть. | *Lyuba took the magazine and started to read.* |

### КЛАСТЬ[1] ~ ПОЛОЖИ́ТЬ   *to put (in a horizontal position)*

| | |
|---|---|
| Профе́ссор всегда́ клал свои́ журна́лы на тот стол. | *The professor always put his magazines on that table.* |
| Ви́ктор положи́л своё пальто́ на дива́н. | *Victor placed his coat on the couch.* |

### ГОВОРИ́ТЬ ~ СКАЗА́ТЬ   *to say*

*N.B.* ГОВОРИ́ТЬ is both the imperfective of СКАЗА́ТЬ and a separate verb meaning *"to speak"*

| | |
|---|---|
| Он говори́л об э́том вчера́. | *He spoke/talked about that yesterday.* |
| Он всегда́ говори́л, что он гото́в. | *He always said that he was ready.* |
| Кто сказа́л, что меня́ не́ было на ле́кции вчера́? | *Who said I wasn't at the lecture yester-day?* |

## 6. ПОКУПАТЬ ← КУПИТЬ   КУПИТЬ uniquely has an imperfective with a prefix added.

| | |
|---|---|
| Она́ покупа́ла фру́кты на база́ре. | *She bought fruit in the bazaar.* |
| Он купи́л но́вый а́тлас. | *He bought a new atlas.* |

*N.B.* Unlike prefixation, imperfectivization usually does not lend any special semantic coloring to a verb beyond the change in aspect. Verbs with *new* meanings are *not* formed this way.

---

[1]Past tense forms are: клал, кла́ло, кла́ла, кла́ли.

114

*Practice 2:* Group the following verbs into sets of imperfective and perfective.

| | | | |
|---|---|---|---|
| закры́ть | ви́деть | прие́хать | сиде́ть |
| встре́тить | взять | ко́нчить | купи́ть |
| забы́ть | покупа́ть | захоте́ть | брать |
| говори́ть | стро́ить | отве́тить | сказа́ть |
| нача́ть | постоя́ть | смочь | рабо́тать |
| де́лать | сфотографи́- | знать | послу́шать |
| лежа́ть | ровать | получа́ть | почита́ть |
| сде́лать | стоя́ть | заинтересо- | написа́ть |
| положи́ть | скома́ндовать | ва́ть | открыва́ть |
| слу́шать | продиктова́ть | хоте́ть | получи́ть |
| реши́ть | прилете́ть | поговори́ть | проходи́ть |
| уви́деть | постро́ить | встреча́ть | диктова́ть |
| прочита́ть | протестова́ть | чита́ть | поду́мать |
| находи́ть | узна́ть | закрыва́ть | проекти́ровать |
| услы́шать | прийти́ | приезжа́ть | приноси́ть |
| посиде́ть | полежа́ть | класть | сагити́ровать |
| посмотре́ть | отвеча́ть | интересова́ть | привезти́ |
| ду́мать | арестова́ть | прилета́ть | жить |
| найти́ | реша́ть | пожи́ть | плани́ровать |
| мочь | агити́ровать | привезти́ | кома́ндовать |
| смотре́ть | забыва́ть | спра́шивать | слы́шать |
| писа́ть | аплоди́ровать | заапло́ди́ро- | |
| начина́ть | спроси́ть | вать | |

## III. ASPECT USAGE

### A. *Imperfective Usage*

1. Repeated actions, especially when repeated on different occasions, are always imperfective,

| | |
|---|---|
| Оте́ц иногда́ получа́л пи́сьма из Герма́нии. | *Father sometimes received letters from Germany.* |
| На уро́ке мы ре́дко гово́ри́ли о Толсто́м, но ча́сто о Пастерна́ке. | *In class we seldom talked about Tolstoy, but (we talked) frequently about Pasternak.* |

2. Actions performed simultaneously by the same subject are always imperfective,

| | |
|---|---|
| Он сиде́л в библиоте́ке и писа́л статью́. | *He sat in the library and wrote an article.* |
| Кто лежа́л на дива́не и смотре́л телеви́зор? | *Who was that lying on the sofa and watching television?* |

3. Transitive verbs used without a direct object
   are always imperfective.

Он люби́л чита́ть по́сле  
  у́жина.  
He loved to read after  
  supper.

Вчера́ ве́чером он сиде́л  
  до́ма и писа́л.  
Yesterday evening he sat  
  home and wrote.

4. Actions modified by adverbs of manner, especially those qualifying *process* of action, are
   usually imperfective,

Ива́н сли́шком ти́хо чита́л  
  письмо́, и никто́ его́  
  не мог слы́шать.  
Ivan was reading the  
  letter too softly and  
  no one could hear him.

Ве́ра ти́хо сиде́ла и вни-  
  ма́тельно слу́шала лек-  
  цию.  
Vera sat quietly and at-  
  tentively listened to  
  the lecture.

Он до́лго ду́мал и пото́м  
  отвеча́л на вопро́сы  
  учи́теля.  
He thought for a long  
  time and then answered  
  the teacher's ques-  
  tions.

Ли́да гро́мко хохота́ла, и  
  ма́ма сказа́ла, что э́то  
  о́чень некульту́рно.  
Lida guffawed loudly,  
  and her mother said  
  that was a very uncul-  
  tured thing to do.

5. Only imperfective infinitive verb forms occur
   after the following verbs:

люби́ть, продолжа́ть, конча́ть/ко́нчить, начина́ть/
                                       начáть

Он бо́льше всего́ люби́л  
  говори́ть о му́зыке.  
More than anything he  
  loved to speak about  
  music.

Мы продолжа́ли смотре́ть  
  пара́д.  
We continued to watch  
  the parade.

Они́ ещё не на́чали  
  стро́ить да́чу.  
They still haven't  
  started to build the  
  dacha.

B. *Perfective Usage*

1. *Sequences* of unitary actions, especially when
   cause and effect is implied, are expressed by
   perfective verbs.

Студе́нт спроси́л учи́теля,  
  и учи́тель отве́тил.  
The student asked the  
  teacher and the teach-  
  er answered.

Мы пошли́ в библиоте́ку,  
  взя́ли кни́ги и принесли́  
  их сюда́.  
We went to the library,  
  took the books and  
  brought them here.

| Мы купи́ли биле́ты и потóм пошли́ в теáтр. | We bought the tickets and then went to the theater. |
|---|---|

2. When the result or goal of an action is achieved successfully, the perfective is used,

| Он сдéлал всё, что он дóлжен был сдéлать сегóдня. | He accomplished/did everything that he had to do today. |
|---|---|
| Их роди́тели ужé давнó пострóили нóвый дом на у́лице Лéнина. | Their parents built a new house over there on Lenin Street a long time ago. |
| Что ты купи́ла для меня́? | What did you buy for me? |
| Сегóдня я написáл мнóго пи́сем. | Today I wrote many letters. |

C. *Other Usages*

1. With negated verbs, imperfective frequently designates non-performance of the action and perfective that the action was performed or was to be performed but not brought to a successful conclusion, e.g.,

| Он никогдá не читáл э́того ромáна. | He had never read this novel. (i.e. never opened it) |
|---|---|
| Он никогдá не прочитáл э́того ромáна. | He never read this novel all the way through. |
| Я ещё не ви́дел э́того фи́льма. | I still haven't seen this film. |
| Вчерá на собрáнии мы ничегó вáжного не реши́ли. | Yesterday at the meeting we didn't decide anything important. (i.e. we didn't reach any important conclusions) |
| Вчерá на собрáнии мы ничегó вáжного не решáли. | Yesterday at the meeting we didn't decide anything important. (i.e. we didn't discuss anything important) |
| Вчерá я ни от когó не получáл пи́сем. | I didn't receive letters from anyone yesterday. |

2. When one action (B) occurs in the past, within the time frame of another (A), (A), *which emphasizes process is rendered by an imperfective verb* and (B), *which is bound, is rendered by a perfective verb,* e.g.,

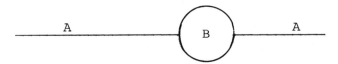

Когда́ мы пришли́ (В)
  домо́й, он сиде́л (А)
  на дива́не и чита́л (А).
Когда́ я его́ уви́дел (В),
  он стоя́л (А) на у́лице
  у теа́тра.

*When we arrived home, he was sitting on the sofa and reading.*
*When I noticed him, he was standing in the street next to the theater.*

*Translation:* Translate the following sentences into English. Indicate the aspect of the verb in each sentence and state the reason for its use.

1. Он хоте́л пойти́ домо́й, но не мог найти́ своего́ пальто́.
2. Она́ ещё не начала́ свои́х уро́ков.
3. Ва́ся постоя́л у две́ри профе́ссора и пошёл домо́й.
4. Ва́ля всегда́ приноси́ла для дете́й фру́кты, кото́рые она́ покупа́ла на база́ре.
5. Он недо́лго по́жил по́сле опера́ции.
6. Бори́с иногда́ забыва́л, что не все на́ши го́сти говори́ли по-ру́сски.
7. Ле́на не могла́ узна́ть, когда́ он прилете́л сюда́ из Самарка́нда.
8. Па́па привёз мно́го дороги́х сувени́ров из Ита́лии.
9. Я уви́дел его́ в ли́фте то́лько тогда́, когда́ уже́ закрыва́ли две́ри, и поэ́тому не мог ничего́ спроси́ть у него́.
10. Зи́на забы́ла, куда́ она́ положи́ла де́ньги, кото́рые она́ получи́ла от отца́.
11. Когда́ Пе́тя услы́шал, что де́ти пошли́ в зоопа́рк, он то́же захоте́л пойти́ туда́.
12. Спортсме́нка сказа́ла, что она́ ещё не гото́ва.
13. Ка́ждый день она́ приходи́ла сюда́ ра́но у́тром.
14. Во вре́мя револю́ции он кома́ндовал на за́падном фро́нте.
15. Варва́ра Петро́вна пошла́ в магази́н и купи́ла но́вую ру́чку, пото́м пое́хала в библиоте́ку, взяла́ не́сколько книг о бале́те и то́лько тогда́ пое́хала домо́й.
16. Де́вушка лежа́ла на дива́не и смотре́ла телеви́зор.
17. Семён никогда́ не получа́л пи́сем из Аме́рики потому́, что там у него́ не́ было друзе́й.

18. Прóза Юрия Казакóва заинтересовáла корреспондéнта американской газéты.
19. Он ещё не кóнчил стрóить своё дáчу, потомý что у негó мáло дéнег.
20. Профéссор сказáл, что никтó не имéл прáва так говорúть на урóке.
21. Кóля спросúл своúх друзéй, кто прочитáл статьё о жúзни студéнтов в МГУ.
22. Никтó не смог решúть эту задáчу на урóке.
23. Борúс не умéл танцевáть ни тáнго, ни фокстрóт.
24. Жéня продолжáла брать дéньги у негó.
25. Он подýмал нéсколько минýт и сказáл, что это невозмóжно.
26. Кáждую недéлю онú приезжáли сюдá из дерéвни покупáть продýкты.
27. Стáрый большевúк решúл опубликовáть своё биогрáфию в студéнческой газéте.
28. Почемý ты ещё не сфотографúровал моё дочь?
29. Он внимáтельно слýшал Борúса, когдá тот говорúл о жúзни в Еврóпе.
30. Кто ещё не пришёл на собрáние? Все делегáты здесь? Ну, хорошó!
31. Он решúл бóльше об этом не говорúть.
32. Онá сказáла, что прочитáла егó статьё в журнáле.
33. Вáся не хотéл открывáть пакéт без Лéны.
34. У нас бýло мáло бензúна, и поэтому мы не моглú поéхать на мóре вчерá.
35. Почемý вмéсто тебя Вáля отвéтила на моё письмó? Потомý что я был зáнят.
36. Обыкновéнно он приходúл на урóк пóздно, но сегóдня он совсéм не пришёл.
37. Для когó ты купúл эту бутылку кубúнского рóма? Не для тебя.
38. Онá так тúхо отвечáла, что никтó в кóмнате не слышал отвéта.
39. Наконéц мы увúдели результáты нáшей рабóты.
40. Тепéрь у негó нет ни дéнег, ни женý. Женá и дéти решúли жить в гóроде однú.
41. Когдá арестовáли брáта Лéнина и за чтó?
42. Он ужé прочитáл послéднее извéстие об Игоре Стравúнском.
43. Мы мáло читáли вчерá, потомý что у нас в дóме нé было электрúчества.
44. Он ничегó не смог узнáть о нáшем учúтеле.
45. Профéссор дóлго говорúл на лéкции о рéчи Хрущёва на XXII-ом съéзде пáртии.
46. Что онá сдéлала на пóчте? Онá купúла почтóвые мáрки.
47. Мы не дóлго пóжили на дáче, потомý что пáпа рабóтал в Кишенéве и не мог чáсто приезжáть.
48. Кáждый день рáно ýтром Кúра Григóрьевна приезжáла

119

из Москвы́ на электри́чке (на электри́ческом пое́зде)
и Фома́ Петро́вич её встреча́л на ста́нции.

49. Почему́ вы не прослу́шали всю речь секретаря́?
Са́мое интере́сное он сказа́л в конце́.
50. Поезда́--на ста́нции.  Они́ уже́ давно́ пришли́.
51. Мла́дший брат посиде́л и почита́л и тогда́ реши́л
пойти́ в парк.
52. "Вели́кий Октя́брь откры́л но́вую э́ру в разви́тии
челове́чества".
53. Он до́лжен был принести́ пи́сьма с по́чты сюда́.
54. Большинство́ тури́стов уже́ взя́ло свои́ паспорта́,
но не все.
55. Почему́ Ва́ня посмотре́л на э́того челове́ка?
56. Почему́ Ва́ня так стра́нно смотре́л на них?
57. Та́ня спра́шивала отца́, но он не хоте́л отвеча́ть на
её вопро́сы.
58. Мужчи́ны, кото́рые стоя́ли у окна́, мои́ бра́тья.
59. Она́ ча́сто начина́ла реша́ть э́то де́ло, но так
никогда́ его́ и не реши́ла.
60. Он то́лько что получи́л письмо́ от своего́ бра́та,
кото́рый ра́ньше жил в Ки́еве.
61. Англича́не прилете́ли в Москву́ вчера́ и привезли́
мно́го багажа́.
62. На э́той неде́ле мы чита́ли рома́н Достое́вского
"Идио́т".
63. А ва́ши роди́тели?  Как они́ смотре́ли на ваш фут-
бо́л?--спроси́л журнали́ст.
64. Де́ти не хоте́ли слу́шать свои́х роди́телей.
65. Ми́тя и его́ жена́ жи́ли далеко́ от нас, но они́ о́чень
люби́ли му́зыку и прилета́ли сюда́ на конце́рты.
66. Архите́ктор Па́вшин ма́ло спра́шивал о но́вых прое́ктах
институ́та.
67. Они́ стоя́ли немно́го да́льше от нас.
68. Он мно́го де́лал, но ничего́ хорошо́ не сде́лал.
69. Она́ могла́ слу́шать таку́ю му́зыку весь ве́чер.
70. Никто́ не знал, отку́да он пришёл.
71. Что вы реши́ли сде́лать?
72. Он то́лько что сфотографи́ровал Ни́ну Петро́вну.
73. Она́ не смогла́ закры́ть дверь.
74. Мы узна́ли об э́той но́вости то́лько сего́дня у́тром.
75. На́дя ча́сто приезжа́ла в наш го́род.
76. Ва́ря обыкнове́нно начина́ла рабо́ту по́сле уро́ков.
77. Кого́ ты ви́дел на вокза́ле?
78. О́льга закры́ла кни́гу и пошла́ в свою́ ко́мнату.
79. Серге́й никогда́ не приходи́л в э́тот класс, но
сего́дня он пришёл на экза́мен.
80. Для своего́ кла́сса А́нна брала́ кни́ги в библиоте́ке.
81. Почему́ ты не спроси́л об э́том вчера́?
82. Пе́тя на́чал говори́ть о рома́не Достое́вского "Бра́тья
Карама́зовы".
83. Ра́ньше он ча́сто слы́шал таки́е ре́чи.

84. Он фотографировал разные здания в Суздале.
85. Саша её увидела на улице.
86. Сестра приехала домой вчера.
87. Он всегда решал все задачи раньше учителя, но позже меня.
88. Отец иногда получал письма из Германии.
89. Профессор всегда клал журналы на тот стол.
90. Когда я пришёл, он ещё кончал работу.
91. Она сегодня получила письма из Союза.
92. Почему она продолжала спрашивать о нём?
93. Мы редко говорили на уроке о Толстом, но часто о Пастернаке.
94. Мы пошли в библиотеку, взяли книги и принесли их сюда.
95. Виктор положил своё пальто на диван.
96. Люба взяла журнал и начала читать.
97. Светлана получила много интересных книг от него.
98. Спортсменка нервничала, когда журналист спрашивал её о матче.
99. Он никогда не закрывал окна в своей квартире.
100. Он сидел в библиотеке и писал статью.
101. Студент спросил учителя, и учитель ответил.
102. Вера тихо сидела и внимательно слушала лекцию.
103. Он больше всего любил говорить о химии.
104. Они ещё не начали строить дачу.
105. Он сделал всё, что он должен был сделать сегодня.
106. Что ты купила для меня?
107. Когда мы пришли домой, он ещё не кончил писать письмо.
108. Кто лежал на диване и смотрел мои фотографии?
109. Вера почти каждый день встречала учителя в кино.
110. Мы купили билеты и пошли в театр.
111. Мы продолжали смотреть парад.
112. Вчера на собрании мы ничего важного не решили.
113. Он любил читать после работы.
114. Когда я увидел его, он стоял на улице у театра.
115. Он решал задачи, но не мог решить все.
116. Она не хотела отвечать на вопросы учителя.
117. Она стояла на улице и читала газету.
118. Вера громко хохотала в театре. Мама сказала, что это очень некультурно.
119. Он построил модель самолёта.
120. Студентка была слаба после операции, и поэтому она решила сидеть дома и смотреть телевизор.
122. Получили ли вы новую карту Америки?
123. Кончили ли студенты делать экономическую карту России?

# CHAPTER XIII

## Dative Case, Impersonal Constructions, НУЖЕН Constructions, Conditional Mood, Indefinite Particles

### *VOCABULARY*

#### *Nouns*

объясне́ние  *explanation*
по́мощь *(f.) help*
оши́бка  *mistake, error*
мне́ние  *opinion*
о́бласть *(f.) oblast, province, sphere (fig.)*
сообще́ние  *communication*
расска́з  *story*
война́  *war*
подхо́д  *approach*

#### *Prepositions*

по ⎱
к  ⎰ + Dat.  *on; along*
           *to, towards*

#### *Verbs*

помога́ть/помо́чь[1]  *to help*
сове́товать/посове́товать  *to advise*
понима́ть/поня́ть  *to understand*
дава́ть/дать  *to give*
посыла́ть/посла́ть  *to send*
передава́ть/переда́ть  *to pass, to hand; to hand over; to tell, to communicate, to transmit*
гото́вить/пригото́вить  *to prepare*
расска́зывать/рассказа́ть  *to tell, to narrate*
пока́зывать/показа́ть  *to show*
позволя́ть/позво́лить  *to allow*
объясня́ть/объясни́ть  *to explain*
сообща́ть/сообщи́ть  *to communicate, to report, inform*
возвраща́ть/верну́ть  *to return (something)*
подходи́ть/подойти́[2]  *to approach, to come up to (on foot)*
учи́ть/научи́ть  *to teach*
звони́ть/позвони́ть  *to call (by telephone); ring*

#### *Adverbs*

нельзя́  *it is forbidden*
мо́жно  *it is possible, one may*
пора́  *it is time*
на́до ⎱
ну́жно ⎰  *it is necessary*

#### *Conjunctions*

е́сли  *if*
что́бы  *in order to*

#### *Adjectives*

вое́нный  *military*
ну́жный  *necessary*
(short forms: ну́жен, нужна́, ну́жно, нужны́

---

[1] Past tense forms of помо́чь: помо́г, помогла́, помогло́, помогли́
[2] Past tense forms of подойти́: подошёл, подошла́, подошло́, подошли́

122

Many nouns are formed with the aid of the suffix -НИК. They divide into two groups: agents (animate performers), and common objects associated with the meaning of the base word.

A. The first group includes the following animate nouns formed from familiar roots (cf. РАБОТНИК):

проти́вник *opponent* ( < про́тив *against*)
любо́вник *lover* ( < любо́вь *love*)
за́падник *Westernizer* ( < за́пад *West*)
мо́дник *fashion-plate* ( < мо́да *fashion*)
учени́к *pupil* ( < уче́ние *study*)
колхо́зник *collective farm* ( < колхо́з *Kolkhoz*)
              *peasant/worker*
сою́зник *ally, confederate* ( < сою́з *union, alliance*)
а́томник *atomic scientist* ( < а́том)
первокла́ссник *first grader* ( < пе́рвый класс)
дошко́льник *pre-schooler* ( < до шко́лы)
да́чник *summer cottager* ( < да́ча)
нача́льник *boss, manager* ( < нача́ло)

Most of these forms have feminines in -ИЦА. Cf. РАБО́ТНИЦА, ЛЮБО́ВНИЦА, МО́ДНИЦА, УЧЕНИ́ЦА, КОЛХО́ЗНИЦА, etc.

B. The second group includes the following inanimate nouns derived from familiar roots. Of course there are no separate feminine forms unless they designate something else:

сло́вник *word list*
уче́бник *textbook*
бага́жник *baggage rack*
вопро́сник *questionnaire*
лу́нник *moon rocket*

однотомник *one-volume*
( < оди́н том) *edition*
кофе́йник *coffee pot*
(Cf. кофе́йница *coffee*
              *mill*)

## *GRAMMAR*

## I. DATIVE CASE

A. *The Indirect Object*

Expressing the indirect object is one of the classic uses of the *Dative Case*. The case even takes its name from the Latin verb *"to give"*, because that verb commonly takes the indirect object:

*He gave something to somebody*
           Direct     Indirect
           object     object

The Russian verb ДАВА́ТЬ/ДАТЬ "*to give*" also takes an indirect object in the Dative Case. Other Russian verbs which frequently take indirect objects in the Dative Case are:

посыла́ть/посла́ть  *to send*
возвраща́ть/верну́ть  *to return*
передава́ть/переда́ть  *to communicate, to transmit, to pass on*
говори́ть/сказа́ть  *to say*
писа́ть/написа́ть  *to write*
пока́зывать/показа́ть  *to show*
учи́ть/научи́ть  *to teach (somebody to something)*

Study the following sentences, all of which contain nouns phrases in the Dative Case. Pay attention to the Dative Case endings. Note which noun phrases are used as the subject of the sentence, which are used as the direct object and which are used as the indirect object.

*Кому́* вы да́ли их де́ньги? — *To whom did you give their money?*

Мои́ роди́тели посла́ли кни́гу *ва́шему бра́ту*. — *My parents sent a book to your brother.*

Учи́тель верну́л *мне* журна́л. — *The teacher returned the magazine to me.*

А́нна ничего́ не сказа́ла *Ива́ну*. — *Anna didn't say anything to Ivan.*

Они́ то́лько что переда́ли *нам* э́ту но́вость. — *They just told us the news.*

Я хоте́л показа́ть э́ту кни́гу *свои́м друзья́м*. — *I wanted to show this book to my friends.*

Вчера́ Ма́ша написа́ла письмо́ сестре́. — *Yesterday Masha wrote a letter to her sister.*

Пётр дал *отцу́* но́вую маши́ну. — *Peter gave his father a new car.*

О́льга научи́ла меня́ *матема́тике*. — *Olga taught me mathematics.*

*N.B.* УЧИ́ТЬ/НАУЧИ́ТЬ *to teach*: In Russian one teaches (accustoms) someone *to something*.

## NOUNS IN THE SINGULAR

*Declension 1:* -У (-Ю)

рабо́тник: рабо́тнику    реше́ние: реше́нию

*Declension 2 and 3:* -Е; -И

(Same distribution as for Prepositional Case,

124

i.e., for 2nd and 3rd Declensions, Dative = Prepositional)

сестра́: сестре́    ночь: но́чи    па́ртия: па́ртии

## ADJECTIVES IN THE SINGULAR

*Masculine/Neuter:* -ОМУ (-ЕМУ)

ста́рый: ста́рому            после́днее: после́днему

*Feminine:* -ОЙ (-ЕЙ)   ( = both Genitive and Prepositional)

у́мная: у́мной            хоро́шая: хоро́шей

## NOUNS IN THE PLURAL

*All nouns:* -АМ (-ЯМ)

гость: гостя́м    жена́: жёнам    брат: бра́тьям
това́рищ: това́рищам    зда́ние: зда́ниям

## ADJECTIVES IN THE PLURAL

*All adjectives:* -ЫМ (-ИМ)

ску́чный: ску́чным        ру́сский: ру́сским

## PRONOMINAL ADJECTIVES

*Masculine/Neuter Singular:* -ОМУ (-ЕМУ)

э́тот, э́то: э́тому        весь, всё: всему́

*Feminine Singular:* -ОЙ (-ЕЙ)

та: той            на́ша: на́шей

*Plural:* -ИМ (-ЕМ)

мой: мои́м            те: тем

## PRONOUNS

|             | *I* | *you* | *he/it* | *she/it* | *we* | *you* | *they* | *who* | *what* |
|-------------|-----|-------|---------|----------|------|-------|--------|-------|--------|
| Nominative  | я   | ты    | он/оно́ | она́     | мы   | вы    | они́   | кто   | что    |
| Dative      | мне | тебе́ | ему́    | ей       | нам  | вам   | им     | кому́ | чему́  |

125

*Practice 1:* Give Dative Singular and Dative Plural
forms for the following noun phrases.

1. ста́рый учи́тель
2. мла́дшая сестра́
3. но́вый това́рищ
4. мой друг
5. э́тот челове́к
6. тот профе́ссор
7. неме́цкая арти́стка
8. плохо́й писа́тель
9. хоро́ший представи́тель
10. большо́й дом

11. после́дняя спортсме́нка
12. вели́кий учёный
13. молодо́й рабо́тник
14. ста́рший брат
15. ва́ша студе́нтка
16. по́льский тури́ст
17. их оте́ц
18. краси́вая америка́нка
19. хоро́шая гражда́нка
20. больша́я дверь

*Practice 2:* Translate into English.

1. Она́ вам уже́ рассказа́ла всё, что она́ слы́шала там.
2. Мы ре́дко дава́ли им де́ньги.
3. Ещё ра́но. Я не показа́л на́шим гостя́м все фото-
   гра́фии.
4. Он написа́л мно́го пи́сем свои́м друзья́м в Герма́нии.
5. Что вы хоте́ли им переда́ть? Ничего́ но́вого.
6. Мы давно́ посла́ли вам те статьи́, о кото́рых вы
   проси́ли. Почему́ вы их ещё не получи́ли?
7. Корреспонде́нт сообщи́л чита́телям после́дние изве́с-
   тия о войне́ на Бли́жнем Восто́ке.
8. Ма́рфа Льво́вна объясни́ла всё делега́ции тра́нспорт-
   ных рабо́чих.
9. Почему́ ты продолжа́л помога́ть ей во вре́мя экза́-
   мена?
10. Вчера́ я посла́л ему́ не́сколько литерату́рных стате́й.
11. Почему́ вы нам не показа́ли свои́ докуме́нты?
12. Па́ша писа́л ма́тери, но о́чень ре́дко.
13. Ма́ша верну́ла кни́гу Ива́ну по́сле собра́ния.
14. Я всё по́нял, когда́ я прочита́л письмо́, кото́рое вы
    мне написа́ли.
15. Са́ша дал своё ста́рое пальто́ мла́дшему бра́ту.
16. Учи́тельница ча́сто объясня́ла студе́нтам э́ти слова́,
    но они́ ничего́ не понима́ли.
17. Акаде́мик Па́влов ча́сто сообща́л нам результа́ты
    свои́х после́дних рабо́т.
18. Ста́рый большеви́к иногда́ пока́зывал де́вушкам
    меда́ли, кото́рые он получи́л во вре́мя Второ́й
    мирово́й войны́.
19. Пе́тя дал им бе́лую бума́гу, кото́рую он купи́л для
    них в магази́не,
20. Когда́ Петро́в был в Ашхаба́де, он ча́сто звони́л в
    Москву́, в учи́лище.

Some verbs which take a direct object in English take an indirect object in Russian.

*I helped my son.* Я помога́л сы́ну.

The following are some of the more frequently occurring verbs of this type:

аплоди́ровать *to applaud*
помога́ть/помо́чь *to help*
сове́товать/посове́товать *to advise*
отвеча́ть/отве́тить *to answer* (also на что, e.g.,
  на вопро́с)
позволя́ть/позво́лить *to allow*
телефони́ровать/потелефони́ровать *to telephone*
сообща́ть/сообщи́ть *to communicate, to inform, to
                tell*
звони́ть/позвони́ть *to call (by telephone)*

*Practice 3:* Translate the following sentences into English.

1. Са́ша спроси́л учи́теля, и учи́тель ему́ отве́тил.
2. Оте́ц не позво́лил Ва́не пойти́ туда́.
3. Бори́с Петро́вич помо́г бе́дному солда́ту, кото́рый стоя́л у две́ри музе́я.
4. Они́ нам посове́товали посла́ть вам э́ти консе́рвы.
5. Почему́ ты так ре́дко позволя́л Ната́ше приходи́ть сюда́?
6. Мои́ роди́тели ча́сто сове́товали мне не де́лать э́того, но я их не слу́шал.
7. Председа́тель колхо́за позвони́л секретарю́ райо́нного сове́та.
8. Ста́рому инвали́ду никто́ не хоте́л помога́ть.
9. Меха́ник Левита́н ча́сто звони́л в Москву́ това́рищу Петро́ву.
10. Президе́нт реши́л не отвеча́ть журнали́стам, и сказа́л им, что их вопро́сы несерьёзные.
11. Я позвони́л вам вчера́ ве́чером, но никого́ не́ было.
12. Наро́д аплоди́ровал молодо́му америка́нскому музыка́нту.

C. *General Expressions of Goal (of Action)*

The person or thing for whom an action is performed may be expressed either with a Dative Case construction or with the preposition ДЛЯ + Genitive. Compare the following:

Я пригото́вил ему́ ко́мнату.    ⎫  *I prepared a room*
Я пригото́вил для него́ ко́мнату.  ⎬    *for him.*

Мы купи́ли им но́вый стул. ⎫  We bought a new chair
Мы купи́ли для них но́вый стул. ⎭      for

Вот вам письмо́. ⎫
Вот для вас письмо́. ⎭          Here's a letter for you.

D. *Prepositions Governing Dative Case*

   Only two prepositions take Dative Case.

1. К  *to, towards, in the direction of (approach)*

   Он пошёл к теа́тру.            He set out in the direc-
                                  tion of the theater.
   Она́ подошла́ к две́ри.         She went up to the door./
                                  She approached the door.
   А́рмия подошла́ к го́роду.      The army approached the
                                  city.
   Мы подошли́ к дире́ктору.      We walked up to the
                                  director.

When used with an animate object the preposition К
is parallel with the У preposition of rest.  Compare
with У constructions.

   Он был у до́ктора.            He was at the doctor's.
   Он пошёл к до́ктору.          He went to the doctor's
                                 (to see the doctor).
   Они́ бы́ли у нас вчера́.       They were at our place
                                 yesterday.
   Они́ прие́хали к нам          They came to see us
     вчера́.                     yesterday./They came to
                                 our place yesterday.

2. ПО  *("distributing action on object")*

   a. *along (a line), around (a surface), in (time
      intervals)*

   по доро́ге  *along the road, on the way*
   по у́лице  *along the street*
   по го́роду  *around the town*
   по стране́  *around (throughout) the country*
   по ра́дио  *on radio*
   по телеви́зору, по телеви́дению  *on television*
   по утра́м  *in the morning (repeatedly)*
   по вечера́м  *evenings*

   b. *about, on/in, concerning*

   специали́ст по а́томной        *a specialist in atomic
     фи́зике, по биохи́мии,        physics, in biochem-
     по кру́пному строй-          istry, in heavy
     тельству                     construction*

| | |
|---|---|
| книга по музыке, по русской грамматике | a book on/about/concerning music, Russian grammar |

c. *according to/in*

| | |
|---|---|
| по мнению многих | in the opinion of many... |
| По вашему (мнению), жизнь больше не имела никакого значения для него? | According to you/in your opinion, life no longer had any meaning for him? |
| по его словам | according to/from his words |
| по письму товарища Н. | according to the letter of Comrade X |

*Practice 4:* Translate into English.

1. По дороге туда мы видели много крупных заводов.
2. Почему вы так рано приехали ко мне?
3. Соркин давно работал В Харькове.  Он специалист по телевидению.
4. Солдат медленно подходил к своему командиру.
5. По утрам он сидел в библиотеке и читал журналы по своей специальности.
6. Только что сообщили по радио, что в городе больше нет бензина.
7. По мнению наших коллег, эта книга очень хорошая.
8. Они смотрели по телевидению документальный фильм о жизни маршала Жукова.
9. Анна была у врача, а потом пошла к сестре.
10. К кому поехал Толя?  К родителям.
11. Почему вы так редко приезжали к нам?
12. По словам великого советского поэта, язык трудового народа--настоящий русский язык.

## II.  IMPERSONAL CONSTRUCTIONS

A. Russian adverbs in -O, e.g., ИНТЕРЕСНО, ХОРОШО, ТРУДНО are also used for general assertions of state or condition.  Compare:

| | |
|---|---|
| Он интересно писал. | He wrote interestingly. |
| Интересно говорить о политике. | It's interesting to talk about politics. |
| Он хорошо жил в деревне. | He lived well in the country. |
| Хорошо жить в деревне. | It's good to live in the country. |

Similarly:

| | |
|---|---|
| Скучно работать на фабрике. | It is boring to work in a factory. |

129

| | |
|---|---|
| Трудно читать по-китайски. | *It is difficult to read Chinese.* |
| Странно вас видеть здесь. | *It is strange to see you here.* |

Because such sentences lack Nominative Case subjects, they are called "Impersonal Constructions."

B. Certain "adverbs" *not derived from adjectives* can also be used in forming impersonal constructions:

1. a. НЕЛЬЗЯ + imperfective *not allowed, forbidden, one must not*

| | |
|---|---|
| Нельзя громко говорить в госпитале. | *It's forbidden/one must not speak loudly in a hospital.* |

b. НЕЛЬЗЯ + perfective *one cannot/impossible*

| | |
|---|---|
| Здесь нельзя купить американские журналы. | *One cannot buy American magazines here.* |

2. МОЖНО *it is allowed, one can*

| | |
|---|---|
| Можно фотографировать парад? Да, можно. | *May one/can one take pictures of the parade? Yes, one may/you can.* |

3. НАДО *it is necessary, one should*

| | |
|---|---|
| Надо говорить медленно. | *One should speak slowly.* |

4. НУЖНО *it is necessary, one has to*

| | |
|---|---|
| Нужно спросить директора. | *One has to ask the director.* |

5. ПОРА *it's time*

| | |
|---|---|
| Пора работать, дорогие друзья мои. | *It's time to work, my dear friends.* |

C. All impersonal constructions form past tense in БЫЛО:

| | |
|---|---|
| Трудно было писать об этом. | *It was difficult to write about that.* |
| Скучно было работать на фабрике. | *It was boring to work in a factory.* |
| Парад можно было фотографировать. | *One could photograph the parade.* |
| Надо было говорить медленно. | *It was necessary to speak slowly.* |

| | |
|---|---|
| Ну́жно бы́ло ду́мать об э́том не сего́дня, а вчера́. | *One (we) should have thought about that not today but yesterday.* |

D. "Subjects" receiving the force of the impersonal construction are in the Dative Case (See discussion on "General Expressions of Goal" p. 127),

| | |
|---|---|
| Вам ску́чно жить в тако́м провинциа́льном го́роде? | *Isn't it boring for you to live in such a provincial city?/Are you bored living in such a provincial city?* |
| Студе́нту бы́ло тру́дно найти́ хоро́шую кварти́ру. | *It was difficult for the student to find a good apartment.* |
| Тури́стам бы́ло неприя́тно сиде́ть весь день в гости́нице. | *It was unpleasant for the tourists to sit in the hotel all day long.* |
| Нам нельзя́ стоя́ть здесь у двере́й. | *We are not allowed to stand here by the doors.* |

## III. НУ́ЖЕН CONSTRUCTIONS

НУ́ЖНЫЙ *"necessary"* is used primarily in the short form:

| | |
|---|---|
| Мне нужна́ кни́га. | *I need a book.* (Literal: *A book is necessary to me.*) |
| Ива́ну ну́жен был но́вый каранда́ш. | *Ivan needed a new pencil.* |
| Что вам ну́жно? | *What do you need?* |

*Practice 5:* Translate into English.

1. Тру́дно бы́ло Ива́ну сказа́ть ему́ пра́вду.
2. Кому́ нужна́ кни́га по геогра́фии, а кому́ по гео-ло́гии?
3. Това́рищи, нам пора́ ко́нчить рабо́ту и пойти́ домо́й.
4. Почему́ ты здесь? Что тебе́ ну́жно?
5. Наш учи́тель сказа́л нам, что нельзя́ говори́ть по-англи́йски во вре́мя уро́ка.
6. Мои́м роди́телям легко́ бы́ло найти́ ва́шу кварти́ру в Пари́же.
7. Мне ску́чно бы́ло вчера́. Весь день мы одни́ сиде́ли до́ма. Никто́ не пришёл к нам.
8. Екатери́ны Ива́новны не́ было вчера́, и Ве́ре ну́жно бы́ло спроси́ть дире́ктора.
9. Ему́ нельзя́ стоя́ть на у́лице.
10. Мо́жно прийти́ к тебе́ сего́дня ве́чером?
11. На́до бы́ло диктова́ть фра́зы о́чень ме́дленно, потому́

что студе́нты пло́хо понима́ли по-ру́сски.
12. За́втра мне на́до ему́ позвони́ть.
13. Кака́я по́мощь нужна́ ва́шему бра́ту? Бо́льше всего́ ему́ нужны́ де́ньги.
14. По како́му а́дресу мо́жно вам писа́ть?
15. Ей уже́ давно́ пора́ рабо́тать.
16. Ма́ше на́до ме́ньше говори́ть и бо́льше слу́шать.
17. Мо́жно его́ спроси́ть об э́том до нача́ла съе́зда.
18. Соро́кину бы́ло о́чень пло́хо. Он до́лго лежа́л в го́спитале.
19. Почему́ здесь нельзя́ слу́шать ра́дио?
20. Вчера́ мы купи́ли буты́лку вина́, пошли́ в парк и до́лго сиде́ли и говори́ли. Мне бы́ло о́чень прия́тно.
21. "Рабо́тать здесь возмо́жно",--сказа́л дире́ктор.
22. Ску́чно жить в тако́м ма́леньком го́роде.
23. Там бы́ло тру́дно слы́шать речь дире́ктора.


IV. CONDITIONAL MOOD

A. The conjunctions ЕСЛИ..., (ТО)... "If..., (then)..." introduce clauses in an actual logical relationship (declarative mood):

| | |
|---|---|
| Е́сли он пришёл по́здно на собра́ние, то он не слы́шал речь председа́теля. | *If he arrived late at the meeting, then he hasn't heard the chairman's speech.* |
| Е́сли ты жил в Вашингто́не, то ты, должно́ быть, ви́дел президе́нта. | *If you lived in Washington, then you must have seen the president.* |

B. *Counter-factual* relationships are expressed with the aid of the *conditional particle*--БЫ (variant--Б)

| | |
|---|---|
| Е́сли бы он пришёл по́здно на собра́ние, то он не слы́шал бы речь председа́теля. | *If he had arrived late at the meeting, then he wouldn't have heard the chairman's speech.* |
| Е́сли бы ты жил в Вашингто́не, то ты ви́дел бы президе́нта. | *If you had lived in Washington, then you would have seen the president.* |

Note that БЫ is used in both clauses--both phrases are counter-factual. БЫ is used in *all* unreal clauses. It can occur anywhere after the first stressed word:

132

| Я бы ему́ помо́г, но он хоте́л всё де́лать без меня́. | *I would have helped him, but he wanted to do everything without me.* |
|---|---|
| Я помо́г бы ему́... Я ему́ помо́г бы... | are also possible |

The БЫ particle is basically the only conditional construction in Russian, and is used in conjunction with the past tense forms, *regardless of tense*. Therefore,

Éсли бы я ему́ дал де́ньги, он купи́л бы пи́шущую маши́нку.

can mean:

*If I had given him money, he would have bought a typewriter.*
*If I gave him money, he would buy a typewriter.*
*If I would have given him money, he would have bought a typewriter.*
*If I were to give him money, he would buy a typewriter.*
*If I would give him money, he would buy a typewriter.*

The English speaker must choose the appropriate translation from the context.

## V. INDEFINITE PARTICLES

1. -ТО *(some)* and -НИБУДЬ *(any)* are indeclinable particles attached to the question words to form indefinite pronouns and adverbs.

ГДЕ́-ТО  *somewhere (in particular)*
ГДЕ́-НИБУДЬ  *anywhere (at all)*

| Он хоте́л жить где́-нибудь во Фра́нции. | *He wanted to live somewhere ( = anywhere) in France.* |
|---|---|

but:

| Он жил где́-то во Фра́нции. | *He lived somewhere in France.* |
|---|---|

Similarly:

КОГДА́-ТО  *at some time, "once"*
КОГДА́-НИБУДЬ  *at any time, "ever"*

| Я когда́-то был там... Вы когда́-нибудь бы́ли там? | *I was once there... Were you ever there?* |
|---|---|

## 2. In the Indefinite Pronouns

КТО́-ТО   *someone (in particular)*
КТО́-НИБУДЬ   *anyone (at all)*
ЧТО́-ТО   *something (in particular)*
ЧТО́-НИБУДЬ   *anything (at all)*

the first pronominal part continues to be declined.  Study the following examples:

| | |
|---|---|
| Вы кого́-то ви́дели в кино́? | *Did you see someone (in particular) in the theater?* |
| Вы ви́дели кого́-нибудь там? | *Did you see someone/anyone there? (anyone at all)* |
| Я никого́ не ви́дел. | *I didn't see anyone.* |
| Он говори́л о чём-то, но я не слы́шал о чём. | *He was talking about something (in particular), but I didn't hear what.* |
| Вы что́-нибудь де́лали вчера́? | *Did you do anything (at all) yesterday?* |
| Я ничего́ не де́лал вчера́. | *I didn't do anything yesterday.* |

Note also:

КА́К-ТО   *somehow*

| | |
|---|---|
| Мы ка́к-то ко́нчили зада́чу. | *We somehow finished the assignment.* |

КАКО́Й-ТО   *some (kind of)*

| | |
|---|---|
| Вчера́ ве́чером мы встре́тили како́го-то инжене́ра на ми́тинге. | *Last evening we met some kind of engineer at the rally.* |

ПОЧЕМУ́-ТО   *for some reason*

| | |
|---|---|
| Он почему́-то никогда́ не получа́л ва́ших пи́сем. | *He never got your letters for some reason.* |

*Translation:* Translate the following sentences into English.

1. Они́ ма́ло чита́ли вчера́, потому́ что им на́до бы́ло рабо́тать в лаборато́рии весь день.
2. Е́сли бы он помо́г мне купи́ть но́вый автомоби́ль, то я бы верну́л ему́ все де́ньги.
3. Е́сли Ва́ня пришёл на конце́рт по́здно, то он не слы́шал но́вую симфо́нию Шостако́вича.
4. Нам на́до бы́ло пое́хать в Кишинёв, что́бы купи́ть хоро́шие ви́на.

134

5. Если бы Варя пришла к нам вчера, то мама сказала
   бы ей своё мнение.
6. Пушкин подошёл к царю и что-то ему очень тихо
   сказал. Все в комнате хотели узнать, что сказал
   Пушкин.
7. Если бы Иван дал мне книгу вчера, то я бы прочитал её сегодня.
8. Таня спросила отца, но он не хотел ответить ей.
9. Он сделал всё, что ему надо было сделать сегодня.
10. Если бы он сообщил мне об этом, я бы встретил его
    на станции.
11. Софья Ильинична часто звонила товарищу
    Майскому в Киев, но Майский был занят и не мог
    ни в чём ей помочь.
12. Если бы Саша всё приготовил, то я позволил бы ему
    пойти в кино.
13. Он не получил моих последних писем потому, что я
    послал их по старому адресу в Архангельскую
    область.
14. Им надо было спросить об этом кого-то из админи-
    страции.
15. Если бы он подошёл ко мне, то я бы рассказал ему,
    где этот ресторан.
16. Кому он дал свою фотографию? Женщине, которую он
    встретил в поезде.
17. Его друзья послали им самые последние номера тех
    журналов.
18. Учитель вернул нам домашние работы[1] и объяснил
    все наши ошибки.
19. Мы посоветовали артистке Шаповаловой ничего не
    говорить итальянскому журналисту о личной жизни
    московских артисток.
20. Вера и Маша показали Володе и Ивану фотографию
    Бёрта Рэнолдса в журнале и сказали: "Вот вам
    настоящий мужчина." Володя и Иван долго смотрели
    на фотографию, но ничего девушкам не ответили.
21. Она почему-то забыла послать нам последний рас-
    сказ Казакова.
22. Сегодня утром по радио сообщили, что наше прави-
    тельство готово послать экономическую и военную
    помощь всем странам Южной Америки.
23. У каждого человека свой подход к такому делу.
24. Он работал, чтобы жить.
25. Никто в классе, даже учитель, не знал сколько
    областей в РСФСР, т.е. в Российской Советской
    Федеративной Социалистической Республике.
26. "Чтобы жить, надо работать",--сказал старый
    индусский философ.

---

[1]домашняя работа--*home work*

27. Англичáне дóлго объяснáли рýсским, котóрые ни
    одногó слóва не понимáли по-англúйски, чтó онú
    хотéли. Наконец, рýсские их пóняли и дáли англи-
    чáнам то, что онú хотéли.
28. Вы встрéтили когó-нибудь интерéсного вчерá у
    Ивáновых? -- Нет, никогó. У них бúли те же
    сáмые скýчные лóди, котóрые там всегдá.
29. Мы мáло знáли в óбласти славянской мифолóгии.
30. Áнна Петрóвна чáсто помогáла бéдным. Все, кто
    приходúли к ней, чтó-то получáли.
31. Я позвонúл вáшему брáту и, когдá он пришёл ко
    мне, рассказáл емý всё, что я узнáл о вас у
    Смирнóвых. По-мóему, емý порá знать всё.
32. Онá когдá-то давнó, давнó былá в Сóчи, у Пáвло-
    вых на дáче.
33. Éсли бы он всегдá не критиковáл другúх!
34. По вечерáм онú чáсто приходúли к нам смотрéть
    телевúзор.
35. Éсли бы онá позвонúла мýжу со стáнции, всё бúло
    бы хорошó.
36. Мúша бúстро прочитáл письмó мáтери и немéдленно
    отвéтил на негó.
37. Юрий Григóрович когдá-нибудь был у тебя? Нет,
    никогдá.
38. Когдá мы, наконéц, приéхали тудá, милиционéры
    уже ждáли нас, чтóбы передáть нам паспортá.
39. По всей странé никтó не протестовáл прóтив про-
    должéния войнú.
40. Тогдá у нас бúло мéньше дéнег, но мы жúли лýчше.
41. Нúна так плóхо приготóвила своó домáшнюю рабóту,
    что во врéмя урóка онá не моглá отвéтить дáже на
    сáмые простúе вопрóсы учúтеля.
42. Вáня хотéл купúть женé чтó-то красúвое.
43. По мнéнию мнóгих нáших грáждан, развúтие недоро-
    гóй и эффектúвной систéмы городскóго трáнспорта
    в кáждом большóм америкáнском гóроде--однá из
    сáмых вáжных задáч нáшей странú.
44. "Вы когó-нибудь вúдели на ýлице сегóдня рáно
    ýтром?"--грóмко спросúл милиционéр. "Нет, ни-
    когó"--отвéтил молодóй человéк в стáром чёрном
    пальтó.--"Никогó нé было на ýлице. Всё бúло
    тúхо".
45. По дорóге на рабóту он иногдá встречáл механика
    Горбáтова.
46. Комý вы позвонúли по телефóну?
47. Комý онá привезлá óти мáленькие сéверно-корéйские
    поездá? Мóим дéтям úли вáшим?
48. Всем, кто хотéл рабóтать, мóжно бúло получúть
    мéсто на стройúтельстве.
49. Сегóдня он дóлжен поéхать в дерéвню без меня.
    Мне нáдо пойтú к врачý.

Пролетарии всех стран, соединяйтесь!

Коммунистическая партия Советского Союза

# ПРАВДА

Газета основана
5 мая 1912 года
В. И. ЛЕНИНЫМ

№ 313 (19821)

Орган Центрального Комитета КПСС

● Среда, 8 ноября 1972 г. ● Цена 3 коп.

*Торжественно и радостно отметила Советская страна 55-ю годовщину Великой Октябрьской социалистической революции.*

*Праздничные торжества вновь продемонстрировали великое нерушимое единство партии и народа, твердую волю советских людей с честью выполнить решения XXIV съезда КПСС.*

Москва. Красная площадь. 7 ноября 1972 года.

Фото А. Павленка и А. Хрупова.

# ПОД ЗНАМЕНЕМ ЛЕНИНА — К КОММУНИЗМУ!

## Военный парад и демонстрация трудящихся на Красной площади

## ПРАЗДНИЧНЫЙ ПРИЕМ В КРЕМЛЕВСКОМ ДВОРЦЕ СЪЕЗДОВ

### Выступление товарища Л. И. БРЕЖНЕВА

### Речь товарища А. А. ГРЕЧКО

(Окончание на 2-й стр.)

CHAPTER XIV

## Instrumental Case, The Reflexive Pronoun

### *VOCABULARY*

#### *Nouns*

сре́дство *means*
у́ровень *level, plane; standard*
замести́тель *substitute; assistant, deputy*
о́браз *way; form, image*
путь[1] *way, track; path*
го́лос *voice*
связь *(f.) connection, link*
осно́ва *base, basis, foundation*
внима́ние *attention*
бесе́да *talk, conversation*
помо́щник *assistant*
худо́жник *artist*
командиро́вка *business trip*
иностра́нец *foreigner*
рука́ *hand, arm*
отноше́ние *1. attitude 2. relationship 3. (pl.) relations*
докла́д *report, lecture*
торго́вля *trade, commerce*
сторона́ *side*
вещь *(f.) thing*

#### *Adjectives*

худо́жественный *artistic, 'serious' (of lit., music, drama, etc.)*
иностра́нный *foreign*
пра́вильный *right, correct*
разли́чный *various, different*
основно́й *fundamental, basic*
междунаро́дный *international*
вне́шний *1. external, outer 2. foreign*

#### *Adverbs*

вме́сте *together*
пока́ *1. for the present, for the time being 2. while*
осо́бенно *especially*

#### *Prepositions*

пе́ред + Inst. *in front of/before*
над + Inst. *over/on top of*
под + Inst. *under*
ме́жду + Inst. *between*
за + Inst. *behind/beyond*
с + Inst. *with (along with, accompanied by)*
ря́дом с + Inst. *alongside*

#### *Verbs*

служи́ть/послужи́ть *to serve*
стать *(Pf.) to become*
рискова́ть/рискну́ть *to wager; to bet; to risk*
осно́вывать/основа́ть *1. to found 2. to base on*

---

[1]ПУТЬ is the only masculine 3rd Declension noun. See Appendix A. The Instrumental Case is ПУТЁМ.

138

*Verbs (Continued)*

владе́ть/NTP[1]  to have command of; to know (a language); to manage; to own
руководи́ть/NTP  to lead; to govern
управля́ть/NTP  to manage; to govern; to drive; to direct
занима́ть/заня́ть  to occupy
принима́ть/приня́ть  to accept; to receive
счита́ть (Impf.)  to consider, to regard (as)
пра́вить/NTP  to govern; to drive; to direct

*GRAMMAR*

## I. THE INSTRUMENTAL CASE

The Instrumental Case gets its name from its most literal function--to express the *instrument* by which something is done.  In the sentence:

Он писа́л кра́сным карандашо́м.   *He wrote with a red pencil (by means of a red pencil).*

Inst. Case

the noun phrase КРА́СНЫМ КАРАНДАШО́М is in the instrumental case.

A. *The Instrumental Case endings are:*

NOUNS IN THE SINGULAR

*Declension 1:* -ОМ (-ЁМ, -ЕМ),

дом: до́мом    оте́ц: отцо́м    учи́тель: учи́телем
письмо́: письмо́м    реше́ние: реше́нием

*Declension 2:* -ОЙ (-ЁЙ, -ЕЙ),

кни́га: кни́гой  дере́вня: дере́вней  земля́: землёй

*Declension 3:* -ЬЮ,

жизнь: жи́знью   мать: ма́терью   но́вость: но́востью

ADJECTIVES IN THE SINGULAR

*Masculine/Neuter:* -ЫМ (-ИМ),

но́вый: но́вым        большо́й: больши́м
после́дний: после́дним

---

[1]NTP--no "twin" perfective

*Feminine:* -ОЙ (-ЕЙ), e.g.,

советская: советской  большая: большой
хорошая: хорошей  средняя: средней

*N.B.* All Instrumental endings in -ОЙ (-ЕЙ) can have the variants -ОЮ (-ЕЮ). These variants have a somewhat elevated stylistic flavor and are infrequent in speech and expository prose.

## NOUNS IN THE PLURAL

*All Nouns:* -АМИ (-ЯМИ)

слово: словами жена: жёнами товарищ: товарищами
герой: героями  брат: братьями

## ADJECTIVES IN THE PLURAL

*All Adjectives:* -ЫМИ (-ИМИ)

скучный: скучными  русский: русскими

## PRONOMINAL (AND POSSESSIVE) ADJECTIVES

*Masc./Neut. Singular:* -ИМ (-ЕМ)

мой: моим  весь: всем

*N.B.* этот это: этим один одно: одним
     тот то: тем

*Feminine Singular:* -ОЙ (-ЕЙ)

эта: этой  одна: одной  наша: нашей

*All Plurals:* -ИМИ (-ЕМИ)

эти: этими свои: своими одни: одними те: теми

## PRONOUNS

| *Nom.* | я | ты | он/оно | она | |
|---|---|---|---|---|---|
| *Inst.* | мной | тобой | им | ей | |

| *Nom.* | мы | вы | они | кто | что |
|---|---|---|---|---|---|
| *Inst.* | нами | вами | ими | кем | чем |

*Practice 1:* Give the Instrumental Singular and the Instrumental Plural forms for the following noun phrases.

1. новый стол
2. старший брат
3. скучное место
4. молодая женщина
5. этот гражданин
6. лёгкая задача
7. партийное решение
8. весь журнал
9. русская деревня
10. последний автобус

11. богатая земля
12. та история
13. великий учёный
14. красивый мужчина
15. важная новость

16. ваш пример
17. каждый мужчина
18. хороший друг
19. большая площадь
20. личное мнение

B. *Uses of the Instrumental Case*

1. *Simple Instrumental*

The Instrumental Case expresses the instrument, the means by which an action is performed and by extension the manner in which it is performed. It answers the questions

Как?  *How?*
Каким образом?  *How, in what way?*
Каким способом?  Какими средствами?  *By what means?*

Study the following sentences:

| | |
|---|---|
| Он редко писал письма *авторучкой.* | He rarely wrote letters with a pen. |
| Он фотографировал нас *нашим новым фотоаппаратом.* | He photographed us with our new camera. |
| Они приехали сюда *последним автобусом.* | They arrived here on the last bus. |
| Она обычно посылала деньги *авиапочтой.* | She usually sent money (by) airmail. |
| Турист *левой рукой* показал мне на карте свой маршрут. | The tourist pointed out to me with his left hand his itinerary. |

The idea of "instrumentality" is extended to expressions of *manner*, e.g.,

| | |
|---|---|
| Он говорил басом. | He spoke in a bass (voice). |
| Во время войны художник служил простым солдатом. | During the war the artist served as a common soldier. |

2. *Verbs Governing the Instrumental Case*

Some verbs which take a direct object in English take this "object" or complement in the Instrumental Case in Russian, e.g.,

Кто управлял машиной?  *Who drove the car?*

The verbs inherently treat the "object" as an instrument or means for carrying out the action. The following are some of the frequently occurring verbs of this type.

141

пра́вить/NTP  *to govern; to drive*
управля́ть  *to manage; to govern; to drive*
руководи́ть/NTP  *to lead; to govern*
владе́ть/NTP  *to have command of*
кома́ндовать/скома́ндовать  *to command*
рискова́ть/рискну́ть  *to wager, to bet; to risk*
дирижи́ровать/NTP  *to conduct*

Study the following examples:

| | |
|---|---|
| Он не уме́л пра́вить *страно́й*. | *He didn't know how to govern the country.* |
| По́сле револю́ции това́рищ Хре́нников руководи́л *рабо́чим* движе́нием в Ту́льской о́бласти. | *After the revolution Comrade Khrennikov led the workers' movement in the Tula oblast.* |
| Он владе́л *необыкнове́н-ным тала́нтом.* | *He possessed an extra-ordinary talent.* |
| Мой оте́ц хорошо́ владе́л *ру́сским языко́м.* | *My father knew Russian well.* |
| В войну́ Петро́в кома́ндо-вал *диви́зией.* | *During the war Petrov commanded a division.* |
| Солда́ты не раз риско-ва́ли *свое́й жи́знью* на фро́нте. | *The soldiers risked their lives more than once at the front.* |
| Тоскани́ни, по мне́нию одного́ кри́тика, пло́хо дирижи́ровал *орке́стром.* | *Toscanini, in the opinion of one critic, conduct-ed the orchestra poorly.* |

### 3. *Instrumental of Being*

The Instrumental is used as the equivalent of the *predicate nominative* in other languages after verbs of being, becoming, seeming, etc. or where such verbs are understood.

| | |
|---|---|
| Он стал хи́миком, адво-ка́том, ме́нее интере́с-ным, и т.д. | *He became a chemist, a lawyer, less interest-ing, etc.* |
| Акаде́мик Ива́нов уже́ дав-но́ счита́л своего́ помо́щ-ника о́чень спосо́бным челове́ком. | *The academician Ivanov has for a long time thought of his assist-ant as a very capable individual.* |

*N.B.* However, after БЫТЬ (in the past and future tenses) predicate nominatives expressed by the Instrumental Case carry a special semantic con-notation and denote less permanent or transitory states. The Nominative Case must be used to indicate a permanent condition.

142

Compare the following:

| | |
|---|---|
| Стол был большой. | *The table was large.* |
| Солда́т был не́мец. | *The soldier was a German.* |
| Па́влов был хоро́ший челове́к. | *Pavlov was a good person.* |
| Он был и бе́дным и бога́тым. | *He had been both rich and poor.* |
| Когда́ он был студе́нтом... | *When he was a student...* |

*Practice 2:* Translate the following sentences into English.

1. Па́ртия должна́ руководи́ть наро́дом.
2. Пра́вить госуда́рством--нелёгкое де́ло.
3. Ни́ночка могла́ писа́ть и пра́вой и ле́вой руко́й.
4. Ста́рший брат Ива́на руководи́л наро́дным анса́мблем в Ирку́тске.
5. Когда́ Пе́тя ко́нчил институ́т, он стал меха́ником в Ту́ле.
6. Каки́м о́бразом э́ти иностра́нцы прие́хали сюда́ без виз?
7. Они́ прие́хали из Москвы́ ско́рым по́ездом.
8. Когда́ Мы́шкина арестова́ли, он управля́л конто́рой.
9. Ве́ра хоте́ла стать худо́жницей, но у неё не́ было тала́нта.
10. Каки́ми сре́дствами прави́тельство по́сле револю́ции ликвиди́ровало негра́мотность на Ура́ле?
11. Все экономи́сты счита́ли у́ровень разви́тия се́льского хозя́йства в э́той стране́ о́чень ни́зким.
12. Кем он служи́л в а́рмии?
13. Он отве́тил таки́м ти́хим го́лосом, что никто́ его́ не услы́шал.
14. Путь худо́жника не всегда́ прия́тен.
15. Он не хоте́л рискова́ть свое́й жи́знью и поэ́тому не пошёл в а́рмию.
16. У нас не́ было возмо́жности слу́шать орке́стр, кото́рым дирижи́ровал Юджи́н О́рманди в Филаде́льфии.
17. Са́ша Песко́в стал замести́телем дире́ктора, когда́ тот пое́хал в командиро́вку на Сахали́н.
18. До Октя́брьской револю́ции оте́ц Бори́са владе́л кру́пным заво́дом в Ха́рькове.

4. *Instrumental of Time*

The Instrumental Case is used with parts of the day and the seasons to indicate "during..."

| | |
|---|---|
| у́тро: у́тром | *in the morning* |
| день: днём | *in the daytime* |
| ве́чер: ве́чером | *in the evening* |
| ночь: но́чью | *at night* |

143

весна́: весно́й   *in the spring*
ле́то: ле́том   *in the summer*
о́сень: о́сенью   *in the fall*
зима́: зимо́й   *in the winter*

5. *Instrumental with Prepositions*

a. Five prepositions expressing relative spatial relationships between two objects take the Instrumental Case:

ПЕ́РЕД   *in front of/before*

| | |
|---|---|
| Пе́ред гости́ницей есть краси́вая пло́щадь. | *There is a beautiful square in front of the hotel.* |

ЗА   *behind/beyond*

| | |
|---|---|
| Она́ сиде́ла за мной. | *She sat behind me.* |
| Он жил за́ городом. | *He lived beyond the city (in the suburbs outside the city).* |

НАД   *over, on top of*

| | |
|---|---|
| Кто ви́дел вы́веску над две́рью? | *Who saw the sign over the door?* |

ПОД   *under*

| | |
|---|---|
| Он жил под землёй в тунне́ле. | *He lived underground in a tunnel.* |

МЕ́ЖДУ   *between*

| | |
|---|---|
| Война́ была́ ме́жду Герма́нией и Кита́ем. | *The war was between Germany and China.* |

*N.B.* The prepositions of concealment, ЗА and ПОД, like В and НА, take Accusative Case with a verb of motion.

| | |
|---|---|
| Он положи́л кни́гу под стол. | *He put the book under the table.* |
| Тепе́рь кни́га под столо́м. | *Now the book is under the table.* |

ПЕ́РЕД and НАД take only instrumental, even when there is motion:

| | |
|---|---|
| Он пове́сил вы́веску над две́рью. | *He hung the sign over the door.* |
| Тепе́рь вы́веска над две́рью. | *Now the sign is over the door.* |

b. Other important meanings of the preposition ЗА with Instrumental Case:

1. *"(following directly) after"*

   однó за другим   *one after the other*
   книга за книгой   *book after book*

2. *"for"* ( ~ *to get, to go for something, to pick someone up.*)

| | |
|---|---|
| Он пошёл за бензином. | *He went for gas./ He went to get gas.* |
| Нáдо послáть за дóктором. | *One must send for the doctor.* |
| Ивáн пришёл сюдá за мной. | *Ivan came by here for me./ Ivan came by to pick me up.* |

*N.B.*    Note the difference in meaning between ЗА + Instrumental and the meaning of ЗА + Accusative, as discussed on p. 52. Reread that section and study the examples carefully.

c. The preposition С[1] *"with"* (*along with, accompanied by*)

| | |
|---|---|
| Я говорил с Ивáном. | *I spoke with Ivan.* |
| Чай с молокóм... | *Tea with milk...* |
| Онá былá в теáтре с Петрóм. | *She was at the theater with Pyotr.* |
| Он с брáтом поéхал в гóрод. | *He and his brother went to the city.* |

Note the following usage:

| | |
|---|---|
| Они с другом ужé здесь. | *He and his friend are already here.* |
| Мы с женóй были там. | *My wife and I were there.* |
| Мы с вáми дóлго рабóтали. | *You and I worked for a long time.* |

*Practice 3:* Translate the following sentences into English.

1. Вчерá вéчером, когдá мы увидели Óлю, онá клáла бутылку под стол. Сегóдня ýтром мы нашли и её и бутылку там под столóм.
2. Почемý они так рáно приéхали за мной вчерá ýтром?
3. Вéра послáла Мишу в магазин за болгáрскими папирóсами.

---

[1] Note the difference in meaning between С + Instrumental and C + Genitive. (See p. 61)

4. Ви́ктор стоя́л пе́ред рестора́ном и смотре́л на краси́-
   вых де́вушек, кото́рые шли по у́лице.
5. Ива́н постро́ил но́вый дом за́ го́родом.
6. Когда́ я пришёл к нему́, он лежа́л под маши́ной в
   гараже́.
7. "Ме́жду на́ми, э́тот замести́тель не тако́й уж спосо́б-
   ный, каки́м мы его́ ра́ньше счита́ли".
8. Он занима́л кварти́ру над э́тим магази́ном.
9. Ва́ся рабо́тал за меня́ сего́дня у́тром, потому́ что
   мне на́до бы́ло пое́хать в го́спиталь.
10. Пока́ Ва́ся был в Ло́ндоне, его́ жена́ жила́ с на́ми.
11. Когда́ Ви́тя был в Москве́, он купи́л ей альбо́м
    с разли́чными рису́нками ста́рых ру́сских мастеро́в.
12. Де́ти стоя́ли за две́рью и слу́шали, когда́ ма́ма
    говори́ла с их учи́тельницей.
13. Ме́жду э́тими стра́нами нет никако́й дру́жбы.

## II. THE REFLEXIVE PRONOUN

Russian has a reflexive pronoun *"oneself"*
declined like ТЫ but without a Nominative Case:

| Nom. | ты | |
|---|---|---|
| Gen., Acc. | тебя́ | себя́ |
| Dat., Prep. | тебе́ | себе́ |
| Inst. | тобо́й | собо́й |

The reflexive pronoun always "reflects" back
to the subject, regardless of person, number or
gender.

| | |
|---|---|
| Я дал себе́ ещё не́сколько мину́т, что́бы зако́нчить уро́к. | *I gave myself several minutes to finish the lesson.* |
| И́горь то́лько рабо́тал для себя́. | *Igor' only worked for himself.* |
| Вы должны́ предста́вить себе́, что меня́ тогда́ не́ было. | *You must imagine (present to yourself) that I was not here then.* |
| А́втор писа́л о себе́. | *The author wrote about himself.* |
| Она́ обыкнове́нно носи́ла мно́го де́нег при себе́. | *She usually carried a lot of money with her.* |

*Translation:* Translate the following sentences into
English.

1. Он руко́й показа́л на ка́рте террито́рию, кото́рую
   фаши́сты оккупи́ровали во вре́мя войны́.
2. Его́ цель--стать бога́тым.
3. Председа́тель до́лжен быть приме́ром для всех в
   колхо́зе.

4. Егó объяснéние помоглó нам поня́ть э́ту задáчу.
5. При Елизавéте Пéрвой Ломонóсов основáл пéрвый университéт в Росси́и.
6. Пéтя бóльше всегó люби́л читáть совéтскую худóжественную литератýру, осóбенно прóзу, и поэ́тому получáл почти́ все литератýрные журнáлы из Совéтского Соѐза.
7. Он не узнáл человéка, котóрый вчерá управля́л маши́ной.
8. У нас дóлго бы́ли плохи́е отношéния с францýзскими коллéгами. Но тепéрь всё в поря́дке.
9. Он зáнял э́ту кварти́ру, потомý что здесь рáньше жил егó брат.
10. Каки́е вéщи вы купи́ли сегóдня на базáре?
11. Каки́е у вас отношéния с замести́телем? По-мóему, не óчень хорóшие.
12. Где основáли пéрвую рýсскую колóнию в зáпадной чáсти Амéрики? Пéрвую рýсскую колóнию основáли в сéверной Калифóрнии, недалекó от Сан Франци́ско.
13. Андрéй хорошó владéл китáйским языкóм. Он когдá-то служи́л кóнсулом в Пеки́не.
14. Когдá Пéтя поéхал в командирóвку? Скóлько дней Сáша был в пути́?
15. Андрéй Михáйлович при́нял пост дирéктора фáбрики.
16. У Фоминá рéдко бы́ло при себé мнóго дéнег.
17. Э́тим лéтом нéсколько дéвушек из нáшего институ́та хотéли поéхать на междунарóдную конферéнцию молодёжи в востóчном Берли́не.
18. "Нáдо быть бóлее внимáтельным на урóках "--сказáл учи́тель Пéте.
19. --Почемý вы не хотéли сидéть с нáми? --Потомý, что я хотéл сидéть с Вáлей и Вéрой. Местá у них лýчше.
20. Жи́зненный ýровень в Австрáлии вы́ше, чем в Аргенти́не, но ни́же, чем в Соединённых Штáтах Амéрики.
21. Дóктор Дени́сов принимáл пациéнтов тóлько по утрáм, а по вечерáм он читáл в университéте лéкции по анатóмии.
22. В своём доклáде товáрищ Кýкольник объясни́л коллéгам роль Совéтского Соѐза в разви́тии междунарóдной торгóвли.
23. "В Амéрике мóжно стать миллионéром..." Так Гри́ша Попóвич написáл свои́м роди́телям из Чикáго, кудá он недáвно приéхал из Ви́тебска.
24. Кри́тик писáл, что худóжник Константи́н Беля́ев владéл необыкновéнным талáнтом. По егó мнéнию, скульптýра Беля́ева не хýже скульптýры Родéна.
25. Аглáида Серафи́мовна стоя́ла передо мнóй, с лéвой стороны́ от Макси́ма Кузьмичá, но я забы́л, кто стоя́л с прáвой.
26. Он не принимáл ни от когó пóмощи.

27. Он считал свой образ жизни самым лучшим.
28. Перед этими зданиями на той стороне улицы есть маленькая, но красивая площадь.
29. Миша стоял за своим братом и ничего не говорил.
30. С кем ты пошёл домой—с Гришей или с Мишей?
31. "Под моим домом двухэтажный гараж. Вот вам хороший пример живого русского языка в Америке", — сказал учитель своим студентам.
32. Саша Попов не хотел ничем рисковать и поэтому не стал богатым.
33. Борис Петрович служил при Академии Художеств, а не при Академии Наук.
34. Наконец, академик Петушков кончил свой доклад и пошёл со студентами в кафе.
35. Он раньше работал в институте секретарём директора, а теперь стал его заместителем.
36. У него было несколько гостей из Советского Союза, и мы говорили с ними только по-русски.
37. Администратор принял меня вчера рано утром. Он говорил со мной о новых студентах, которые приехали из Советского Союза.
38. Они редко писали письма карандашом.
39. Что у неё в правой руке?
40. Она часто посылала деньги авиапочтой.
41. Иван плохо управлял своими делами.
42. Они не умели править автомобилем.
43. Он ответил на ваш вопрос таким тихим голосом, что мы его не услышали.
44. Академик Иванов не считал своего помощника очень способным учёным.
45. Митя с женой жили далеко от нас, и мы редко их видели.
46. Если бы мы больше работали, то у нас было бы больше денег.

*Translation:* Translate these items taken from *Pravda* and *Nedelya*.

1. XXIV СЪЕ́ЗДУ КОММУНИСТИ́ЧЕСКОЙ ПА́РТИИ НИДЕРЛА́НДОВ

   Центра́льный Комите́т Коммунисти́ческой па́ртии Сове́тского Сою́за приве́тствует *(greets)* делега́тов XXIV съе́зда Коммунисти́ческой па́ртии Нидерла́ндов и всех голла́ндских коммуни́стов.

   Жела́ем *(We wish)* Коммунисти́ческой па́ртии Нидерла́ндов сплоче́ния *(unity)* её рядо́в *(rank)* на осно́ве при́нципов маркси́зма-ленини́зма, пролета́рского интернационали́зма, разви́тия свя́зей *(tie)* с бра́тскими коммунисти́ческими па́ртиями в интере́сах о́бщей борьбы́ *(struggle)* про́тив империали́зма, за мир и безопа́сность *(security)* наро́дов, за демокра́тию и социа́льный прогре́сс.

   ЦЕНТРА́ЛЬНЫЙ КОМИТЕ́Т КОММУНИСТИ́ЧЕСКОЙ ПА́РТИИ СОВЕ́ТСКОГО СОЮ́ЗА.

   *Правда,* май 1972

2. В Москве́ 23 апре́ля начала́ рабо́ту се́ссия Сове́та Экономи́ческой Взаимопо́мощи *(cooperation)* с уча́стием *(participation)* руководи́телей коммунисти́ческих и рабо́чих па́ртии и глав прави́тельств Наро́дной Респу́блики Болга́рии, Венге́рской Наро́дной Респу́блики, Герма́нской Демократи́ческой Респу́блики, Монго́льской Наро́дной Респу́блики, По́льской Наро́дной Респу́блики, Социалисти́ческой Респу́блики Румы́нии, Сою́за Сове́тских Социалисти́ческих Респу́блик и Чехослова́цкой Социалисти́ческой Респу́блики.

   *Неделя,* апрель 1969

3. На борту́ *(on board)* сове́тского ла́йнера "Алекса́ндр Пу́шкин", ше́дшего *(going)* свои́м пе́рвым ре́йсом *(cruise)* 1966 го́да из Монреа́ля в Ленингра́д, среди́ пассажи́ров проведён *(conducted)* ко́нкурс *(contest)* на необы́чный ти́тул "Мисс Алекса́ндр Пу́шкин". Претенде́нтки должны́ бы́ли хорошо́ знать произведе́ния *(work)* вели́кого ру́сского поэ́та. Победи́ла *(won)* студе́нтка Нью-Йо́ркского университе́та Са́лли Го́лдин; экипа́ж *(crew)* подари́л *(presented with)* ей настоя́щий ру́сский самова́р.

   *Неделя,* июнь 1966

149

# CHAPTER XV

## Reflexive Verbs, Numerals

### *VOCABULARY*

#### *Nouns*

ряд   *row; series; rank*
вид   *appearance, look;*
  *shape, form; view*
число́   *date, number*
вре́мя *(n.)*   *time*
вре́мя го́да   *season*
и́мя *(n.)*   *name*
год   *year*
река́   *river*
час   *hour*
ме́сяц   *month*
чай   *tea*
цель *(f.)*   *goal*
век   *century; age*
раз   *occasion, time*
успе́х   *success*
ра́зница   *difference*

#### *Adverb*

наза́д *back, backwards;*
  *ago.* тому́ наза́д *ago*

#### *Adjectives*

закры́тый   *closed*
бы́вший   *former*
про́шлый   *past; last*
  *(most recent)*
откры́тый   *open*
бу́дущий   *future*

#### *Interrogative/Possessive Adjective*

чей *(m.)* ⎫ *whose*
чьё *(n.)* ⎪ (See Appendix
чья *(f.)* ⎬ , p. 283 for
чьи *(pl.)* ⎭ declensional
      patterns)

#### *Pronoun*

друг дру́га   *each other*

#### *Pronominal Adjective*

сам *(m.)* ⎫
само́ *(n.)* ⎪
сама́ *(f.)* ⎬ *oneself*
са́ми *(pl.)* ⎭

#### *Verbs*

ви́деться/уви́деться   *to see one another*
учи́ться/научи́ться   *to study/to learn*
встреча́ться/встре́титься   *to meet (by agreement)*
догова́риваться/договори́ться   *to negotiate/to reach*
  *agreement*
добива́ться/доби́ться   *to achieve*
знако́миться/познако́миться   *to become acquainted*
соглаша́ться/согласи́ться   *to agree on*
открыва́ться/откры́ться   *to open (Intransitive)*
закрыва́ться/закры́ться   *to close (Intransitive)*
продолжа́ться/NTP   *to continue (Intransitive)*
начина́ться/нача́ться   *to begin (Intransitive)*
конча́ться/ко́нчиться   *to end (Intransitive)*
возвраща́ться/верну́ться   *to return (Intransitive)*
станови́ться/стать *(чем, кем)*   *to become*
называ́ть/назва́ть   *to name*
называ́ться/назва́ться *(чем)*   *to be called*

находи́ться/найти́сь  *to be located/turn up*
занима́ться/заня́ться (чем)  *to be occupied/to get
  occupied; to study/take up (the study of)*
каза́ться/показа́ться (чем, кем)  *to seem*
интересова́ться/заинтересова́ться (чем)  *to be interested*
хоте́ться/захоте́ться (кому)  *to feel like*
явля́ться/яви́ться (чем, кем)  *to be; to appear*
ока́зываться/оказа́ться (чем, кем)  *to turn out to be*
остава́ться/оста́ться  *to remain*
случа́ться/случи́ться  *(3rd person singular only) to
  occur*
роди́ться (Both Impf. and Pf.)  *to be born*
приходи́ться/прийти́сь *(3rd person singular only) to
  be obliged to*
гото́виться/пригото́виться  *to prepare oneself, get
  ready*
труди́ться/NTP  *to labor, to toil*
нра́виться/понра́виться (кому)  *to be pleasing (~ like)*
переводи́ть/перевести́  *to translate*
получа́ться/получи́ться  *to turn out; to happen; to be*

## *GRAMMAR*

## I. REFLEXIVE VERBS

   Like other European languages, Russian has a
class of reflexive verbs formed with the help of a
reflexive particle.[1]  In Russian, this particle, a
reduced form of СЕБЯ, is attached to the end of all
verb forms and is written -СЯ after consonants and
-СЬ after vowels.

A. *Usage of Reflexive Verbs*

1. *"Literal" Reflexives*

   The "literal" function of reflexive verbs is
found in a limited set of physical actions where the
-СЯ/-СЬ forms are synonymous with the non-reflexive
verbs + СЕБЯ as a direct object:

ОДЕВА́ТЬ/ОДЕ́ТЬ--*to dress (transitive)*

   Мать оде́ла дете́й.      *Mother dressed the
                            children.*

ОДЕВА́ТЬСЯ/ОДЕ́ТЬСЯ--*to dress oneself, to get dressed*

   Де́ти оде́лись и пошли́   *The children got dressed
    в шко́лу.               and went to school.*

---

[1] All reflexive verbs are by definition intransitive.

ГОТÓВИТЬ/ПРИГОТÓВИТЬ--*to prepare*

Он готóвил доклáд.          *He worked on the report.*

ГОТÓВИТЬСЯ/ПРИГОТÓВИТЬСЯ--*to prepare oneself for;*
                               *to study for*

Он готóвился к экзá-        *He prepared for his*
менам.                      *exams.*

Only a small number of verbs have this "literal" reflexive meaning. Most express the idea of reflexivity with СЕБЯ as we have seen in the preceding chapter. However, very many verbs are formed with the reflexive particle in a variety of other meanings, more or less remote from the original one of "reflexivity." The other principal meanings are given below.

2. *Reciprocity*

Many actions involving two performers interacting mutually are expressed with reflexive verbs. Here the particle replaces the pronominal construction ДРУГ ДРУ́ГА--*each other*.

Two examples of reciprocity are:

ВСТРЕЧÁТЬСЯ/ВСТРÉТИТЬСЯ--*to meet [one another]*
                              *(by agreement)*

Вчерá мы встрéтились        *Yesterday we met in*
пéред бáнком.               *front of the bank.*

ДОГОВÁРИВАТЬСЯ/ДОГОВОРИ́ТЬСЯ--*to negotiate...*/*make*
    *an arrangement, to reach an agreement*

Мы договори́лись поéхать    *We agreed (made arrange-*
в кинó вéчером.             *ments) to go to the*
                            *movies in the evening.*

also note:

ви́деться/уви́деться   *to see one another*
знакóмиться/познакóмиться  *to be acquainted/to get*
                            *acquainted*
соглашáться/согласи́ться   *to agree on*

These reciprocal reflexives do not require plural subjects:

Я ужé давнó встрéтился      *I met him a long time*
с ним.                      *ago.*
Ты договори́лась с ни́ми?   *Did you (and they) reach*
                            *an agreement?*

152

## 3. *Middle Voice*

The term *middle voice* refers to constructions in which recipients of the action, usually objects, are presented as performers of the action, with the normally transitive verbs becoming intransitive. Thus in English--

*The door closed.* or *The lesson continued.*

are middle voice constructions. In Russian, reflexive verbs are used to express the middle voice, occurring with great frequency:

| | |
|---|---|
| Во врéмя лéкции профéс-сора дверь всё *откри-вáлась* и *закривáлась.* | *While the professor was giving his lecture the door kept opening and shutting.* |
| Урóк мéдленно *продол-жáлся.* | *The lesson slowly con-tinued.* |
| Наконéц, матч на пéрвен-ство мира по бóксу *началáсь.* | *Finally the world title match in boxing began.* |
| Всё *кóнчилось,* и мы пошли домóй. | *Everything was over and we went home.* |

In the middle voice the inanimate subject can be conceived of as doing and receiving the action simultaneously.

## 4. *Passive Voice*

In the passive voice an object normally in the ACCUSATIVE--the direct object of a transitive verb-- is presented as the SUBJECT of a normally *transitive* verb, which is made "passive." English has special passive verb forms as well, e.g.,

*A house was being built on that corner.*

In Russian, for *imperfective verbs,* the passive voice can be expressed by the transitive verb made reflexive. Compare the following sentences.

| | |
|---|---|
| Там рабóчие стрóили нóвый дом. | *The workers were building a new apartment build-ing there.* |
| Там стрóился нóвый дом. | *A new apartment building was being built there.* |
| Когдá он пришёл, мы ужé решáли эту задáчу. | *When he arrived we al-ready were working on this problem.* |
| Когдá он пришёл, эта задáча ужé решáлась. | *When he arrived this problem was already being solved.* |

| | |
|---|---|
| Наш университе́т издава́л ра́зные газе́ты и журна́лы. | *Our university published various newspapers and magazines.* |
| В на́шем университе́те издава́лись ра́зные газе́ты и журна́лы. | *Various newspapers and magazines were published at our university.* |
| В моём де́тстве мы никогда́ не говори́ли таки́х слов. | *We never said such a word in my childhood.* |
| В моём де́тстве таки́е слова́ никогда́ не говори́лись. | *In my childhood such a word was never spoken.* |

Note also:

находи́ться--*to be located, to be found*

| | |
|---|---|
| Ра́ньше рестора́н "Кавка́з" находи́лся на Комсомо́льском проспе́кте. | *Formerly the restaurant "Kavkaz" was located on Komsomol'sky Prospect.* |

B. *Instrumental of Agent*

In English, in a passive construction, the performer of the action, the agent, is usually expressed by a prepositional phrase introduced by the preposition *by*, e.g.,

*The letter was written by the student.*

In Russian the *agent* in a *passive construction* is expressed by the *Instrumental*, since the performer is conceived of as *the instrument* or *means* by which the action is accomplished (see p. 141). Thus:

| | |
|---|---|
| Те кни́ги, кото́рые издава́лись на́шим университе́том, уже́ нигде́ нельзя́ купи́ть. | *Those books which were published by our university can no longer be bought anywhere.* |
| Но́вый дом культу́ры стро́ился молоды́ми колхо́зниками. | *The new community center was being built by the young collective farm workers.* |
| Э́та зада́ча реша́лась все́ми на́ми, но никто́ не реши́л её. | *We were all working on this problem, but nobody could solve it.* |

C. *Impersonal Reflexives*

Another use of the reflexive verb is in Impersonal Constructions (see p. 129). The subject is made more remote from the verb and appears in the

154

Dative Case. There is no grammatical subject (Nominative Case) and the verb occurs in the 3rd person singular only (in past tense, in Neuter Singular):

ПРИХОДИ́ТЬСЯ/ПРИЙТИ́СЬ--*to be obliged to*

Мне *пришло́сь* туда́ пойти́.　　*I had to go there.*

Dative　　　　　　Impersonal Verb
"subject"　　　　(Neuter Agreement)

ХОТЕ́ТЬСЯ/ЗАХОТЕ́ТЬСЯ--*to feel like*

Ему́ захоте́лось рабо́тать　*He felt like working*
до́ма.　　　　　　　　　*at home.*

КАЗА́ТЬСЯ/ПОКАЗА́ТЬСЯ--*to seem*

Нам каза́лось, что ва́ши　*It seemed to us that your*
друзья́ говори́ли не-　　*friends were not tell-*
пра́вду.　　　　　　　　*ing the truth.*

D. Other reflexives can govern the Dative Case:

ОСТАВА́ТЬСЯ/ОСТА́ТЬСЯ--*to remain*

Нам оста́лась то́лько одна́　*We only had one more week*
неде́ля, что́бы ко́нчить　　*to finish the work*
э́ту рабо́ту.　　　　　　　*(i.e., to us remained*
　　　　　　　　　　　　*only one week...)*

Ему́ оста́лось то́лько　　*He had no alternative but*
согласи́ться.　　　　　　*to agree.*

*N.B.* When used without a "Dative Subject" ОСТАВА́ТЬСЯ/ ОСТА́ТЬСЯ means *"to remain,"* i.e. *"to stay."*

Вчера́ он оста́лся　　　*Yesterday he stayed home*
до́ма весь день.　　　*all day.*

НРА́ВИТЬСЯ/ПОНРА́ВИТЬСЯ--*to please, to be pleasing (to*
　　　　　　　　　　　　　　　　　　　　　*like)*

Его́ посту́пок мне не　　*I didn't like his action.*
понра́вился.　　　　　　*(Lit: His action was*
　　　　　　　　　　　　*not pleasing to me.)*

Все говори́ли, что я ей　*Everyone said that she*
нра́вился.　　　　　　　*liked me.　(...I*
　　　　　　　　　　　　*pleased her.)*

E. *Reflexive Verbs of Being*

Many important verbs of being (see Chapter XIV p. 142) are reflexive. Like СТАТЬ and БЫТЬ they govern the Instrumental of predication.　The

155

following are the most important:

СТАНОВИ́ТЬСЯ (Imp.)--*to become*.  This verb is the imperfective of СТАТЬ, which occurs in non-reflexive form.

| | |
|---|---|
| Все на́ши студе́нты станови́лись "знатока́ми" ру́сского языка́ в тече́ние одного́ го́да заня́тий. | *All our students became "experts" in Russian in one year of study.* |

ЯВЛЯ́ТЬСЯ (Imp.)--*to be; to appear to be*
ЯВИ́ТЬСЯ (Perf.)--*to appear/to arise; to show up for*
These verbs are frequent synonyms for the verb БЫТЬ in expository prose.

| | |
|---|---|
| Он по́здно яви́лся на ми́тинг. | *He showed up late for the meeting.* |
| Гла́вным результа́том его́ рабо́ты *явля́лась* тео́рия нестаби́льных масс. | *A principal result of his work was the theory of unstable masses.* |

The Instrumental of *being* normally precedes the verb ЯВЛЯ́ТЬСЯ; the subject (Nom. Case) *follows* the verb.

КАЗА́ТЬСЯ/ПОКАЗА́ТЬСЯ (кому́  чем)--*to seem (to be)*

| | |
|---|---|
| Он каза́лся у́мным. | *He seemed to be smart.* |

ОКА́ЗЫВАТЬСЯ/ОКАЗА́ТЬСЯ--*to turn out to be*

| | |
|---|---|
| Он оказа́лся ста́рым дру́гом. | *He turned out to be an old friend.* |

*Practice 1:* Translate into English.  Indicate the corresponding aspects of the verbs.

1. Мне приходи́лось ча́сто говори́ть с ним о вас.
2. Когда́ у него́ бы́ло мно́го рабо́ты, он остава́лся в го́роде.
3. Ему́ хоте́лось говори́ть с Ве́рой то́лько по-ру́сски.
4. Они́ договори́лись встре́титься по́здно ве́чером.
5. Вчера́ на́ша рабо́та здесь ко́нчилась.
6. Э́ти зда́ния стро́ились по́сле второ́й мирово́й войны́.
7. На́ши роди́тели уже́ верну́лись из Евро́пы.
8. Ва́ня учи́лся му́зыке в Берли́не.
9. Он интересова́лся после́дним фи́льмом Серге́я Бондарчука́.
10. Оказа́лось, что Ва́ля написа́ла письмо́ Ма́рку.
11. Серге́й гото́вился к экза́мену по англи́йской литерату́ре.

12. До войны́ наш университе́т находи́лся недалеко́ от Кремля́.
13. Когда́ я был молоды́м, мне нра́вилась му́зыка Пи́та Си́гера.
14. По вечера́м Ро́стик занима́лся в библиоте́ке.
15. На́ша футбо́льная кома́нда называ́лась "Дина́мо."
16. Фильм о се́льском хозя́йстве продолжа́лся пять часо́в.
17. В а́вгусте наш теа́тр закры́лся на ме́сяц.
18. Ольга хоте́ла познако́миться с америка́нским музыка́нтом.
19. Конце́рт уже́ начался́.
20. Ки́ра согласи́лась перевести́ для нас э́то письмо́ на англи́йский язы́к.
21. Я не мог уви́деться с Ната́шей, когда́ она́ была́ у вас вчера́ ве́чером.
22. А нам каза́лось, что вы с Ни́ной верну́лись ра́ньше.
23. Мы фотографи́ровались пе́ред фонта́ном.
24. Они́ уже́ давно́ познако́мились.
25. Это де́ло реша́лось на́ми до́лго.
26. Пе́тя доби́лся свое́й це́ли, когда́ он стал до́ктором.
27. На́до мно́го труди́ться, чтобы стать хоро́шим худо́жником.
28. Когда́ он был в а́рмии, он научи́лся управля́ть та́нком.
29. По́сле уро́ков они́ обыкнове́нно возвраща́лись домо́й.
30. По мне́нию профе́ссора Ахме́довой его́ да́нные оказа́лись не ва́жными.
31. До револю́ции коро́на явля́лась си́мволом тро́на ру́сской импе́рии.
32. Представи́тели Внешторгба́нка о́чень заинтересова́лись бесе́дой о разви́тии торго́вли ме́жду СССР и США.

## II. NUMBERS

A. Cardinal and Ordinal Numbers are written out in Russian as follows:

| | *Cardinal Number* | *Ordinal Number* |
|---|---|---|
| 0 | ноль, нуль[1] | нулево́й |
| 1 | оди́н (m.), одно́ (n.) одна́ (f.), одни́ (pl.) | пе́рвый |
| 2 | два (m.,n.), две (f.) (...о́ба [m.,n.] and о́бе [f.]--*both*) | второ́й |

---

[1] Both forms are used.

| | | |
|---|---|---|
| 3 | три | трéтий,[1] трéтье, трéтья |
| 4 | четы́ре | четвёртый |
| 5 | пять | пя́тый |
| 6 | шесть | шестóй |
| 7 | семь | седьмóй |
| 8 | вóсемь | восьмóй |
| 9 | дéвять | девя́тый |
| 10 | дéсять | деся́тый |
| 11 | одиннадцать | одиннадцатый |
| 12 | двенáдцать | двенáдцатый |
| 13 | тринáдцать | тринáдцатый |
| 14 | четы́рнадцать | четы́рнадцатый |
| 15 | пятнáдцать | пятнáдцатый |
| 16 | шестнáдцать | шестнáдцатый |
| 17 | семнáдцать | семнáдцатый |
| 18 | восемнáдцать | восемнáдцатый |
| 19 | девятнáдцать | девятнáдцатый |
| 20 | двáдцать | двадцáтый |
| 21 | двáдцать одúн | двáдцать пéрвый |
| 22 | двáдцать два | двáдцать вторóй |
| 29 | двáдцать дéвять | двáдцать девя́тый |
| 30 | трúдцать | тридцáтый |
| 40 | сóрок | сороковóй |
| 50 | пятьдеся́т | пятидеся́тый |
| 60 | шестьдеся́т | шестидеся́тый |
| 70 | сéмьдесят | семидеся́тый |
| 80 | вóсемьдесят | восьмидеся́тый |
| 90 | девянóсто | девянóстый |
| 100 | сто | сóтый |
| 148 | сто сóрок вóсемь | сто сóрок восьмóй |
| 200 | двéсти | двухсóтый |
| 300 | трúста | трёхсóтый |
| 400 | четы́реста | четырёхсóтый |
| 500 | пятьсóт | пятисóтый |
| 600 | шестьсóт | шестисóтый |
| 700 | семьсóт | семисóтый |
| 800 | восемьсóт | восьмисóтый |
| 900 | девятьсóт | девятисóтый |
| 1,000 | ты́сяча | ты́сячный |
| million | миллиóн | миллиóнный |
| billion | миллиáрд | миллиáрдный |

---

[1] The oblique case stem of трéтий is треть-, e.g., трéтью, трéтьему.

B. *Usage of Numbers*

The rules for the declension and usage of cardinal numbers may seem complex.[1]  However, when reading Russian, it is quite easy with a little practice to figure out the meaning of the number phrase even when it is written out.

Keep the following rules in mind when reading number phrases.

1. ОДИ́Н (1) is treated like an adjective and always agrees in number, gender and case with the noun phrase it modifies. ДВА (m,n)/ДВЕ (f) (2) agrees only in Nom. & Acc.

2. The other cardinal numbers are treated like nouns in Nominative and inanimate Accusative.

   a. Nouns in noun phrases following the numbers *2, 3 and 4* are in the Genitive singular and the adjectives either in Genitive or Nominative plural:

Ва́ня получи́л четы́ре интере́сных письма́.

Number phrase is in Inanimate
Accusative Case

Два́дцать две краси́вые же́нщины сиде́ли в ко́мнате.

Number phrase is in Nominative Case

   b. Noun phrases following the other cardinal numbers are in Genitive plural.

Gen. Pl.

У нас в кла́ссе бы́ло два́дцать хоро́ших студе́нтов.

Number phrase in Nominative Case

Gen. Pl.

Ве́ра привезла́ из Пари́жа семь но́вых рису́нков.

Number phrase in Inanimate Accusative Plural

---

[1]For an excellent discussion of basic arithmetic and geometric terminology and its practical application in mathematics, engineering and science, see the chapter on numbers in *The Russian's World* by GenevraGerhart, pub. by Harcourt, Brace, Jovanovich, Inc. (1967).

3. All cardinal numbers are treated like 'adjectives' in animate Accusative and in the oblique cases. They take the same case as the noun phrase which they describe.

Вчера я видел двух хороших товарищей.

Number phrase is in Animate Accusative Case

Вася написал статью о шести главных европейских городах.

Number phrase is in Prepositional Case

4. Ordinal numbers are always in the same case as the noun phrase they modify, e.g.,

Он жил на двадцать пятом этаже.

*Practice 2:* Translate the following sentences. (For a more detailed explanation of the usage of numbers and declensional information see Appendix D.)

1. Шесть туристов сидели с нами в пятом автобусе.
2. И Петя, и Вера хорошо знали русскую литературу девятнадцатого века.
3. Солженицын оказался одним из самых великих писателей двадцатого века.
4. Петя купил Варе одиннадцать белых роз.
5. Кто написал цикл сказок "Тысяча и одна ночь"?
5а. Катя прочитала интересную статью о семи столицах южноамериканских стран.
5б. Смирновы купили красивую дачу недалеко от Переделкина--не больше шестидесяти километров от Москвы.
6. В нашем классе двадцать один студент и двадцать две студентки.
7. Глеб принёс нам пять бутылок красного вина.
8. Где её шесть братьев? Ещё в Киеве?
9. Учёный больше двенадцати часов в день трудился в маленькой лаборатории за своим домом.
10. Соня послала маме двадцать одну русскую книгу по экономике.
11. У меня нет пяти рублей при себе.
12. Борис уже прочитал эти две газеты.
13. Ольга не написала ещё последние семь страниц.
14. Иван жил на двадцать седьмом этаже в огромном здании около Киевского вокзала.
15. По радио передали, что температура сегодня ниже нуля.
16. Почему вы не познакомились с этими восьмью

160

журналистами вчера́ на собра́нии?

17. Э́то уже́ мой четвёртый год в университе́те.
18. В Нью-Йо́рке бо́льше девяти́ миллио́нов жи́телей.
19. Ната́ша ра́ньше жила́ на се́мьдесят пя́той или се́мьдесят шесто́й у́лице.
20. Нас бы́ло семь в автомоби́ле.
21. Я уже́ прочита́л два́дцать де́вять журна́лов.
22. Са́ша говори́ла о трёх но́вых италья́нских фи́льмах.
23. Вчера́ Пе́тя нашёл пять ты́сяч рубле́й на у́лице.
24. В э́том рома́не две ты́сячи четы́реста шестьдеся́т семь страни́ц.
25. Серге́й на́чал занима́ться ру́сским языко́м то́лько, когда́ он был в оди́ннадцатом кла́ссе.
26. Почему́ вы да́ли ему́ де́сять до́лларов?
27. В Оде́ссе я встре́тил трёх де́вушек, кото́рые ра́ньше рабо́тали у нас в го́спитале.
28. Мои́ роди́тели прие́хали в Калифо́рнию три́дцать четы́ре го́да тому́ наза́д.


# III. MISCELLANEOUS

A. The emphatic pronoun САМ, САМО́, САМА́,[1] СА́МИ "self" is declined in the pattern of Э́ТОТ, Э́ТО, Э́ТА, Э́ТИ. It always agrees in number, gender and case with the noun phrase to which it relates. САМ usually follows a pronoun and precedes a noun, e.g.,

| | |
|---|---|
| Он сам ничего́ не знал об э́том. | *He himself didn't know anything about that.* |
| Гали́на Петро́вна говори́ла с сами́м дире́ктором. | *Galina Petrovna spoke with the director himself.* |

B. In the forms of the reciprocal pronoun ДРУГ ДРУ́ГА "*each other*," "*one another*" only the second part is declined, and it is declined like the 1st Declension noun ДРУГ. (Thus, in ДРУГ ДРУ́ГА the second word is in the Genitive/Accusative Case.)

| | |
|---|---|
| Э́ти де́вушки не понима́ли друг *дру́га*. (Gen.) | *These girls didn't understand one another.* |
| Они́ всегда́ говори́ли друг *о дру́ге*. (Prep.) | *They were always talking about each other.* |
| Бра́тья должны́ помога́ть друг *дру́гу*. (Dat.) | *Brothers should help one another.* |
| Они́ говори́ли друг *с дру́гом*. (Inst.) | *They spoke with one another.* |

---

[1] Note that there are two possible forms of САМА́ in the Accusative Singular: САМУ́ and the slightly archaic САМОЁ.

161

C. The interrogative possessive adjective "whose" is
ЧЕЙ, ЧЬЁ, ЧЬЯ, ЧЬИ, declined like МОЙ. Its stem
consists of ЧЬ- in all forms except for masculine
nominative singular. It has a fleeting vowel,
(čej ~ čjo, čja; compare ВЕСЬ ~ ВСЁ).

| | |
|---|---|
| Чью книгу вы читали? | Whose book were you reading? |
| О чьём друге вы писали? | Whose friend were you writing about? |
| Чей это журнал, ваш или их? | Whose journal is it, yours or theirs? |

D. The following peculiarities of declension should
be noted:

1. The Instrumental plural forms of ЛЮДИ, ДЕТИ and
ДОЧЕРИ are ЛЮДЬМИ, ДЕТЬМИ and ДОЧЕРЬМИ.

| | |
|---|---|
| На съезде они познакомились с разными людьми. | They became acquainted with various people at the congress. |

2. The Genitive plural forms of РАЗ and СОЛДАТ are
РАЗ and СОЛДАТ.

| | |
|---|---|
| Мы ему помогали много раз. | We helped him many times. |
| У нас в городе мало солдат. | There are few soldiers in our city. |

3. ЛЮДИ has two Genitive plural forms ЛЮДЕЙ and
ЧЕЛОВЕК. ЧЕЛОВЕК is restricted to phrases which
are governed by quantifiers (most adverbs of
quantity, numbers). Compare the following sentences.

| | |
|---|---|
| Я не видел людей на вокзале. | I didn't see any people in the station. |
| Много людей собралось в театре. | Many people gathered in the theater. |
| Сколько человек пришло сюда? | How many people (individuals) came here? |
| В трамвае было двадцать пять человек. | There were 25 people in the streetcar. |

4. The genitive plural of ГОД is ЛЕТ.

| | |
|---|---|
| Он здесь работал много лет. | He worked here for many years. |
| Десять лет назад он жил в Париже. | Ten years ago he was living in Paris. |

Except in the Genitive of "decades" phrases,
i.e., ДВАДЦА́ТЫЕ (etc.) ГО́ДЫ *"the 20's"*:

| | |
|---|---|
| Он челове́к двадца́тых годо́в. | *He is a man of the 20's.* |

5. 1st Declension masculine mass nouns, e.g., ЧАЙ
*"tea,"* СА́ХАР *"sugar,"* have a Genitive singular
ending in -У/-Ю when used in partitive constructions, i.e., to express the idea of some part of
the whole, e.g.,

| | |
|---|---|
| Он хоте́л ча́шку ча́ю. | *He wanted a cup of tea.* |
| Она́ купи́ла кило́ са́хару. | *She bought a kilogram of sugar.* |
| Здесь мно́го наро́ду. | *There are many people here.* |

This second genitive in У/Ю is also used in a few
fixed (prepositional) phrases, e.g.,

и́з дому  *from home (cf.* из до́ма, *out of the house)*
из ви́ду  *out of sight*

6. A few root masculine nouns which can logically
be located "in" or "on" also have a special loca-
tive (prepositional) ending in У́/Ю́, (always
stressed) after В and НА:

ряд*  год  вид  пост

| | |
|---|---|
| В про́шлом году́ мы ма́ло рабо́тали. | *Last year we worked little.* |
| Он стоя́л в пе́рвом ряду́. | *He stood in the front row.* |
| Солда́т оста́лся на своём посту́. | *The soldier remained at his post.* |
| Что́ он име́л в виду́? | *What did he have in mind (in view, prospect)?* |

The У/Ю ending is not used after the preposition
О/ОБ.

| | |
|---|---|
| Он говори́л о её стра́н- ном ви́де. | *He spoke of her strange appearance.* |

7. There is a group of neuter nouns ending in -МЯ
which have a special declension. ВРЕМЯ *"time"*
can serve as the model for this declension.

*In the meaning *"row, rank"* only; cf. в ря́де слу́-
чаев *"in (a series of)(many) cases..."*

|          | *Singular* | *Plural* |
|----------|-----------|----------|
| *Nom./Acc.* | вре́мя | времена́ |
| *Gen.* | вре́мени | времён |
| *Dat.* | вре́мени | времена́м |
| *Inst.* | вре́менем | времена́ми |
| *Prep.* | вре́мени | времена́х |

Other high frequency nouns which belong to this group are И́МЯ *"name"* and ЗНА́МЯ *"banner."* Adjectives modifying these nouns of course take regular neuter endings.

| | |
|---|---|
| Ско́лько вре́мени вы там сиде́ли? | *How long were you sitting there?* |
| Како́е у неё краси́вое и́мя! | *What a beautiful name she has!* |

*N.B.* The Genitive singular of И́МЯ: И́МЕНИ is used in the official names of buildings, streets, etc., dedicated to someone's memory.

| | |
|---|---|
| Библиоте́ка и́мени Ле́нина | *The Lenin Library* |
| Драмати́ческий теа́тр и́мени А. С. Пу́шкина | *The A. S. Pushkin Drama Theater* |
| Конце́ртный зал и́мени П. И. Чайко́вского | *The P. I. Tchaikovsky Concert Hall* |

E. Time Expressions

1. Days of the week: понеде́льник *(Monday)*, вто́рник, среда́, четве́рг, пя́тница, суббо́та, воскресе́нье

    *on* ... B + Accusative

    во вто́рник   *on Tuesday*
    в сре́ду   *on Wednesday*

But note:  на про́шлой неде́ле   *last week*

2. Months: янва́рь, февра́ль, март, апре́ль, май, ию́нь, ию́ль, а́вгусть, сентя́брь, октя́брь, ноя́брь, дека́брь.

    All month names are masculine; from Sept. to Feb. have end stress:

    в сентябре́, в январе́; в ма́рте, в ма́е

    *in* ... B + Prepositional

    в про́шлом ме́сяце   *last month*
    в апре́ле про́шлого го́да   *last April (a year)*

164

3. Calendar dates are expressed by ordinal numbers in neuter form, because they modify the noun ЧИСЛО *"date,"* which is usually omitted, e.g.

| | |
|---|---|
| Какое сегодня число? | *What is the date today?* |
| Сегодня первое (1-ое) апреля. | *Today is the 1st of April.* |
| Вчера было двадцать пятое (25-ое) ноября тысяча девятьсот шестьдесят третьего года (1963-го года). | *Yesterday was the 25th of November, 1963 (of the 1963rd year).* |

The date may also be written as follows:

24-ое сентября 1954 г.    *September 24, 1954*

Thus in expressing the full date:

the day--ordinal in neuter Nominative Case modi-
    fying ЧИСЛО
the month--in Genitive case
the year--ordinal in masculine Genitive Case
    modifying ГОДА, Genitive of ГОД.

4. Indication of a date on which a certain event occurred is treated differently. In this usage the actual date is given in genitive case, e.g.

| | |
|---|---|
| Когда это случилось? | *When did this happen?* |
| Это случилось двенад- цатого (12-го) марта тысяча восемьсот пятого года (1805 г.) | *This happened on the 12th of March 1805 (of the 1805th year).* |

The following patterns are used in expressing the month and the year or the year alone.

| | |
|---|---|
| Это случилось в ав- густе тысяча пяти- сотого года (1500 г.) | *This occurred in August of 1500 (of the 1500th year).* |
| Это случилось в ты- сяча девятьсот шестьдесят девятом году (в 1969 г.) | *This happened in 1969 (in the 1969th year).* |
| Это случилось в двад- цатых годах. (в 20-ых г.г.) | *This happened in the 20's.* |

*Translation:* Translate the following sentences into English.

1. Вчера́ Семён познако́мился в гости́нице "Росси́я" с шестью́ америка́нскими журнали́стами.
2. Ве́ра забы́ла, что мы договори́лись встре́титься с тремя́ её студе́нтами по́сле теа́тра.
3. Оказа́лось, что вчера́ Ва́ня посла́л нам ты́сячу рубле́й авиапо́чтой.
4. Анато́лий Алексе́евич роди́лся два́дцать девя́того а́вгуста ты́сяча девятьсо́т три́дцать девя́того го́да.
5. С кем вы познако́мились у Гали́ны Серге́евны?
6. Они́ не могли́ договори́ться, кого́ посла́ть за ча́ем.
7. Мари́на пло́хо приго́товилась к сего́дняшнему экза́мену по языкозна́нию (лингви́стике).
8. Вчера́ у́тром Воло́дя и Ко́ля встре́тились в пе́рвый раз.
9. Почему́ вы ничего́ не купи́ли в го́роде? Потому́ что в магази́нах не́ было ничего́, что мне нра́вилось.
10. У Маргари́ты Семёновны три сы́на и две до́чери в Аме́рике.
11. Она́ ча́сто писа́ла обо́им сыновья́м, кото́рые бы́ли тогда́ в Брази́лии.
12. Кто жил на сто пя́той у́лице?
13. До револю́ции теа́тр и́мени Ки́рова называ́лся Мари́инском теа́тром.
14. Бесе́да продолжа́лась мно́го дней, но представи́тели ничего́ не могли́ реши́ть.
15. В про́шлом году́ на реке́ Ка́ме стро́ился кру́пный автомоби́льный заво́д.
16. Два́дцать девя́того ма́я ты́сяча четы́реста пятьдеся́т тре́тьего го́да ту́рки за́няли Константино́поль. Ру́сские называ́ли э́тот го́род Царьгра́дом.
17. Сего́дня пе́рвое ма́рта, а я ещё не ко́нчил свой докла́д.
18. Бы́вший америка́нский президе́нт Эйзенха́уэр возвраща́лся в Калифо́рнию ка́ждую зи́му.
19. Мы то́лько что познако́мились с бу́дущим замести́телем Ива́на Ива́новича. Он оказа́лся спосо́бным, у́мным челове́ком.
20. Вы верну́лись из Москвы́ сего́дня ра́но у́тром?
21. Ко́нстанс Гарне́тт перевела́ на англи́йский язы́к мно́го рома́нов кру́пных ру́сских писа́телей 19-го ве́ка.
22. Ваш са́мый ста́рший учи́тель роди́лся два́дцать тре́тьего ию́ля ты́сяча девятьсо́т три́дцать четвёртого го́да.
23. Ма́ша ме́дленно переводи́ла фра́зы с англи́йского языка́ на францу́зский. Она́ забы́ла мно́го слов.
24. В про́шлом году́ нам пришло́сь рабо́тать бо́льше, чем два го́да тому́ наза́д.
25. Когда́ его́ мла́дший брат узна́л, что мы реши́ли

пойти в кино, ему захотелось пойти вместе с нами.
26. Мы не понимали, что он имел в виду, когда он начал говорить о своём бывшем друге.
27. Она не знала, почему было так мало народу на концерте.
28. Музыка нам не нравилась, но мы остались до конца спектакля.
29. Мы ему помогали много раз, но он никогда не говорил нам "спасибо".
30. Наши экзамены уже кончились.
31. Я не хотел идти к нему, но мне надо было поговорить с ним об одном важном деле.
32. Сколько времени продолжалось собрание?
33. Мы сидели в шестидесятом ряду потому, что нельзя было найти другие места в зале.
34. Туристы хотели сфотографироваться на Красной площади перед Кремлём.
35. Какие странные имена у их детей!
36. Я заинтересовался иностранными языками, когда я услышал речь первого секретаря ООН (Организации Объединённых Наций).
37. Он много занимался спортом, когда был студентом нашего института.
38. Это случилось давно--давно, больше ста лет тому назад.
39. Американская гражданская война началась в тысяча восемьсот шестьдесят первом году, продолжалась четыре года и кончилась в апреле шестьдесят пятого года. Во время войны Авраам Линкольн был президентом США.
40. В настоящее время в Албании нет никаких химических заводов.
41. В трамвае было сорок три мужчины и одна женщина.
42. Я вас не понял. Что вы хотели у нас взять?
43. Сегодня мой помощник не явился на работу.
44. Нам осталось ещё пять недель, чтобы приготовиться к концерту.
45. Добиться мира в международных отношениях--цель Государственного секретаря США.
46. Когда я его увидел, он уже сидел в открытом автомобиле.
47. В тысяча девятьсот шестидесятом году в США было двенадцать тысяч восемьсот пятьдесят две библиотеки, в том числе семь тысяч двести пятьдесят семь публичных, тысяча четыреста тридцать две университетских, четыреста двадцать пять медицинских, четыреста девяносто четыре армейских и двести девяносто восемь правительственных. Большинство из них открыто для публики.
48. Самая большая из библиотек--огромная Библиотека Конгресса в Вашингтоне с книжным фондом в двенад-

цать миллио́нов томо́в и три́дцатью семью́ миллио́нами микрофи́льмов, газе́т и журна́лов.

49. Две́ри в зал бы́ли ещё закры́ты, и нам пришло́сь до́лго ждать.

50. Он труди́лся над э́той рабо́той полтора́ го́да, но никаки́х результа́тов не доби́лся.

51. Никто́ не знал, как это получи́лось.

52. Джордж учи́лся ру́сскому языку́ в сре́дней шко́ле.

53. Рису́нок Канди́нского мне так понра́вился, что я реши́л репроду́кцию купи́ть для себя́.

54. Два́дцать пять лет тому́ наза́д здесь не́ было ни одного́ кни́жного магази́на.

55. Зимо́й собра́ния начина́лись ра́ньше, чем ле́том.

56. Э́тому зда́нию бо́льше трёхсот лет.

57. Мари́на Петро́вна никогда́ не добива́лась свое́й це́ли.

58. Чем вы занима́лись в университе́те?

59. Мой брат заинтересова́лся кли́матом Ю́жной Аме́рики и поэ́тому за́нялся испа́нским языко́м.

60. Студе́нтам ещё оста́лось три ме́сяца, чтобы написа́ть докла́д.

61. Он был две неде́ли в командиро́вке.

62. Каки́е у него́ си́льные ру́ки!

63. У наро́дного арти́ста Бори́са Што́колова си́льный краси́вый го́лос. Он соли́ст Ленингра́дского академи́ческого теа́тра о́перы и бале́та и́мени С. М. Ки́рова.

64. Почему́ вы не хоте́ли сиде́ть с на́ми в пе́рвом ряду́?

65. Ско́лько ва́жных рек в европе́йской ча́сти СССР?

*Translation:* Translate into English.

## ПЁТР I (ВЕЛИКИЙ)

## (1672 - 1725)

Русский царь Пётр Первый был сыном царя Алексея Михайловича. В детстве *(childhood)* он получил домашнее образование. Он учился легко, так как имел хорошие способности и память. Он изучал грамматику, историю, географию, а также ремёсла *(trades)*. Его учителями в различных областях были иностранцы. С детства Пётр знал немецкий язык, изучал голландский, английский и французский языки.

В 1697-98 годах Пётр поехал с миссией за границу, изучал военное дело и кораблестроение *(shipbuilding)* в Голландии и Англии. Он даже сам работал плотником *(carpenter)*.

Пётр хотел сделать Россию европейским государством. По его приказу *(on his orders)* Россия покупала за границей книги и инструменты, в страну приглашались иностранные рабочие и инженеры. Он провёл большие реформы государственного аппарата и армии. Он ввёл рекрутство и создал регулярную армию и флот. Пётр был хорошим стратегом и дипломатом, что помогло ему выиграть войну со Швецией. После победы в этой войне Россия вышла на европейскую политическую арену. Победа дала стране выход к Балтийскому морю и открыла "окно в Европу". На Балтийском море Пётр построил Санкт-Петербург, который в 1712 году стал столицей. В 1721 году Россия стала называться Империей, а Пётр принял титул императора.

При Петре было проведено много реформ в области культуры. Были основаны математические, навигационные и инженерные школы. В 1700 году, был введён новый календарь, где год начинался с первого января, а не с первого сентября. Стала выходить первая русская газета. В 1725 году была открыта Петербургская Академия Наук. Географы начали составлять карты территории России.

Пётр Первый был одним из самых великих русских царей. Он модернизировал Россию, и поэтому его называли Великим и Преобразователем *(reformer)*.

Пётр умер в 1725 году и похоронен *(buried)* в Петропавловской крепости *(fortress)* в Петербурге (сейчас Ленинграде).

# CHAPTER XVI

## More About Verb Formation;
## Past Passive Participles

### *VOCABULARY*

#### *Nouns*

да́нные *data (adj. decl.)*
выполне́ние *implementa-
tion, fulfillment*
выступле́ние *performance;
statement (speech)*
достиже́ние *achievement*
заявле́ние *statement,
declaration*
направле́ние *direction,
trend*
перево́д *translation*
положе́ние *situation;
position*
промы́шленность *industry*
произво́дство *production*
повыше́ние *rise; increase*
управле́ние *management;
office, administration,
department*
цена́ *price; value, worth*
уча́стие *participation*

#### *Prepositions*

о́коло + Gen. *by, near,
around; approximately*

#### *Adjectives*

по́лный *full, complete*
произво́дственный *pro-
duction (adj.)*
промы́шленный *industrial*
твёрдый *hard*
твёрже *harder*
широ́кий *wide*
ши́ре *wider*
у́зкий *narrow*
у́же *narrower*
далёкий *far*
да́льше *farther*
бли́зкий *near*
бли́же *nearer*
це́нный *valuable*
мя́гкий *soft*
мя́гче *softer*

#### *Adverbs*

бли́зко *near*
далеко́ *far*

#### *Verbs*

составля́ть/соста́вить *to constitute, form, compile*
проси́ть/попроси́ть *to ask for, request*
суди́ть (о чём) *to judge*
ступа́ть/ступи́ть *to step (on)*
бить/поби́ть *to hit, beat, strike, break*
держа́ть/NTP *to hold, to keep*
игра́ть/сыгра́ть *to play*
    игра́ть (во что) *to play (a game)*
    игра́ть (на чём) *to play (an instrument)*
звать/позва́ть *to call*
достига́ть/дости́гнуть[1] (чего) *to attain, achieve,
reach*

---

[1] Past tense: дости́гнул and дости́г, дости́гла

170

## I. VERB FORMATION (continued)

A. *Introductory Remarks*

As we learned in Chapter XIII, *verbal prefixes* are important both in aspect formation and in the creation of verbs with new meanings.  Almost every time a simple verb is prefixed, two results are obtained:

1) the verb becomes (or remains) perfective, and
2) the meaning is changed.

In Chapter XIII, in the examples of prefixation the first result, *perfectivizing*, was generally more important.  In this chapter, we will concentrate on prefixation where the second result is more important: *change of meaning*.  In most such cases new imperfectives are also formed according to the principles in Chapter XII, pp. 111-114.  Studying prefixes and verb formation is important in vocabulary recognition, because so many verbs in Russian have been formed from a relatively small number of components.  Learning to recognize the building blocks of the Russian vocabulary will in the long run save much time spent searching through a dictionary.  However, knowing the general meaning of a prefix is no substitute for an accurate translation of a verb in an actual sentence.  Therefore most people may find it more profitable to learn well (i.e. memorize) as *vocabulary* the verbs given to illustrate the meanings of prefixes.  We group the verbs by their prefixes to facilitate learning, but you will *be tested* on the meaning of the verbs, *not* prefixes.

B. *Verbal Prefixes*

Keep in mind that prefixes may have more than one meaning, and the principle function of the prefix may differ for different meanings, i.e., a prefix may basically form perfectives in one meaning, and form new verbs in another meaning.  Note also how the meaning can develop from concrete to very abstract.

1. *Prefix* В-   *"in"*, *"into"*

       входи́ть ← войти́  *to go in*--войти́ в дом
       въезжа́ть ← въе́хать  *drive in*--въе́хать в гара́ж
       ввози́ть ← ввезти́  *import*
       вводи́ть ← ввести́  *lead in, to introduce*
       вступа́ть ← вступи́ть  *enter; join*--вступи́ть в
                                             па́ртию

171

вноси́ть ← внести́  *to carry in*

Note also:

вкла́дывать ← вложи́ть  *to insert; to invest*
впи́сывать ← вписа́ть  *to inscribe*
влюбля́ться ← влюби́ться  *to fall in love*

2. *Prefix* ВЫ-  *a. out of (opposite of* В-*)*

выходи́ть ← вы́йти  *to go out--*вы́йти из до́ма
вывози́ть ← вы́везти  *export*
выступа́ть ← вы́ступить  *come out, step out--*
вы́ступить про́тив кого́-то
вызыва́ть ← вы́звать  *call on (someone to do*
*something); call someone out (from a house);*
*challenge; cause (cf. English 'call up')*

*b. carry out successfully*

выполня́ть ← вы́полнить  *fulfill--*вы́полнить план
выи́грывать ← вы́играть  *win*

Note also:

выбира́ть ← вы́брать  *select, choose (cf. English*
*'pick out')*
выска́зывать ← вы́сказать  *express, say, utter*

(Note that Perfective ВЫ- is *always* stressed;
Imperfective never.)

3. *Prefix* ДО-  *a. up to a boundary/point*

доезжа́ть ← дое́хать  *reach (riding), go as far as*
доходи́ть ← дойти́  *reach, go as far as*

*b. carry through successfully, to*
*attainment*

дока́зывать ← доказа́ть  *prove*
добива́ться ← доби́ться  *achieve*
достига́ть ← дости́гнуть  *attain*

4. ЗА-  *a. stabilize, make permanent, through the*
*action of verb*

заявля́ть ← заяви́ть  *declare*
запи́сывать ← записа́ть  *note, write down*
заставля́ть ← заста́вить  *force, compel, make*

b. *acquire (through action of verb) cf.*
занима́ть/заня́ть *occupy*

зараба́тывать ← зарабо́тать *earn*
заслу́живать ← заслужи́ть *deserve, merit, earn*

c. *close (cf.* закры́ть)

заполня́ть ← запо́лнить *fill up, fill out*
зака́нчивать ← зако́нчить *finish, bring to an end*

Note also:

заде́лывать ← заде́лать *seal, stop up*

5. НА- *on, onto (can be very abstract)*

называ́ть ← назва́ть *to name, to designate*
направля́ть ← напра́вить *direct (aim, send, etc.)*
наступа́ть ← наступи́ть *step on; ensue*

6. ОБ- *encompass, embrace, surround through action*
*of verb, subject to (noun or adjective)*

опи́сывать ← описа́ть *describe*
обсужда́ть ← обсуди́ть *discuss*

7. ОТ- *away from (cf.* откры́ть), *back*

отходи́ть ← отойти́ *go/step away from*
отступа́ть ← отступи́ть *step back from, retreat*
отдава́ть ← отда́ть *give back, return*

8. ПЕРЕ- a. *across from one point to another (cf.*
переда́ть)

переходи́ть ← перейти́ *to go across, to cross*
переезжа́ть ← перее́хать *to ride across, to move*
переводи́ть ← перевести́ *to translate*

9. ПО- *The most purely aspectual prefix. Note the*
*many pairs of derived verbs where* ПО- *merely*
*focuses on the performance of a simple action:*

положи́ть (pf.) *put*
помога́ть ← помо́чь *help*
понима́ть ← поня́ть *understand (Lit. grasp)*
посыла́ть ← посла́ть *send*
пока́зывать ← показа́ть *show*
позволя́ть ← позво́лить *allow*
проси́ть ← попроси́ть *make a request, ask (for*
*something)*
поступа́ть ← поступи́ть *act (perform an action)*
повторя́ть ← повтори́ть *repeat*

173

10. ПОД-   *a. up to*

подходи́ть ← подойти́   *go up to, approach*
подготовля́ть ← подгото́вить   *prepare (for)*

*b. under, up from underneath*

поднима́ть ← подня́ть   *raise*
подде́рживать ← поддержа́ть   *support*
подтвержда́ть ← подтверди́ть   *confirm*

Note also:

подпи́сывать ← подписа́ть   *sign*
подкупа́ть ← подкупи́ть   *bribe (i.e., buy under the table)*

11. ПРЕД-   *before(hand), in front of*

представля́ть ← предста́вить   *present (i.e., set before), represent*
предлага́ть ← предложи́ть   *propose (i.e., lay before)*
предполага́ть ← предположи́ть   *assume*

Note also:

предска́зывать ← предсказа́ть   *foretell, predict*

12. ПРИ-   *to, attachment* (Note the many examples already given: ПРИЙТИ́, ПРИНЕСТИ́, ПРИЕ́ХАТЬ, ПРИНЯ́ТЬ)

признава́ть ← призна́ть   *recognize, acknowledge*
признава́ться ← призна́ться   *confess, make a confession, declare oneself*
приводи́ть ← привести́   *lead to, introduce as evidence*

Note also:

приглаша́ть ← пригласи́ть   *invite*
призыва́ть ← призва́ть   *summon*

13. ПРО-   *through, past*

проходи́ть ← пройти́   *go by, past (also with time)*
проводи́ть ← провести́   *lead past, conduct, carry out; pass, spend (time)*

This prefix is combined with ИЗ- in a few important verbs. They all contain the notion of emergence after a process.

происходи́ть ← произойти́   *to arise, originate, happen*

производи́ть ← произвести́  *to produce (manu-*
*facture)*

Note also:

произноси́ть ← произнести́  *to pronounce*

14. РАЗ- (РАС-)  *a. unfolding or developing of action*
*cf.* РАССКАЗА́ТЬ  *to narrate*

развива́ть ← разви́ть  *develop (transitive),*
*strengthen*
развива́ться ← разви́ться  *develop, become*
*stronger*

*b. carry out exhaustively,*
*completely*

рассма́тривать ← рассмотре́ть  *inspect, examine*
разраба́тывать ← разрабо́тать  *work out, through*
разгова́ривать/NTP  *converse*

*c. un- (undo)*

раскрыва́ть ← раскры́ть  *uncover*
/ разлюби́ть  *stop liking, loving*

15. С- (СО-)  *together, with, bring together* (cf.
СОГЛАСИ́ТЬСЯ, СООБЩИ́ТЬ)

собира́ть ← собра́ть  *gather, collect*
собира́ться ← собра́ться  *be about to, prepare*
*to; assemble, be collected*
создава́ть ← созда́ть  *create, found* (cf. ЗДА́НИЕ)
The idea is putting things together to make
something.

16. У-  *a. away*

уходи́ть ← уйти́  *go away, leave*
уезжа́ть ← уе́хать  *drive away, leave*

*b. perform successfully, decisively*

узнава́ть ← узна́ть  *find out, recognize*
удава́ться ← уда́ться  *turn out successfully;*
*(impersonal: succeed in)*
устана́вливать ← установи́ть  *establish*
убива́ть ← уби́ть  *to kill*

*c. to subject to, to make...*

увели́чивать ← увели́чить  *enlarge (i.e. make*
ВЕЛИ́КИЙ), *increase*

175

Also:

усиливать ← усилить *strengthen*
утверждать ← утвердить *establish officially,*
  *confirm, authorize* (cf. English *firm up*),
  Imperfective only: *affirm*
улучшать ← улучшить *improve (make ЛУЧШЕ)*
уговаривать ← уговорить *(try to) persuade*

*Practice 1:* Translate the following sentences into
              English.

1. Вася вошёл в класс после начала урока.
2. Ваня влюбился в Веру.
3. Мы выбрали нового президента в ноябре.
4. Она записала мой новый адрес.
5. Он заставил меня купить себе новое пальто.
6. Соня заработала две тысячи долларов.
7. Профессор Левин закончил свою работу вчера.
8. Он назвал меня буржуем.
9. Петя отдал мне карту Америки.
10. Иван приехал в Нью-Йорк.
11. Вчера он послал два письма.
12. Она ещё не подписала контракта.
13. Он предложил мне купить этот дом.
14. Профессор пригласил своих студентов к себе
    познакомиться со своими коллегами из Союза.
15. Зина провела одиннадцать дней в Москве.
16. Он не узнал меня.
17. Наташа уехала в Париж вчера.
18. Юрий уговорил нас создать организацию для студен-
    тов института.
19. Городской совет утвердил наш проект.
20. Он выступил с речью против нашей интервенции.
21. Мы уже обсуждали этот вопрос вчера на собрании.
22. Во время войны немцы дошли до Ленинграда, но
    никогда его не занимали.
23. В этом году зима наступила раньше, чем обычно.
24. Наши друзья собрали двадцать пять рублей для
    бедной Лизы.
25. Наш коллектив уже давно выполнил план.
26. Китайская делегация вышла из аудитории, когда
    тов. Н. начал читать свой доклад.
27. Ему не удалось подкупить заместителя директора
    банка.
28. Её братья переехали на новую квартиру на Ленин-
    ском проспекте.
29. Я забыл, как правильно произносить эти слова.
30. Она признала своё участие в этом деле.
31. Сколько членов нашего общества собралось вчера
    вечером у Попбвых?

32. В прошлом году́ их до́чери вы́играли оди́ннадцать ты́сяч в Мо́нте Ка́рло.
33. Корреспонде́нт записа́л на́ши фами́лии и адреса́ на бума́ге и пото́м положи́л её на стол под ма́ленькую кни́гу.
34. Полице́йские ничего́ не могли́ доказа́ть.
35. Ива́н заполнил вопро́сник и верну́л его в центра́льное управле́ние.
36. Когда́ Ми́тя меня́ уви́дел, он перешёл у́лицу и на́чал разгова́ривать со мной.
37. Она́ ещё не дости́гла свое́й це́ли.
38. А́рмия сего́дня весь день отступа́ла.
39. Дире́ктор призва́л помо́щников к себе́ и заяви́л им, что на́до разрабо́тать но́вый план.
40. Мы хорошо́ провели́ вре́мя у неё в дере́вне.
41. Кто внёс э́тот стол сюда́?
42. Да́рья Па́вловна вложи́ла мно́го вре́мени и де́нег в э́ту рабо́ту, но ничего́ не получи́лось.
43. Его́ вы́звали в Вашингто́н, и он уе́хал вчера́ вече́рним по́ездом.
44. Бори́с Ива́нович в э́том году́ не заслужи́л меда́ли потому́, что не вы́полнил пла́на.
45. Прави́тельство напра́вило Серге́я на се́вер организова́ть профсою́зы.
46. Экономи́ческое положе́ние у нас улу́чшилось по́сле войны́.
47. Гла́вный архите́ктор внима́тельно рассма́тривал пла́ны но́вого го́рода и, наконе́ц, утверди́л их.
48. Он предложи́л нам купи́ть свой дом, но цена́ была́ высока́.
49. Профе́ссор Ра́йкин ещё не подгото́вился к конфере́нции, на кото́рой он до́лжен прочита́ть докла́д о Достое́вском.
50. За девяно́сто де́вять копе́ек цыга́нка Колдуно́ва предсказа́ла моё бу́дущее.

A Note on Consonant Alternations

The final consonant of a root often changes to another consonant in the process of word-formation or inflexion. Here is the principal system of consonant changes (mutations) with examples from familiar vocabulary.

| | | |
|---|---|---|
| к → ч | челове́к ~ челове́ческий | ⎫ Velar |
| г → ж | дорого́й ~ доро́же | ⎬ Mutation |
| х → ш | ти́хий ~ ти́ше | ⎭ |

| | |
|---|---|
| д → ж (rarely жд) | молодо́й ~ моло́же |
| т → ч (rarely щ) | встре́тить ~ встреча́ть |
| з → ж | ни́зкий ~ ни́же |
| с → ш | спроси́ть ~ спра́шивать |

177

| | | |
|---|---|---|
| ст → щ | простой ~ прóще | |
| м → мл | земля ~ земнóй | *terrestrial* |
| в → вл | напрáвить ~ направля́ть | |
| ф → фл | | |
| б → бл | | |
| п → пл | | |

Hereafter "consonant mutation" refers to the above changes.

## II. THE PAST PASSIVE PARTICIPLE

A. *Formation of Past Passive Participles*

Participles are verbal forms made into adjectives with the help of special suffixes. Passive participles modify the *recipient* of the action. For this reason only *transitive* verbs form passive participles. In Russian the *past passive participle* presents the action as real and accomplished, and therefore is most commonly formed from perfective verbs.

The past passive participle suffixes in Russian are -ЕН-, -Н- and -Т-. These are also found in English passive participles--cf. *given, seen, built,* etc.

### 1. Past Passive Participle Suffix -Т-

This suffix is found in a small number of root verbs (those formed without the help of the verbal suffixes -А-, -Е-, -И-) and in verbs with the suffix -НУТЬ. Among the roots we have seen so far are:

| *Root Verb* | *Past Passive Participle* (short form masc) |
|---|---|
| -жить | прóжит *lived through* |
| -крыть | открыт, закрыт *opened, shut* |
| -(н)ять | зáнят *occupied* |
| | взят *taken* |
| | при́нят *accepted* |
| начáть | нáчат *begun* |
| -бить | уби́т *murdered* |

### 2. Past Passive Participle Suffix -Н-

This suffix is found in derived verbs with infinitives in -ЕТЬ and -АТЬ (-ЯТЬ). The -ТЬ is dropped and -Н- is added:

| | |
|---|---|
| писáть | подпи́сан *signed* |
| ви́деть | уви́ден *noticed, seen* |
| читáть | прочи́тан *read through* |

## 3. Past Passive Participle Suffix -EH- (ЁH)

This suffix is found in derived verbs with infinitives in -ИТЬ. The -ИТЬ is dropped and -EH (ЁH) is added. Normally *consonant mutation* takes place:

| получи́ть | полу́чен | *received* |
|-----------|----------|------------|
| отве́тить | отве́чен | *answered* |
| спроси́ть | спро́шен | *asked* |
| купи́ть | ку́плен | *purchased* |

Like other Adjectives, Participles have long and short forms. In the long forms of Participles the -H- is doubled:

дан ~ да́нный      полу́чен ~ полу́ченный

Short forms: откры́т, откры́та, откры́то, откры́ты; решён, решена́, решено́,...

Long forms: откры́тый, откры́тая, откры́тое, откры́-тое, ...; решённый, решённая, решён-ное, ...

*Practice 2:* Give the infinitive from which these past passive participles have been derived. Also translate the participles.

| | | |
|---|---|---|
| взя́тый | переведённый | со́зданный |
| при́знанный | пригото́вленный | дости́гнутый |
| принесённый | постро́енный | аресто́ванный |
| закры́тый | распо́ложенный | напра́вленный |
| ска́занный | да́нный | при́нятый |
| решённый | увели́ченный | заслу́женный |
| попро́шенный | уби́тый | вло́женный |
| соста́вленный | вы́бранный | вы́званный |
| дока́занный | обсуждённый | зако́нченный |
| по́сланный | позво́ленный | разви́тый |

## B. *Use of Past Passive Participles*

Past passive participles are used just like other Russian adjectives: attributively and predicatively, and with long and short forms. Study the following phrases:

в да́нном слу́чае... *in the given case...*
ска́зано--сде́лано *No sooner said than done.*
Это здесь не при́нято. *That's not done here.*
    *(That's not accepted here.)*
откры́тая дверь... *an open door...*

179

The past passive participle is also used to form the passive voice, especially with perfective verbs. Compare with the reflexive passive used mostly for imperfective verbs. Like the reflexive passive, the passive participle can take an instrumental of agent:

| | |
|---|---|
| Дом стрбился рабóчими. | *The house was being built by the workers.* |
| Дом был постр́обен рабóчими. | *The house was/had been built by the workers.* |

The Instrumental of Agent normally is placed directly next to the passive participle:

| | |
|---|---|
| прочитанная мной кни́га | *the book read by me...* |

Notice that the "past" passive participle has both a "present" and a past tense:

| | |
|---|---|
| Задáча былá решенá. | *The problem was solved.* |
| Задáча решенá. | *The problem is/has been solved.* |

*Practice 3:* Translate into English.

1. В кóмнате нé было ни одногó откры́того окнá.
2. Вéра подошлá к закры́той двéри.
3. Я хорошó знал уби́того банди́тами полицéйского.
4. Я ужé перевёл полу́ченные мной пи́сьма из Совéтского Со́юза.
5. Мы тóлько что купи́ли дом, постр́обенный его отцóм.
6. Вéра не моглá найти́ кни́гу, взя́тую ею в нáшей библиотéке.
7. Он не услы́шал скáзанных вáми слов.
8. Сергéй ещё не кóнчил нáчатую и́м рабóту.
9. Пéтя был арестóван вчерá вéчером.
10. В организóванном нáми клу́бе ужé двáдцать члéнов.
11. Профéссор Я́ковлев сам внёс сóрок оди́н рубль в фонд, сóзданный нáшими студéнтами.
12. Óльга забы́ла положи́ть стáрые, прочи́танные журнáлы на мой пи́сьменный стол.
13. Э́та кóмната ужé занятá профéссором Бéлкиным.
14. Заслу́женный арти́ст Грузи́нской ССР Аркáдий Джугашви́ли сегóдня вы́летел из Тбили́си в Бату́ми на три недéли.
15. Вáша рабóта, дорогóй Петр Дени́сович, ещё не при́нята?

*Translation:* Translate into English.

1. Как это произошло? Почему никто мне ничего раньше не сказал об этом?
2. Эта фирма до революции ввозила самовары из Тулы.
3. Прокурор представил нам все документы, которые мы должны прочитать и потом подписать.
4. Вдруг он начал бить своего друга бутылкой. Почему? Этого никто не знал!
5. Миша хорошо умел играть на гитаре.
6. Лучше судить по делам, а не по словам!
7. Дети попросили папу купить им модель самолёта.
8. Детройт--главный центр автомобильной промышленности в Америке.
9. Мои родители много лет жили далеко от нас, в Филадельфии, но теперь они ближе--в Фениксе, штат Аризона.
10. Гриша Лесков был арестован в Нью-Йорке 23-го октября. Это уже четыре недели тому назад! А у нас ещё нет никаких новостей о нём.
11. Производственный процесс на нашем заводе такой сложный, что мне трудно вам его описать простыми словами.
12. Московский Государственный Университет (МГУ) был основан русским учёным Ломоносовым больше двухсот лет назад.
13. Что мне делать? Моё место занято этой женщиной, а больше свободных мест нет.
14. Когда ты ушла, Вася уговорил меня помочь ему.
15. Тов. Туманов заявил комитету, что он один не мог разработать план развития сельского хозяйства на Дальнем Востоке.
16. На юге США акцент мягче, чем в других районах страны.
17. Цены на продукты в Китае в прошлом году поднялись на двадцать процентов.
18. Он жил в Риме около девяти месяцев.
19. Он получал повышение по работе каждые семь месяцев.
20. Река Миссисиппи шире или уже Волги?
21. У Марии Спиридоновны много ценных вещей, которые она вывезла с собой из Архангельска после революции.
22. "Правда" сообщила о выполнении пятилетки химическим трестом Украинской ССР.
23. Недавно была построена новая автострада между Москвой и Киевом.
24. Председатель не принял заявления своего заместителя, в котором тот просил ещё двух помощников.
25. Представители СССР решили не принимать участия в беседах.

181

*Translation:* Translate into English.

## КОММУНИСТИ́ЧЕСКАЯ ПА́РТИЯ СОВЕ́ТСКОГО СОЮ́ЗА (КПСС)
### со́здана В.И. Ле́ниным в конце́ 19 - нача́ле 20 ве́ка.

В семидеся́тые го́ды в Росси́и возни́кли *(came into existence)* пе́рвые нелега́льные рабо́чие социалисти́ческие сою́зы. Организа́тором пе́рвой ру́сской маркси́стской гру́ппы стал Гео́ргий Валенти́нович Плеха́нов, кото́рый в ты́сяча восемьсо́т во́семьдесят тре́тьем году́ со́здал в Жене́ве гру́ппу "Освобожде́ние *(Liberation)* труда́". В ты́сяча восемьсо́т девяно́сто пя́том году́ Плеха́нов лега́льно изда́л *(published)* в Петербу́рге кни́гу "К вопро́су о разви́тии монисти́ческого взгля́да на исто́рию". Э́та кни́га объясня́ла тео́рию Ма́ркса о зако́нах обще́ственного разви́тия.

В девяно́стые го́ды в Росси́и си́льно развила́сь промы́шленность, и начался́ подъём *(rise)* рабо́чего революцио́нного движе́ния.

В ты́сяча восемьсо́т девяно́сто пя́том году́ Влади́мир Ильи́ч Ле́нин (Улья́нов) со́здал "Сою́з борьбы́ *(struggle)* за освобожде́ние рабо́чего кла́сса". Че́рез три го́да в Ми́нске на съе́зде ру́сских маркси́стов была́ со́здана Росси́йская социа́л-демократи́ческая рабо́чая па́ртия (РСДРП). В ты́сяча девятисо́том году́ Ле́нин и Плеха́нов на́чали издава́ть нелега́льную газе́ту "И́скра". Э́то способ́ствовало организа́ции централизо́ванной па́ртии.

Второ́й съезд РСДРП в ты́сяча девятьсо́т тре́тьем году́ при́нял Програ́мму па́ртии. Програ́мма говори́ла о необходи́мости диктату́ры пролетариа́та для строи́тельства социалисти́ческого о́бщества. По одному́ из вопро́сов па́ртия раздели́лась *(divided)* на две фра́кции--большевико́в и меньшевико́в. Ле́нинская фра́кция ста́ла называ́ться РСДРП(б)--па́ртия большевико́в.

В ты́сяча девятьсо́т пя́том году́ в Росси́и начала́сь пе́рвая буржуа́зно-демократи́ческая револю́ция. Она́ око́нчилась пораже́нием *(defeat)*. Буржуа́зно-демократи́ческая револю́ция февраля́ ты́сяча девятьсо́т семна́дцатого го́да была́ успе́шной *(successful)*. Царь Никола́й Второ́й отрёкся от престо́ла *(abdicated)*. В октябре́ того́ же го́да произошла́ но́вая револю́ция, в результа́те кото́рой РСДРП(б) пришла́ к вла́сти. С тех пор *(since that time)* она́ явля́ется еди́нственной официа́льной полити́ческой па́ртией в СССР.

По́сле револю́ции па́ртия получи́ла но́вое назва́ние --Росси́йская коммунисти́ческая па́ртия большевико́в (РКП(б)). Сейча́с она́ называ́ется КПСС.

В настоя́щее вре́мя в КПСС бо́льше пятна́дцати миллио́нов чле́нов.

# CHAPTER XVII

## Present Conjugation

### *VOCABULARY*

#### *Nouns*

исследование  *research*
деятель  *statesman; figure*
деятельность  *activity;*
  *occupation*
изучение  *study*
причина  *reason*
трудящийся  *worker; toiler*
совещание  *conference;*
  *meeting*
существо  *creature, being;*
  *essence*

#### *Adjectives*

современный  *contemporary*
естественный  *natural*
нынешний  *present*
глубокий  *deep*
верховный  *supreme*

#### *Verbs*

стоить/NTP  *to cost* (+ Acc.); *to be worth* (+ Gen.)
значить/NTP  *to mean*
исследовать (both Imp. and Pf.)  *to investigate, to*
  *research*
следовать/последовать (за + Inst.)  *to follow*
изучать/изучить  *to study, to learn; to come to know*
  *very well*
помнить/NTP  *to remember*
спать/NTP *to sleep*

#### *Adverbs*

сейчас  *now; right away*
наиболее  *most; espe-*
  *cially*
наверное ⎫ *probably*
вероятно ⎭
лишь  *only; as soon as*
завтра  *tomorrow*
прежде  *previously,*
  *first* (~потом)

#### *Prepositions and*
#### *Conjunctions*

прежде (+ Gen.)  *before*
прежде чем (Conjunction) *before*
среди (+ Gen.)  *in the*
  *middle, among*
хотя  *although*

#### *Other Words*

спасибо  *thank you*
пожалуйста  *please; if*
  *you please*

### *GRAMMAR*

## I. PRESENT CONJUGATION

One must carefully distinguish between the
*present conjugation* and the present *tense*. The
*present conjugation* is found in *all* verbs, but only
*imperfective* verbs have a present tense. For perfective verbs, the present conjugation has future
meaning, e.g.,

| | |
|---|---|
| Она́ чита́ет. (Imp.) | *She is reading./She reads.* |
| Она́ прочита́ет. (P.) | *She will read.* |
| Он отвеча́ет. (Imp.) | *He is answering./He answers.* |
| Он отве́тит. (P.) | *He will answer.* |

A. The *recognition* of present conjugation forms is relatively simple. There are two conjugations in Russian, the 1st and the 2nd. The endings are:

| | 1st Conjugation | | 2nd Conjugation | |
|---|---|---|---|---|
| 1 Per. Sg. *I do* | -ю(у) | де́лаю | -ю(у) | говорю́ |
| 2 Per. Sg. *You...* | -ешь(ёшь) | де́лаешь | -ишь | говори́шь |
| 3 Per. Sg. *He, she, it...* | -ет(ёт) | де́лает | -ит | говори́т |
| 1 Per. Pl. *We...* | -ем(ём) | де́лаем | -им | говори́м |
| 2 Per. Pl. *You...* | -ете(ёте) | де́лаете | -ите | говори́те |
| 3 Per. Pl. *They...* | -ют(ут) | де́лают | -ят(ат) | говоря́т |

Each person and number has an unambiguous ending. The conjugations differ by a connecting vowel; their actual endings are the same.

B. Some observations to help you remember:

The 3rd person always ends in -T. For the singular the connecting vowel is И or E; for the plural, Я(А) or Ю(У):

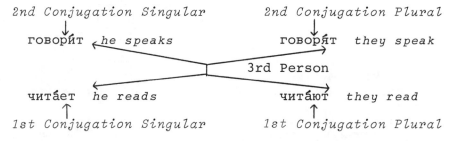

The 1st person plural ends in -M, just as the 1st person plural pronoun begins in M-.

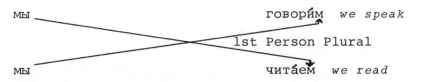

The 3rd person singular and plural and the 1st person plural are the most important in expository prose. They should be learned well.

*Practice 1:* Translate the following phrases into
   English. Give person and number of each verb.
   Remember that perfectives have future meaning.

| | | |
|---|---|---|
| мы ду́маем | он открыва́ет | она́ спро́сит |
| он ви́дит | оно́ продолжа́ется | мы про́сим |
| они́ встре́тят | мы услы́шим | вы спра́шиваете |
| я покупа́ю | ты нахо́дишь | они́ посыла́ют |
| вы сиди́те | мы спра́шиваем | они́ попро́сят |
| она де́лает | она́ узна́ет | мы прино́сим |
| он продолжа́ет | э́то сто́ит | она́ поду́мает |
| ты говори́шь | она́ отвеча́ет | они́ послу́жат |
| мы постро́им | мы помога́ем | вы занима́ете |
| вы де́лаете | они́ забыва́ют | она́ принима́ет |
| вы поло́жите | он зна́ет | оно́ закрыва́ется |
| мы прочита́ем | они́ поговоря́т | они стано́вятся |
| ты смо́тришь | мы приезжа́ем | мы возвраща́емся |
| она́ стои́т | ты рабо́таешь | |

*Practice 2:* Translate the following verbs into English. Give person and number of each verb.

| | | |
|---|---|---|
| лю́бят | у́чимся | уви́дят |
| отве́тим | возвраща́ешься | договори́мся |
| стои́м | посыла́ем | встре́тимся |
| сиди́т | понима́ю | понра́вится |
| по́мним | прочита́ете | сообщи́т |
| перехо́дим | расска́зывают | переведу́т |
| поло́жат | помога́ют | собира́ют |
| забыва́ем | руководя́т | представля́ют |
| нахо́дится | послу́жим | ввози́м |
| сообща́ют | осно́вывают | ку́пят |
| помога́ем | спро́сим | опи́сывают |
| пригото́вят | занима́ют | по́мнят |
| объясни́м | пра́вим | игра́ю |
| позво́лят | явля́ется | |

# II. FORMING THE PRESENT CONJUGATION

   Most verbs which you have learned can be fully
conjugated given the forms you have already learned--
the infinitive and the past tense. They may be
called *one stem verbs*.

A. *1st Conjugation, 1 Stem Verbs*

   All *imperfective derivatives* in -АТЬ are regular
1st conjugation verbs, for example:

> реша́ть (← реши́ть)
> забыва́ть (← забы́ть)

185

(except for stems in -АВАТЬ, see p. 196). This
includes all -АТЬ(-ЯТЬ) imperfectives paired with
-ИТЬ verbs (e.g., кончáть/кóнчить) as well as other
derived imperfectives in -АТЬ: закрывáть (← закрýть),
арестóвывать (← арестовáть), спрáшивать (← спросúть),
начинáть (← начáть), приезжáть (← приéхать), покупáть
(← купúть), понимáть (← пóнять).

The infinitive ending -ТЬ is dropped and the 1st
conjugation endings are added:

решать > реша-

| | |
|---|---|
| я решáю | мы решáем |
| ты решáешь | вы решáете |
| он, она, оно решáет | они решáют |

Many simple nonderived imperfectives in -АТЬ are also
*1-stem* 1st conjugation verbs. Their prefixed perfective derivations are conjugated the same way. The
following verbs are included in this group:

дéлать (сдéлать): дéлаю, дéлаешь, дéлает, дéлаем,
                     дéлаете, дéлают
дýмать (подýмать): дýмаю, дýмаешь, etc.
знать (узнáть, признáть): знáю, знáешь, etc.
рабóтать (зарабóтать): рабóтаю, рабóтаешь, etc.
слýшать (прослýшать): слýшаю, слýшаешь, etc.
читáть (прочитáть): читáю, читáешь, etc.
игрáть (вýиграть): игрáю, игрáешь, etc.

### B. *2nd Conjugation, 1 Stem Verbs*

All verbs in -ИТЬ, except where the -И- is part
of the root (i.e. жить, бить, развить) are *2nd conjugation 1-stem verbs*. The infinitive ending -ТЬ and
the connecting vowel -И- are dropped and the 2nd
conjugation endings are added to the stem.

говорить > говор-

| | |
|---|---|
| я говорю́ | мы говорúм |
| ты говорúшь | вы говорúте |
| он, онá, онó говорúт | они говоря́т |

Some verbs in -ЕТЬ are also 2nd conjugation 1-stem
verbs.

вúдеть (увúдеть): вúдит, вúдим, вúдят
сидéть (посидéть): сидúт, сидúм, сидя́т
смотрéть (посмотрéть): смóтрит, смóтрим, смóтрят
прилетéть: прилетúт, прилетúм, прилетя́т

2nd conjugation verbs have consonant mutation in the
1st person singular. (See p. 177) For example:

186

видеть, видит: вижу          купить, купит: куплю
любить, любит: люблю         ответить, ответит: отвечу
сидеть, сидит: сижу          спросить, спросит: спрошу

2nd Conjugation verbs with stems ending in other consonants undergo no mutations:

решить: решу, решишь, решат
получить: получу, получишь, получат
смотреть: смотрю, смотришь, смотрят

*Practice 3:* Be able to conjugate the following verbs.

прочитать          увидеть          находиться
поговорить         забывать         попросить
править            прилететь        приезжать
подкупить

## III. AN ANOMALOUS CONJUGATION

The verb ДАТЬ *(to give)* has a completely anomalous conjugation:

я дам          мы дадим
ты дашь        вы дадите
он даст        они дадут

Verbs conjugated like ДАТЬ include:

передать   *to transfer*
задать     *to give, to set out*
создать    *to create*
удаться (3rd Person only--        *to succeed*
   Impersonal construction
   with Dative)

*Translation:* Translate the following sentences into
            English.

1. Он всегда заставляет меня покупать газеты.
2. Теперь Миша зарабатывает пятьсот рублей в месяц.
3. Профессор Ивановская сейчас заканчивает свой
   доклад.
4. Почему он называет меня хулиганом?
5. Петя отдаст мне карту Америки завтра.
6. Они посылают все письма, которые они получают
   с Кубы, мне.
7. Его брат предлагает мне купить дом Павловых.
   Он стоит только тридцать одну тысячу.
8. Елена Фёдоровна сегодня нас приглашает к себе.
9. Зина нам написала, что она хорошо проводит
   время в Москве.
10. Они не узнают нас.

11. Я не думаю, что Юрий уговорит их пойти с ним в кино.
12. Завтра он выступит с речью против наших предложений.
13. Никто не знает, когда городской совет утвердит наш проект.
14. Сегодня этот вопрос обсуждается на совещании директоров средних школ.
15. Почему решил он прийти сюда, а не она?
16. Мы купим новую машину в будущем году.
17. Что вы делаете? Я перевожу сложную философскую статью о существе жизни.
18. Вчера профессор Яковлев сказал, что он внесёт девяносто рублей в фонд, созданный нашими коллегами.
19. Уже наступает осень.
20. Наши работники собирают деньги, чтобы купить что-то хорошее для бедной Лизы.
21. Директор заявил на совещании, что наш коллектив скоро выполнит план.
22. Ему не удастся подкупить её.
23. Я всегда забываю вашу фамилию.
24. Сколько человек обычно собирается у вас по вечерам?
25. Петя хорошо играет и на гитаре, и на саксафоне.
26. Иван заполнит вопросник.
27. Где Дмитрий? Я не вижу его нигде.
28. Маша сказала мне, что она вчера познакомилась с цыганкой, которая предсказывает будущее.
29. Сколько недель вы проводите здесь зимой? А как вам нравится гостиница?
30. Наша фирма ввозит кофе из Бразилии.
31. Я дам ему всё, что он просит у меня.
32. Главный архитектор сидит за столом и внимательно рассматривает план нового города, который его помощники принесли ему.
33. Она больше его не любит.
34. Почему ты всегда спрашиваешь о нём?
35. Ты познакомишься с ней у Мамонтовых?
36. "Что ты там делаешь? Что? Смотришь телевизор? Почему ты не сидишь у себя в комнате? Почему ты не учишься"?--Так говорит мама Мише каждый вечер.
37. Они мало читают и поэтому ничего не знают о Советском Союзе.
38. Сегодня его не было на уроке потому, что ему пришлось поехать на вокзал за моей сестрой.
39. Василий больше всего любит играть в футбол.
40. Вера Алексеевна часто посылает деньги матери, которая уже много лет в Америке.
41. Анна не понимает ни по-русски, ни по-английски. Она только что приехала сюда из Италии и говорит

только по-итальянски.
42. Почему вы не позволяете им слушать радио после уроков?
43. Я написал родителям, что Евгений и Владимир теперь очень редко встречаются, потому что они оба сейчас очень заняты.
44. Борис уже пять дней готовится к экзамену по современной музыке.
45. Я часто занимаюсь с Варей на третьем этаже в библиотеке.
46. Фильмы Эйзенштейна мне не очень нравятся.
47. Сергей учится русскому языку в средней школе.
48. Хотя все наши дети были там, оказывается, что никто из них не знает, как это случилось.
49. Почему ты продолжаешь помогать ей во время экзамена?
50. Володя уже давно работает в Минске. У него там большая квартира около вокзала.
51. Вероятно, вы встретите кого-нибудь интересного у Павловых.
52. Завтра он сделает всё, что ему надо сделать.
53. Кто эта девушка, которая стоит на улице и говорит с товарищем Поповым? Я её не знаю.
54. --Петя, что ты здесь делаешь? Что ты покупаешь для меня?--Я ничего не покупаю для вас.
55. Рабочие сегодня начинают строить нашу дачу.
56. Виктор когда-нибудь спрашивает обо мне?
57. Светлана получает много интересных вещей от него.
58. Почему он закрывает окна?
59. Мужчины, которые там стоят около двери,--мой братья.
60. Я ничего не куплю завтра потому, что у меня мало денег.
61. Я и сейчас не понимаю, о чём он говорил.
62. Мать нам сказала, что Марфа объяснит всё завтра.
63. Что вы имели в виду, когда мне это показали?
64. Как называется река, на которой находится Киев?
65. Эту статью мы вам передадим после конференции.
66. Учительница редко объясняет новые фразы, которые мы изучаем на уроке.
67. Он ответит на мой вопрос?
68. Я его хорошо помню, хотя он, наверное, меня забыл.
69. Сколько стоит полное собрание Достоевского?
70. Никто из нас не говорит по-китайски, поэтому надо послать за переводчиком.
71. Прежде чем он сюда переехал, он служил в армии инженером-строителем.
72. Этот автомобиль стоит две тысячи триста сорок пять рублей.
73. По какой причине он не мог прийти к нам сегодня

у́тром на совеща́ние?

74. Сего́дня гла́вные полити́ческие де́ятели африка́нских и азиа́тских стран прилета́ют в Пари́ж на совеща́ние.

75. Профе́ссор Соро́кин око́нчил своё двухле́тнее иссле́дование а́льфа-части́ц и тепе́рь гото́вится опублико́вать статью́ о своём иссле́довании.

76. Лишь он оди́н не пришёл к нам сего́дня ве́чером. Наве́рное, у него́ нет на́шего а́дреса.

77. Това́рищ Бре́жнев вы́ступит за́втра с ре́чью пе́ред делега́тами Верхо́вного Сове́та.

78. Тури́сты счита́ют, что Со́чи--наибо́лее прия́тное и са́мое краси́вое ме́сто на Чёрном мо́ре.

79. Что́ же э́то зна́чит? Ведь вы́ же согласи́лись помо́чь мне, а тепе́рь вы ухо́дите так ра́но!

80. О́зеро Байка́л, кото́рое нахо́дится в Сиби́ри недалеко́ от Ирку́тска, явля́ется са́мым глубо́ким о́зером в ми́ре.

81. Я нашёл в на́шей библиоте́ке мно́го це́нных томо́в по есте́ственным нау́кам.

82. Како́й он некульту́рный тип. Никогда́ не говори́т ни "пожа́луйста" ни "спаси́бо"!

83. Ру́сские славя́не при́няли христиа́нство о́коло ты́сячи лет наза́д, в деся́том ве́ке.

84. Вот кни́га, ку́пленная на́ми для вас вчера́.

85. Что Па́вел держа́л в ле́вой руке́?

*Translation:* Translate the following articles taken from *Pravda* and *Nedelya*.

1.          ВЫСШИЕ УЧЕБНЫЕ ЗАВЕДЕНИЯ

    Советские вузы закончат в этом году свыше
2.000 студентов из социалистических стран и 2.500
молодых людей из стран Азии, Африки и Латинской
Америки. Они получат дипломы инженеров, эконо-
мистов, педагогов, агрономов. Наши университеты
и институты уже закончило более 30 тысяч юношей
и девушек из всех социалистических стран и 5
тысяч человек из развивающихся *(developing)* государств. Многие выпускники *(graduates)* советской высшей школы занимают *(occupy)* высокие
посты в ОАР и Нигерии, Алжире и Судане, Непале
и Кении. Например, занзибарец Уси Хамис стал
заместителем генерального прокурора *(attorney
general)*, непалец Хароман--директором электро-
станции в Папаути, афганец Садык директор поли-
технического института в Кабуле.
    Новый учебный год в СССР начнут ещё 4.000
студентов из социалистических стран и 3.000---
из развивающихся государств. Особенно много
молодых людей приедет из Демократической Рес-
публики Вьетнама

*Неделя,* июнь 1968 (revised)

2.          ВМЕСТЕ В ПОХОД *(expedition)*

    Советские учёные пригласили французских
коллег участвовать в 13-ой советской антаркти-
ческой экспедиции. Она начнётся осенью. Цель
исследований--измерения ледникового покрова
*(glacier cover)* Антарктиды, что важно для прог-
нозирования погоды. Руководитель экспедиции
гляциолог Олег Виноградов. Результаты предпо-
лагается сразу обрабатывать *(treat, analyze)*
на компьютере.
    Первые измерения *(measurements)* скорости
*(velocity)* движения антарктических льдов прове-
ли в 1963-1964 годах наши гляциологи во главе с
*(headed by)* профессором П. Шумским. Необходимы
повторные *(additional)* исследования. Их про-
ведёт советско-французская группа между станци-
ями "Восток" и "Мирный".

*Неделя,* июнь 1967 (revised)

3. ГДР *(Герма́нская Демократи́ческая Респу́блика)*: ПРА́ЗДНИК *(holiday; festival)* НАРО́ДНЫХ ТАЛА́НТОВ

БЕРЛИ́Н, 20. (Соб. корр. "Пра́вды"). Три дня в теа́трах и конце́рнтых за́лах, на у́лицах и площадя́х Шве́рина звуча́ли *(resounded)* му́зыка и пе́сни *(songs)*. Здесь проходи́л фестива́ль наро́дного иску́сства *(art)* ГДР.

На пра́здник прие́хали 16.000 уча́стников лу́чших самодея́тельных *(amateur)* хоро́в, орке́стров, танцева́льных и драмати́ческих коллекти́вов. Они́ да́ли о́коло 4000 представле́ний *(performances)*, кото́рые посети́ло *(attended)* бо́лее одного́ миллио́на зри́телей *(spectators)*. Мно́гие худо́жественные гру́ппы вы́ступили с програ́ммами, посвящёнными *(dedicated to; devoted to)* предстоя́щему *(forthcoming)* 50-ле́тию образова́ния *(formation)* Сове́тского Сою́за.

Большо́й интере́с вы́звала вы́ставка *(exhibition)* рабо́т самодея́тельных худо́жников и ску́льпторов. Свы́ше *(more)* 50 люби́тельских клу́бов страны́ соревнова́лись *(competed)* в о́бласти фотогра́фии. Победи́тели *(winners)* ко́нкурсов ста́ли лауреа́тами пре́мии министе́рства культу́ры ГДР и республика́нского правле́ния *(administration)* Объедине́ния *(Union)* свобо́дных неме́цких профсою́зов.

Ю. ВОРОНОВ

*Пра́вда*, май 1972

4. С И́СКРЕННЕЙ *(sincere, heart felt)* СИМПА́ТИЕЙ

В о́пере Д. Ве́рди "Травиа́та" на сце́не Большо́го теа́тра СССР па́ртию Виоле́тты испо́лнила *(performed)* изве́стная америка́нская певи́ца *(singer)*, соли́стка "Метрополитен о́пера" Роберта Питерс.

Вот что сказа́л дирижёр М. Эрмлер: "Мне бы́ло прия́тно дирижи́ровать спекта́клем с уча́стием Питерс. Она́ о́чень музыка́льна и артисти́чна, безупре́чно *(faultlessly)* владе́ет *(controls)* го́лосом, о́чень пласти́чна и вырази́тельна *(expressive)* на сце́не".

По́сле спекта́кля мы встре́тились с Р. Питерс. Она́ сообщи́ла: "Большо́й теа́тр по свои́м акусти́ческим да́нным *("specs")* явля́ется лу́чшим музыка́льным теа́тром ми́ра. Я получи́ла по́длинное *(genuine)* удовлетворе́ние *(satisfaction)* от выступлéния на сцéне такóго теáтра. Но сáмое главное--зрúтель *(spectator)* прúнял меня́ как дрýга. Что мóжет *(can)* быть вы́ше *(higher)* нагрáды *(award)* для артúстки. Хóчется вы́разить чýвство *(feeling)* úскренней симпáтии к велúкому рýсскому нарóду. И я вéрю *(I believe)*, что мéжду Амéрикой и Совéтским Соѭзом бýдет *(will be)* прóчный *(firm)* мир".

Робéтра Пúтерс вы́ступит *(will appear)* в Большóм зáле Москóвской филармóнии, а тáкже в Ленингрáде.

В. Галýшкин

*Правда*, май 1972

5.    НÉ БЫЛО ПОКÁ ТАКÓГО МУЗÉЯ

КИЕВ, 25.  (Корр. "Правды" А. Войтович).

Здесь создаётся *(is being founded)* пéрвый в странé музéй кнúги и книгопечáтания *(book printing)*. Он разместúтся *(will be situated)* в старúнном *(ancient, old)* здáнии, где в 1615 годý былá оснóвана *((which was) founded)* пéрвая в Кúеве типогрáфия, сыгрáвшая *((which) played)* большýю роль в развúтии украúнской культýры. Нарядý *(side by side with)* с церкóвными *(ecclesiastical, church)* кнúгами в ней печáтались *(were printed)* издáния *(publication)* по истории, языкознáнию и другáя литератýра. В её стéнах *(wall)* в XVII вéке увúдел. свет *(light; world)* словáрь *(dictionary)* "Лексикóн славеноρóсский", одúн из пéрвых óчерков *(essay; study)* по истóрии Россúи "Синóпсис". Здесь нéкогда *(at one time)* рабóтали извéстные худóжники-гравёры Лебнтий Тарасéвич, Григóрий Левúцкий и другúе мастерá. Экспонáты *(exhibit)* пятú зáлов музéя расскáжут *(will tell about)* о возникновéнии *(beginning/rise)* славя́нской пúсьменности, об истóрии издáния книг на Украúне. В нём бýдут *(will be)* представлены *(represented)* образцы́ *(example)* литератýры, а тáкже типогрáфского оборýдования *(equipment)*. Большóй раздéл *(section)* экспозúции посвящáется *(is devoted to)* развúтию книгопечáтания в респýблике за гóды Совéтской влáсти.

*Правда*, май 1972

CHAPTER XVIII

# More About Non-Past Tense (Present Conjugation)
## Dictionary Practice

## *VOCABULARY*

### *Nouns*

строй  *order, system*
лес  *forest*

### *Adjectives*

тяжёлый  *heavy; hard,*
  *difficult*
следующий  *following,*
  *next in order*
толстый  *thick, fat*

### *Prepositions*

через (+ Acc.)  *across, through; in* (with time
              expressions)

### *Adverbs*

всё  *continually*
сразу  *immediately*

### *Other Words*

Извини!
Извините!  *Excuse me!*

### *Verbs*

ставить/поставить  *to put, place, stand (vertically)*
класть/положить  *to put, place (horizontally)*
поднимать/поднять  *to raise, to lift*
беседовать/NTP  *to talk, converse*
чувствовать/NTP  *to feel, sense*
способствовать/поспособствовать (+ Dat.)  *to promote,*
  *to favor*
существовать/NTP  *to exist*
присутствовать/NTP  *to be present*
участвовать/NTP  *to participate*
возникать/возникнуть  *to arise, to come into*
  *existence*
обнимать/обнять  *to embrace, to encompass*
стать (Pf.) + Inf. (Impf.)  *to begin*
падать/упасть  *to fall*
приобретать/приобрести  *to acquire*
расти/вырасти  *to grow*
умирать/умереть  *to die*
глядеть/поглядеть на + Acc.  *to look at*
привыкать/привыкнуть к + Dat.  *to get accustomed to*
              (чему, кому)
развивать/развить  *to develop* (Transitive)
двигать/двинуть  *to shift, move* (Transitive)
двигаться/двинуться  *to shift, move* (Intransitive)

## GRAMMAR

# I. PRESENT CONJUGATION OF 2-STEM VERBS

In addition to the verbs discussed in Chapter
17, where conjugations can be predicted from the
stems already familiar to you (i.e., the infinitive-
past tense), there are many verbs in Russian with a
*present stem* differing to a greater or lesser extent
from the infinitive stem. In some cases the contrasting present stem is easily predictable from the
infinitive (-ОВАТЬ verbs, -НУТЬ verbs,...). In other
cases, *both* stems must be memorized for each verb.

The present stem is customarily learned from
the 1st or 3rd Person plural. The latter is the form
we will use. The 3rd Person plural implies the entire conjugation membership. Thus the 3rd Person
plural form ПИ́ШУТ has a 1st conjugation ending, and
implies the following forms:

|  |  |
|---|---|
| пишу́ | пи́шем |
| пи́шешь | пи́шете |
| пи́шет | пи́шут |

The types of 2-stem Verbs in the vocabulary of this
text are arranged so as to simplify learning to
recognize all present stems. The following does not
pretend to be a systematic classification of the
Russian verb system.

A. *Predictable 2-stem Verbs*

Verbs in this group have two diverging stems,
but once the alternation is learned, they can be
recognized from the one stem already known--the
Infinitive. All these verbs take *1st Conjugation*
endings.

1. -ОВАТЬ verbs

All -ОВАТЬ verbs have the alternation -У- in
the present stem. The verb АРЕСТОВА́ТЬ will serve
as the model for all -ОВАТЬ verbs:

|  |  |
|---|---|
| аресту́ю | аресту́ем |
| аресту́ешь | аресту́ете |
| аресту́ет | аресту́ют |

-ОВАТЬ verbs are created freely from other parts of
speech and from foreign words. Occasionally the
process of derivation can cause some aspect peculiarities. For example, УЧА́СТВОВАТЬ does *not* have a
perfectivizing prefix У. It is formed from УЧА́СТИЕ

*"participation"*, and remains imperfective. Some important -ОВАТЬ verbs include:

| | |
|---|---|
| бесе́да  *talk* | бесе́довать/NTP  *to talk* |
| по́льза  *use, advantage* | по́льзоваться/NTP  *to make use of, to enjoy* |
| след  *track, trace* | сле́довать/после́довать  *to follow* |
| чу́вство  *feeling, sense* | чу́вствовать  *to feel, to sense* |
| спосо́бный  *capable* | спосо́бствовать/поспосо́б-ствовать  *to promote, to favor* |
| существо́  *being* | существова́ть/NTP  *to exist* |
| прису́тствие  *presence* | прису́тствовать/NTP  *to be present* |
| уча́стие  *participation* | уча́ствовать/NTP  *to participate* |
| сове́т  *advice* | сове́товать/посове́товать  *to advise* |

Many -ОВАТЬ verbs are derived from foreign words and are easily recognizable, e.g., интересова́ть, кома́ндовать, фотографи́ровать, протестова́ть, актёрствовать. Reread the list on p. 29, Practice 1.

## 2. -АВАТЬ Verbs

There are four special -АВАТЬ stems in Russian, all derived Imperfective stems.

| | |
|---|---|
| дать | дава́ть, даю́т |
| знать | -знава́ть,[1] -знаю́т |
| стать | -става́ть,[1] -стаю́т |
| созда́ть | создава́ть, создаю́т  *create, found* |

The first three stems are found with many different prefixes, for example передава́ть, издава́ть *"publish"*, отдавать *"give back"*, etc.

ДАВА́ТЬ will illustrate the conjugation:

| | |
|---|---|
| даю́ | даём |
| даёшь | даёте |
| даёт | даю́т |

---

[1] Occurs with prefixes only.

196

Note the pairs formed from знать:

| УЗНАВÁТЬ | УЗНÁТЬ | ПРИЗНАВÁТЬ | ПРИЗНÁТЬ |
|---|---|---|---|
| *recognize* | | *acknowledge, admit* | |
| узнаю́ | узнáю | признаю́ | признáю |
| узнаёшь | узнáешь | признаёшь | признáешь |
| узнаёт | узнáет | признаёт | признáет |
| узнаём | узнáем | признаём | признáем |
| узнаёте | узнáете | признаёте | признáете |
| узнаю́т | узнáют | признаю́т | признáют |

The two aspects differ only by stress. In most printed Russian only the context will distinguish between them.

## 3. -НУТЬ Verbs

All of these verbs have a 3rd person plural -УТ; ДОСТИ́ГНУТЬ will illustrate the conjugation:

| | |
|---|---|
| достиѓну | достиѓнем |
| достиѓнешь | достиѓнете |
| достиѓнет | достиѓнут |

-НУТЬ is basically a perfectivizing suffix. Many verbs in -НУТЬ even have a *momentary* meaning.[1]

*N.B.* Some -НУТЬ verbs can drop the -НУТЬ in the past tense. This is found only after final root consonants С, З, К, Г.[2] There is some fluctuation: for some verbs past tense is formed both with and without -НУТЬ. In some cases -НУТЬ is preferably kept in the masculine (i.e. where the -Л would also be dropped) and dropped in the feminine, neuter and plural (cf. достигнул/ достиг, достигла, достигло, etc.). Learn to recognize both forms in the past tense.

Some important -НУТЬ verbs are:

вернýться, вернýтся (вернýлся, -ась) *return*
возни́кнуть, возни́кнут (возни́к, -ла, -ло) *arise*
привы́кнуть, привы́кнут (привы́к, -ла, -ло) *get accustomed*

## 4. -НЯ́ТЬ Verbs

These prefixed verbs are all formed from a root meaning *"have, take"* (cf. ИМÉТЬ). (They form regular

---

[1] Cf. СТУ́КНУТЬ *"give a knock"*. There are also a small number of *unprefixed* imperfective verbs designating gradual changes of state. They are not common and are unproductive (cf. вя́нуть *"to fade, to wither"*). [2] also п, б, х

Imperfectives in -НИМАТЬ.) When the prefix ends in a vowel the 3rd person plural has the stem -(Й)МУТ. ЗАНЯ́ТЬ will serve as a model:

| | | |
|---|---|---|
| займу́ | *I will occupy* | займём |
| займёшь | | займёте |
| займёт | | займу́т |

Also:

принЯ́ть: при́мут *accept*
понЯ́ть: пойму́т *understand*

When the prefix ends in a consonant the present stem has the form -НИМУТ:

ПОДНЯ́ТЬ *raise*    подниму́       подни́мем
                   подни́мешь     подни́мете
                   подни́мет      подни́мут

Also:

ОБНЯ́ТЬ   *embrace, encompass*   обниму́, обни́мешь

*N.B.* ВЗЯТЬ also is derived from the same root, although its present stem form deviates from the above pattern:

возьму́       возьмём
возьмёшь     возьмёте
возьмёт      возьму́т

*Practice 1:* Translate the following verb forms into English.

| | | |
|---|---|---|
| аресту́ют | де́ржим | подниму́ |
| дви́нется | займу́ | создаёшь |
| бесе́дуем | возьмёт | слы́шу |
| по́льзуюсь | создаём | займёте |
| возьму́ | узна́ю | стоя́т |
| вернётся | дости́гнут | привы́кнем |
| узна́ю | приму́ | при́мет |
| остаёмся | передаёшь | спосо́бствует |
| даю́т | уча́ствуете | бесе́дую |
| сле́дует | займём | пойму́т |
| отдаёте | лежу́ | вернёмся |
| лежа́т | посове́туете | чу́вствуешь |
| существу́ет | стои́т | сфотографи́руются |
| стою́ | слы́шат | привы́кнут |
| заинтересу́юсь | кома́ндуете | дости́гну |
| посове́туем | де́ржите | поймём |
| признаю́ | прису́тствуем | по́льзуется |
| привы́кнут | возни́кнет | де́ржат |

198

*Practice 2:* Be prepared to conjugate the following
verbs.

| | | |
|---|---|---|
| лежа́ть | существова́ть | привы́кнуть |
| верну́ться | дава́ть | спосо́бствовать |
| поня́ть | взять | остава́ться |

*Practice 3:* Translate into English.

1. Когда́ вы ко́нчите докла́д?
2. Я зна́ю, куда́ она́ посове́тует им пойти́.
3. Что он де́ржит в руке́?
4. Я чу́вствую себя́ о́чень пло́хо сего́дня.
5. Почему́ Пе́тя обнима́ет Лю́бу? Потому́ что они́ до́лго
   не ви́делись.
6. Я уча́ствую в э́том спекта́кле, и поэ́тому у меня́ нет
   вре́мени бесе́довать с тобо́й.
7. Я сама́ подниму́ э́то пиани́но.
8. Мои́ кни́ги лежа́т вон там, о́коло две́ри на столе́.
9. Ма́ша сего́дня вернёт вам ва́ши де́ньги.
10. О чём вы бесе́дуете? Наве́рное, о поли́тике?
11. Почему́ ты там стои́шь? Что́ ты там де́лаешь?
12. Гра́ждане, до́ктор вас при́мет то́лько че́рез три
    часа́.
13. Я возьму́ э́ту нау́чную рабо́ту и переда́м её помо́щ-
    нику акаде́мика Пискарёва.
14. Генера́л Фёдоров кома́ндует пя́той диви́зией на
    се́верном фро́нте.
15. Он стал таки́м то́лстым, что вы его́ тепе́рь не
    узна́ете.
16. Она́ меня́ о́чень интересу́ет.
17. Попо́вы остаю́тся здесь на полтора́ го́да, а пото́м
    верну́тся домо́й.
18. Же́нщина нам ничего́ не даёт без де́нег.
19. В газе́тах сообща́ют, что его́ фи́льмы по́льзуются
    больши́м успе́хом в Пари́же.
20. Делега́ция из Фра́нции не прису́тствует на пе́рвой
    се́ссии междунаро́дной конфере́нции.
21. Он интересу́ется то́лько совреме́нной му́зыкой
    за́пада.
22. Им остаётся то́лько четы́ре неде́ли, что́бы зако́н-
    чить иссле́дование.
23. Я узна́л от Ле́ны, что тебя́ аресту́ют за́втра.
24. Я ко́нчу э́то иссле́дование за́втра до нача́ла ле́кции.
25. Я займу́ два ме́ста--одно́ для вас, друго́е для
    ва́шей жены́.
26. Они́ сейча́с фотографи́руются пе́ред фонта́ном.
27. Каки́е но́вости передаю́т по ра́дио?
28. Бе́дный Па́ша уже́ давно́ лежи́т в го́спитале. До́ктор
    сказа́л, что он умира́ет от туберкулёза.
29. По-мо́ему, он не поймёт на́шего отноше́ния к ним.
30. Я зна́ю, что они́ ско́ро привы́кнут к э́тому кли́мату.

31. Архите́ктор Нари́шкин написа́л мне в письме́, что на
    э́том ме́сте че́рез де́сять лет возни́кнет но́вый
    го́род.
32. Он сказа́л нам, что не при́мет уча́стия в на́шей
    бесе́де.
33. Ны́нешнее экономи́ческое положе́ние в на́шей стране́
    спосо́бствует выполне́нию произво́дственного пла́на.
34. Он сказа́л ей, что после́дует за не́ю, е́сли она́
    реши́т пое́хать рабо́тать на се́вер.
35. Она́ всё ещё не признаётся в уча́стии своего́ бра́та
    в э́том де́ле.

B. *Non-Predictable 2-stem Verbs*

   For these verbs two stems must be learned for
each verb.  Memorize the infinitive and the 3rd
Person plural.  The 3rd Person plural always displays
the Present Conjugation.

1. *2nd Conjugation Verbs with Infinitives in*
   -АТЬ(ЯТЬ)

   All *2-stem* 2nd conjugation verbs conform to the
same type: they have -АТЬ(-ЯТЬ) in the infinitive
stem and their roots can only end in -Ш, -Ж, -Ч, -Щ,
-Ц and -Й (-j-).  We have had: ЛЕЖА́ТЬ (они́ лежа́т),
СТОЯ́ТЬ (они́ стоя́т, i.e., стой-ат), СЛЫ́ШАТЬ (они́ слы́-
шат), ДЕРЖА́ТЬ (они́ де́ржат):

| | |
|---|---|
| лежу́ | лежи́м |
| лежи́шь | лежи́те |
| лежи́т | лежа́т |

Remember, not all verbs satisfying the above criteria
are 2nd conjugation; many are "regular" for example,

           слу́шать:  они́ слу́шают

*All other 2-stem verbs belong to the 1st conjugation.*

2. Many verbs with infinitives in -ЕТЬ are regular
*1st conjugation* verbs in the present conjugation,
for example УМЕ́ТЬ:

| | |
|---|---|
| уме́ю | уме́ем |
| уме́ешь | уме́ете |
| уме́ет | уме́ют |

   Similarly: име́ть: име́ют;  владе́ть: владе́ют

This group includes all Intransitive "state" verbs:

   черне́ть  *to turn, appear black*  черне́ют
   беле́ть   *to turn, appear white*  беле́ют

200

# 3. Consonant Alternations in the Stem

Some simple verbs in -АТЬ take the *1st Conjugation* endings added directly to the root. The root-final consonant undergoes consonant mutation throughout the present conjugation. (See p. 177)

a. ПИСА́ТЬ   (с → ш)

| | |
|---|---|
| пишу́ | пи́шем |
| пи́шешь | пи́шете |
| пи́шет | пи́шут |

Naturally, prefixed derivations work the same way:

написа́ть:  напишу́, напи́шешь, напи́шут
записа́ть:  запишу́, запи́шешь, запи́шут
описа́ть:  опишу́, опи́шешь, опи́шут
подписа́ть:  подпишу́, подпи́шешь, подпи́шут

b. СКАЗА́ТЬ   (з → ж)

| | |
|---|---|
| скажу́ | ска́жем |
| ска́жешь | ска́жете |
| ска́жет | ска́жут |

Also:  (по)каза́ться:  (по)ка́жется, (по)ка́жутся

But note the monosyllabic ЖДАТЬ:  жду, ждёшь, ждут

# 4. Other 2-stem verbs have less obvious changes in vowels or consonants in the present stem:

a. СТАТЬ

| | |
|---|---|
| ста́ну | ста́нем |
| ста́нешь | ста́нете |
| ста́нет | ста́нут |

Similarly:

НАЧА́ТЬ: начну́, начнёшь, начну́т

b. ЖИТЬ

| | |
|---|---|
| живу́ | живём |
| живёшь | живёте |
| живёт | живу́т |

c. БРАТЬ

| | |
|---|---|
| беру́ | берём |
| берёшь | берёте |
| берёт | беру́т |

Similarly:

ЗВАТЬ: зову́, зовёшь, зову́т

d. БИТЬ

| | |
|---|---|
| бью | бьём |
| бьёшь | бьёте |
| бьёт | бьют |

Similarly:

РАЗВИ́ТЬ: разовью́,... разовью́т

e. ОТКРЫ́ТЬ            f. УМЕРЕ́ТЬ

| | | | |
|---|---|---|---|
| откро́ю | откро́ем | умру́ | умрём |
| откро́ешь | откро́ете | умрёшь | умрёте |
| откро́ет | откро́ют | умрёт | умру́т |

    Similarly: ЗАКРЫ́ТЬ.

g. ПОСЛА́ТЬ: пошлю́, пошлёшь, пошлёт, пошлём, пошлёте, пошлю́т

Note that almost all the verbs that add the conjugation endings directly to the root have hard consonants before the 1st pers. sg. and 3rd pers. pl. endings: жив*в*у́т, ум*р*у́т, etc.

## 5. Root Verb Infinitive Stems

    This group includes all infinitives in -ТИ and -ЧЬ. These verbs have no connecting vowel in the infinitive; the infinitive suffix is added directly to the verb roots. This can result in changes in the root-final consonant of the verbs. Only verb roots ending in -C or -3 display no change:

принести́:[1] принесу́, принесёшь, принесу́т   *bring*
привезти́:[1] привезу́, привезёшь, привезу́т   *bring*

Other verbs display a variety of less predictable changes in the Present Stem:

класть: кладу́, кладёшь, кладу́т   *put, place (horizontally)*
упа́сть: упаду́, упадёшь, упаду́т   *fall*
перевести́:[1] переведу́, переведёшь, переведу́т   *translate*
прийти́: приду́, придёшь, приду́т   *arrive*
отойти́: отойду́, отойдёшь, отойду́т   *move away*
приобрести́: приобрету́, приобретёшь, приобрету́т   *acquire*
прие́хать:[1] прие́ду, прие́дешь, прие́дут   *arrive*
расти́: расту́, растёшь, расту́т   *grow*
мочь: могу́, мо́жешь,[2] мо́жет, мо́жем, мо́жете, мо́гут   *to be able to*

Note the stem changes in the Past Tense:

a. -Д- and -Т- disappear before -Л-.

класть, кладу́т: клал, кла́ло, кла́ла, кла́ли
упа́сть, упаду́т: упал, упа́ло, упа́ла, упа́ли

---

[1] All the various prefixed forms of these verbs follow the same pattern.
[2] Note that Velar Mutation (cf. p. 177) takes place before -E of the 1st Conjugation.

перевести, переведут:  перевёл, перевело, пере-
                                     вела, перевели
приобрести, приобретут:  приобрёл, приобрело,
                                     приобрела, приобрели

b.  -Л in masculine singular disappears after other
    consonants.

мочь, могут:  мог, могло, могла, могли
привезти, привезут:  привёз, привезло, привезла,
                            привезли
принести, принесут:  принёс, принесло, принесла,
                            принесли
расти, растут:  рос, росло, росла, росли
умереть, умрут:  умер, умерло, умерла, умерли

*N.B.* For these Root Verbs the present conjugation
    stem is clearly primary and provides the most
    information.  Given the present form with its root-
    final consonant, one can predict that root final
    velars will result in an infinitive in -ЧЬ, that
    root final Т or Д will change to -С in the
    infinitive (cf. ВЕДУТ → ВЕСТИ) and will disap-
    pear before the past tense -Л-.  Keep this in
    mind if you are memorizing these verbs for
    active knowledge.

C.  The verb ХОТЕТЬ has the following present conjuga-
    tion:

| | |
|---|---|
| хочу | хотим |
| хочешь | хотите |
| хочет | хотят |

*Practice 4:* Translate into English.

| | | | |
|---|---|---|---|
| привезёт | назовут | откроешь | станет |
| умеем | приобрету | предскажут | приедет |
| переведут | ждут | опишет | начнут |
| запишем | упадёт | закроете | имеешь |
| ждём | разовьёт | приобретёт | хотят |
| закроют | станут | приедут | можешь |
| хочу | разовьём | запишу | кажется |
| могут | умру | живут | подпишем |
| назову | хотим | скажем | приедут |
| покажутся | беру | окажешься | умрём |
| стану | можете | привезу | приобретут |
| растёт | бью | хотите | принесу |
| начнёшь | хотите | можем | упадут |
| можем | живёшь | упадёт | покажут |
| покажем | принесём | владеет | хочешь |

203

*Practice 5:* Be prepared to conjugate the following
verbs in both past and non-past conjugations.

| | | |
|---|---|---|
| показáть | принестú | хотéть |
| брать | стать | подписáть |
| жить | ждать | мочь |

*Practice 6:* Translate into English.

1. Я вас жду ужé бóльше сорокá минýт.  Где вы бы́ли?
2. Корреспондéнты инострáнных газéт хотя́т встрé-
титься с грýппой совéтских рабóчих.
3. Онá сейчáс закрóет óкна в кóмнате.
4. Чем она пи́шет--карандашóм или авторýчкой?
5. Вам нáдо помóчь им.  Рабóчие сáми не мóгут под-
ня́ть телеви́зор.
6. Ты хорошó владéешь пóльским языкóм?  Да, я хорошó
умéю говори́ть по-пóльски, потомý что мои́ роди́тели
говоря́т по-пóльски дóма.
7. Мне кáжется, что экономи́ческое положéние в нáшей
странé станóвится хýже с кáждым днём.
8. Зáвтра в дéсять часóв мы подпи́шем контрáкт в
кабинéте самогó дирéктора бáнка.
9. Ни́на Константи́новна живёт недалекó от нас, в
дóме, котóрый нахóдится на слéдующей ýлице.
10. Бори́с расскáжет тебé, что он имéет в видý, когдá
он приéдет домóй.
11. Как твои́ дéти растýт!  Скóро они́ стáнут шкóльни-
ками.
12. Извини́, но я забы́л твоё и́мя.  Как тебя́ зовýт--
Ки́ра или Кáтя?
13. Мáша пи́шет, что онá хорошó живёт в Симби́рске.
Никаки́х нóвостей у неё нет.
14. Председáтель райкóма откры́л совещáние рéчью, в
котóрой он объяви́л, что наш коллекти́в вы́полнит
ны́нешний план чéрез две недéли.
15. Кто закрóет двéри?  Дéти опя́ть забы́ли их закры́ть.
16. Óсенью, когдá цéны упадýт, я хочý купи́ть нóвую
маши́ну.
17. Числó безрабóтных растёт с кáждым мéсяцем.
18. Чéрез пять лéт худóжник Вáлкин приобретёт миро-
вýю извéстность.
19. Почемý ты меня́ всё бьёшь?
20. Кáждый из нас когдá-то дóлжен умерéть.  Нáдо об
э́том иногдá подýмать.
21. Сегóдня вéчером пáпа принесёт что-то краси́вое
для тебя́, Ивáнушка.
22. Комý хóчется пойти́ в кинó сегóдня?
23. Он начнёт э́ту рабóту зáвтра.
24. Мóжешь прийти́ ко мнé в шесть часóв?
25. У негó бóльше нет врéмени сейчáс, но он переведёт

все остальные фразы до урока.

26. Мы уже шесть лет живём здесь в Мурманске. И сам город и климат нам очень нравятся.
27. Когда вы откроете эту дверь, я вам покажу настоящую русскую икону.
28. Миша и Маша назовут сына Никифором.
29. Какой он талантливый мальчик! Он уже умеет играть на гитаре, пианино и балалайке!
30. Он начнёт раньше в следующий раз.
31. Политическая деятельность профсоюзов в провинциальных городах теперь приобретает другой характер.
32. Её учителя развили в ней музыкальные способности.
33. Он берёт уроки музыки у меня.
34. Ему остаётся только пять минут. Надо поговорить с ним сейчас же.
35. Доктор сказал ей, что Саша умрёт через месяц.
36. Он нам сказал, что назовёт сына Глебом.
37. Мама, когда я вырасту, я уеду отсюда и никогда не вернусь.
38. Почему вы берёте мой транзистор?
39. Кому вы пишете это письмо?
40. Кто лежит на моём диване?
41. Наша дача находится недалеко от красивого леса.


## II. The Verb БЫТЬ

A. The non-past conjugation of the verb БЫТЬ has a future meaning (like a Perfective Verb):

| | |
|---|---|
| я буду *I will be* | мы будем |
| ты будешь | вы будете |
| он, оно, она будет | они будут |

B. The future of ЕСТЬ *"there is/are"* is БУДЕТ/БУДУТ just as the past tense of ЕСТЬ is БЫЛ, БЫЛА, БЫЛО, БЫЛИ:

| | |
|---|---|
| Сегодня есть урок? | *Is there a lesson today?* |
| Завтра будет урок? | *Will there be a lesson tomorrow?* |
| Вчера был урок? | *Was there a lesson yesterday?* |
| Здесь есть дома. | *There are houses here.* |
| Здесь были дома. | *There were houses here.* |
| Здесь будут дома. | *There will be houses here.* |
| Есть несколько человек. | *There are several people.* |
| Было несколько человек. | *There were several people.* |
| Будет несколько человек. | *There will be several people.* |

| | |
|---|---|
| У меня́ есть кни́га. | *I have the book.* |
| У меня́ была́ кни́га. | *I had the book.* |
| У меня́ бу́дет кни́га. | *I will have the book.* |

C. The future of НЕТ *"there is no/are no..."* is НЕ
БУ́ДЕТ just as the past of НЕТ is НЕ́ БЫ́ЛО. Like
НЕТ and НЕ́ БЫ́ЛО it governs the genitive case.

| | |
|---|---|
| В ко́мнате нет столо́в. | *There are no tables in the room.* |
| В ко́мнате не́ было столо́в. | *There were no tables in the room.* |
| В ко́мнате не бу́дет столо́в. | *There will be no tables in the room.* |

## III. IMPERFECTIVE FUTURE TENSE

Imperfective future is formed with conjugated
non-past forms of БЫТЬ + the Imperfective infinitive.
Contrast the following pairs of sentences which contain perfective future and imperfective future forms.

| | |
|---|---|
| За́втра я напишу́ Ве́ре письмо́. | *Tomorrow I will write Vera a letter.* |
| За́втра я бу́ду писа́ть весь ве́чер. | *Tomorrow I will write all evening.* |
| Вади́м, наве́рное, пра́вильно отве́тит на э́тот вопро́с. | *Vadim will probably answer this question correctly.* |
| Ве́ра бу́дет отвеча́ть то́лько по-ру́сски. | *Vera will answer only in Russian.* |
| Я покажу́ вам его́ дом за́втра. | *I will show you his house tomorrow.* |
| Я бу́ду пока́зывать всем ва́шу кни́гу. | *I will show (process) everyone your book.* |

*Practice 7:* Translate into English.

1. Я поговорю́ с Ве́рой за́втра об э́том де́ле.
2. Ива́н сказа́л нам, что книг там не бу́дет.
3. Я бу́ду говори́ть с ним об э́том де́ле сего́дня ве́чером.
4. Ве́ра Ива́новна бу́дет нас ждать на Тверско́й у́лице о́коло педагоги́ческого институ́та.
5. Кого́ вы бу́дете встреча́ть за́втра на вокза́ле?
6. Кто бу́дет на собра́нии?
7. Э́тим ле́том на́ши де́ти бу́дут жить с Ве́рой Никола́евной на да́че.
8. Вам бу́дет тру́дно слы́шать там, где вы сиди́те.
9. Ва́ня бу́дет стро́ить свой но́вый дом недалеко́ от нас.

10. Сорóкин скóро бýдет готóв поговорить с вáми.
11. Зáвтра я заполню этот вопрóсник.
12. Товáрищ Забрйская бýдет занятá пóсле съéзда?
13. Генерáл Попóв бýдет комáндовать пятой дивизией.
14. Мне кáжется, что нóвая квартира бýдет емý малá.
15. Ивáн Ивáнович сказáл мне, что Тóля бýдет фотографировать нас зáвтра óколо библиотéки.
16. Нам бýдет скýчно жить в этой дерéвне так далекó от Москвы.
17. Он бýдет расскáзывать вам о жизни в Португáлии во врéмя революции.
18. Мы бýдем дóма в пять часóв.
19. Они бýдут рабóтать с нáми по вечерáм.
20. Он бýдет зáвтра у сестры весь день?
21. Зóя сказáла мне, что онá бýдет покупáть сигарéты у вас.
22. У молодóго рабóчего скóро бýдет своя квартира.
23. Они бýдут отвечáть вам тóлько по-чéшски.
24. Вам бýдет скóлько лет в этом годý?
25. Я узнáю зáвтра, когдá онá бýдет дóма, и потóм передáм вам.
26. Он никогдá не был спосóбным и, по-мóему, никогдá не бýдет.
27. Я позвоню ей сегóдня вéчером и приглашý её пойти с нáми на концéрт.
28. Зáвтра на экзáмене бýдет сóрок человéк.
29. Зáвтра Сергéй бýдет управлять нáшим отдéлом потомý, что я не явлюсь на рабóту.
30. Сáша сказáл мне, что в слéдующий раз нас бýдет тóлько трóе.
31. Виктор бýдет служить в áрмии тóлько полторá гóда.
32. Ей ещё óчень тяжелó говорить о брáте, котóрый ýмер во врéмя войны. Онá егó óчень любила.
33. Председáтель заявил, что в нáшем райóне бýдет развивáться лёгкая промышленность.
34. Я увижу вас зáвтра на собрáнии.
35. Вéра бýдет сидéть вмéсте с нáми в пятом рядý.

*Translation*: Translate into English.

1. Я постáвлю все бутылки на этот мáленький стол.
2. Ктó кладёт мои письма тудá, под егó вéщи?
3. Пётр Ивáнович сказáл мне, что Чернóва бóльше не бýдет егó заместителем. Кáжется, что онá хóчет переéхать в Хáрьков, где живёт её мать.
4. Мать Лéрмонтова умерлá, когдá емý было три гóда.
5. Он считáется одним из сáмых крýпных рýсских поэтов.
6. Извините, но кáжется, что я постáвил вас в трýдное положéние. Éсли у вас зáвтра не бýдет врéмени, я могý найти когó-нибудь другóго помогáть ей.

7. Татья́на Па́вловна изуча́ет до́ма францу́зский язы́к.
8. Молоды́е писа́тели того́ вре́мени счита́ли Турге́нева свои́м учи́телем и руководи́телем обще́ственного движе́ния.
9. Когда́ Че́хов ко́нчил медици́нский факульте́т, он не стал практикова́ть, а заня́лся литерату́рой.
10. Е́сли ты бу́дешь до́ма сего́дня ве́чером, я позвоню́ тебе́.
11. Её ве́щи упа́ли со стола́, и Са́ша их по́днял.
12. Не́которые студе́нты отсу́тствуют на экза́мене.
13. Число́ пенсионе́ров, кото́рые переезжа́ют во Флори́ду, всё растёт с ка́ждым го́дом.
14. Всё э́то ка́к-то стра́нно начало́сь.
15. В на́шем ве́ке сло́во "револю́ция" приобрета́ет но́вое значе́ние.
16. До́ктор при́мет вас по́сле восьми́.
17. Я прошу́ вас никому́ не говори́ть об э́том.
18. Я сам не могу́ пойти́, поэ́тому я вас посыла́ю.
19. Е́сли она́ умрёт, что бу́дут де́лать её де́ти?
20. Ве́ра лежи́т на дива́не и слу́шает ра́дио.
21. Ты не слы́шишь меня́? Я же говори́л тебе́ об э́том уже́ сто раз.
22. Я пошлю́ вам де́ньги по по́чте.
23. Оказа́лось, что э́то не он звони́л нам вчера́.
24. Ва́ня сра́зу поймёт вас. Он уже́ знако́м с э́тим де́лом.
25. Извини́те, но э́то моё ме́сто. Я сиде́л здесь ра́ньше вас.
26. Ива́н Ива́нович вернётся че́рез де́сять мину́т.
27. Число́ безрабо́тных всё увели́чивается с ка́ждой неде́лей.
28. Разви́тие нау́ки спосо́бствует разви́тию те́хники и эконо́мики страны́.
29. Я хочу́ приобрести́ по́лное собра́ние Н. В. Го́голя.
30. В сле́дующем году́ я бу́ду рабо́тать с Петро́м Дени́совичем в Пи́нске или Ми́нске.
31. "Я не живу́, а про́сто существу́ю здесь без тебя́, моя́ дорога́я"!
32. В девятна́дцатом ве́ке в Росси́и возни́кло широ́кое революцио́нное движе́ние про́тив госуда́рственного стро́я.
33. Его́ иде́и обнима́ют всё, что ва́жно в жи́зни челове́чества.
34. Я не могу́ привы́кнуть к его́ го́лосу, осо́бенно по утра́м.
35. Когда́ он стал писа́ть дру́гу в Москве́?
36. Вади́м не по́мнил фами́лии мужчи́ны, кото́рый вчера́ управля́л маши́ной.
37. Председа́тели Коминте́рна та́кже уча́ствовали в на́ших бесе́дах о сего́дняшнем положе́нии в междунаро́дной торго́вле.

# Dictionary Usage

Here are examples of entries in three frequently used Russian-English dictionaries. Study these examples and familiarize yourself with the format used.

A. *Romanov Russian - English Dictionary*; compiled by A. S. Romanov; published by Pocket Books, Inc. Also published as Langenscheidt's *Russian-English /English-Russian Dictionary*. (Partial page only.)

*s.* обходить(ся); ⌐йщик *m* [1] upholsterer; ⌐красть *s.* обкрадывать.

**оболо́чка** *f* [5; *g/pl.*: -чек] cover (-ing), envelope; *anat.* membrane; ⊕ jacket, casing; ра́дужная ⌐ iris.

**оболь|сти́тель** *m* [4] seducer; ⌐сти́тельный [14; -лен, -льна] seductive; ⌐ща́ть [1], ⟨⌐сти́ть⟩ [15 *e.*; -льщу́, -льсти́шь; -льщённый] seduce; (-ся be) delude(d; flatter o. s.); ⌐ще́нне *n* [12] seduction; delusion.

**обомле́ть** F [8] *pf.* be stupefied.

**обоня́ние** *n* [12] (sense of) smell.

**обора́чивать(ся)** *s.* обёртывать (-ся).

**оборв|а́нец** F *m* [1; -нца] ragamuffin; ⌐анный [14 *sh.*] ragged; ⌐а́ть *s.* обрыва́ть.

**обо́рка** *f* [5; *g/pl.*: -рок] frill, ruffle.

**оборо́н|а** *f* [5] defense (*Brt.* defence); ⌐и́тельный [14] defensive, defense...; ⌐ный [14] defense..., armament...; ⌐оспосо́бность *f* [8] defensive capacity; ⌐я́ть [28] defend.

**оборо́т** *m* [1] revolution; rotation; circulation; turn; turnover; transaction; back, reverse; (см.) на ⌐е p. т. о.; в ⌐ F (*take*) to task; ⌐и́ть(ся) P [15] *pf. s.* оберну́ть(ся); ⌐ливый F [14 *sh.*] sharp, smart; ⌐ный [14] back, reverse, seamy (*side*); ✝ circulating.

**обору́дова|ние** [12] equipment; ⌐ть [7] (*im*)*pf.* equip; fit out.

**обосн|ова́ние** *n* [12] substantiation; ground(s); ⌐о́вывать [1], ⟨⌐ова́ть⟩ [7] prove, substantiate; -ся settle down.

**обос|обля́ть** [28], ⟨⌐о́бить⟩ [14] segregate, isolate, detach.

**обостр|я́ть** [28], ⟨⌐и́ть⟩ [13] (-ся become) aggravate(d), strain(ed); refine(d).

**обою́д|ный** [14; -ден, -дна] mutual; ⌐о́стрый [14 *sh.*] double-edged.

**обраб|а́тывать**, ⟨⌐о́тать⟩ [1] work, process; ✐ till; elaborate, finish, polish; treat; adapt; F work; *p. pr. a.* ⊕ manufacturing; ⌐о́тка *f* [5; *g/pl.*: -ток] processing; ✐ cultivation; elaboration; adaptation.

**о́браз** *m* [1] manner, way (in Т), mode; form; figure, character; image; [*pl.*: ⌐а́, *etc. e.*] icon; каки́м (таки́м) ⌐ом how (thus); нико́им ⌐ом by no means; ⌐е́ц *m* [1; -зца́] specimen, sample; model, example, pattern; fashion, way (in на В); ⌐ный [14; -зен, -зна] graphic, vivid; ⌐ова́ние *n* [12] formation; constitution; education; ⌐о́ванный [14 *sh.*] educated; ⌐ова́тельный [14; -лен, -льна] (in)formative; ⌐о́вывать [1], ⟨⌐ова́ть⟩ [7] form (*v/i.* -ся; arise); constitute; educate; cultivate; ⌐у́мить(ся) F [14] *pf.* bring (come) to one's senses; ⌐цо́вый exemplary, model...; ⌐чик *m* [1] *s.* ⌐е́ц.

**обрам|ля́ть** [28], ⟨⌐и́ть⟩ [14 *st.*], *fig.* ⟨⌐и́ть⟩ [14 *e.*; -млю́, -ми́шь; -млённый] frame.

**обраст|а́ть** [1], ⟨⌐и́⟩ [24 -ст-: -сту́] обро́с, -ла́] overgrow; be overgrown.

**обра|ща́ть** *s.* ⌐ща́ть; ⌐тный [14] back, return...; reverse, (*a.* ⌐) inverse; ⌐ретроactive; ⌐тно back; conversely; ⌐ща́ть [1], ⟨⌐ти́ть⟩ [15 *e.*; -ащу́ -ати́шь; -ащённый] turn; direct; convert; employ; draw *or* pay *or* (на себя́) attract (*attention*; to на В); не ⌐ща́ть внима́ния (на В) disregard; -ся turn (to в В); address o. s. (to к Д), apply (to; for за Т); appeal; take (to *flight* в В); *impf.* (с Т) treat; circulate; ⌐ще́нне *n* [12] conversion; transformation; circulation; (с Т) treatment (of), management; manners *pl.*; address; appeal.

Note: The Arabic numerals in parentheses refer to conjugation and declension tables found at the end of the dictionary.

(*petals, etc.*); to strip (*a shrub of blossom, etc.*). **2.** to break; to snap. **3.** (*fig.*) to cut short, interrupt; (*coll.*) to snub.

**оборв|а́ться, у́сь, ёшься,** *past* ~а́лся, ~ала́сь, ~а́лось, *pf.* (*of* обрыва́ться) **1.** to break; to snap. **2.** to (*lose one's hold of something and*) fall; (*of objects*) to come away. **3.** to stop suddenly, stop short, come abruptly to an end.

**обо́рвыш, а,** *m.* (*coll.*) ragamuffin.

**обо́рк|а, и,** *f.* frill, flounce.

**оборо́н|а, ы,** *no pl., f.* **1.** defence. **2.** (*mil.*) defences, defensive positions.

**обороно́тельный,** *adj.* defensive.

**оборон|и́ть, ю́, и́шь,** *pf.* (*of* ~я́ть) to defend; ~и́ Бог (~и́ Бо́же, ~и́ Го́споди)! (*obs.*) God forbid!

**оборон|и́ться, ю́сь, и́шься,** *pf.* (*of* ~я́ться) (от) to defend oneself (from).

**оборо́н|ный,** *adj. of* ~а; ~ная промы́шленность war industry.

**обороноспосо́бност|ь, и,** *f.* defence capacity.

**обороноспосо́б|ный (~ен, ~на),** *adj.* prepared for defence.

**оборон|я́ть(ся), я́ю(сь),** *impf. of* ~и́ть(ся).

**оборо́т, а,** *m.* **1.** turn; (*tech.*) revolution, rotation; приня́ть дурно́й о. (*fig.*) to take a bad turn. **2.** circulation; (*fin., comm., railways*) turnover; ввести́, пусти́ть в о. to put into circulation. **3.** back (= *reverse side*); смотри́ на ~е please turn over; взять кого́-н. в о. (*fig., coll.*) to get at someone. **4.** turn (of speech); о. ре́чи phrase, locution. **5.** (*tech.*) knee, bend (*in a pipe*).

**о́борот|ень, ня,** *m.* werewolf.

**оборо́тист|ый (~, ~а),** *adj.* (*coll.*) resourceful.

**оборо|ти́ть, чу́,** ∠ти́шь, *pf.* (*of* обора́чивать) (*coll.*) to turn.

**оборо|ти́ться, чу́сь,** ∠ти́шься, *pf.* (*of* обора́чиваться) (*coll.*) **1.** to turn (round). **2.** (в+*a. or* +*i.*) to turn (into).

**оборо́тлив|ый (~, ~а),** *adj.* (*coll.*) resourceful.

**оборо́т|ный,** *adj. of* ~; о. капита́л (*fin., comm.*) working capital; ~ная сторона́ verso; reverse side (*also fig.*); э ~ное *name of letter* 'э'.

**обору́довани|е, я,** *n.* **1.** equipping. **2.** equipment.

**обору́д|овать, ую,** *impf. and pf.* to equip, fit out; (*fig., coll.*) to manage, arrange.

**обо́рыш, а,** *m.* (*coll.*) left-over, remnant.

**обоснова́ни|е, я,** *n.* **1.** basing. **2.** basis, ground.

**обосно́в|анный,** *p.p.p. of* ~а́ть *and adj.* well-founded, well-grounded.

**обосн|ова́ть, ую́, уёшь,** *pf.* (*of* ~о́вывать) to ground, base; to substantiate.

**обосн|ова́ться, ую́сь, уёшься,** *pf.* (*of* ~о́вываться) **1.** to settle down. **2.** *pass. of* ~ова́ть.

**обосно́выва|ть(ся), ю(сь),** *impf. of* обоснова́ть(ся).

**обосо́б|ить, лю, ишь,** *pf.* (*of* ~ля́ть) to isolate.

**обосо́б|иться, люсь, ишься,** *pf.* (*of* ~ля́ться) to stand apart, keep aloof.

**обосо́бленно,** *adv.* apart; aloof; жить о. to live by oneself.

**обосо́б|ленный,** *p.p.p. of* ~ить *and adj.* isolated, solitary.

**обособля́|ть(ся), ю(сь),** *impf. of* обосо́бить(ся).

**обостре́ни|е, я,** *n.* aggravation, exacerbation; о. боле́зни (*med.*) acute condition.

**обостр|ённый,** *p.p.p. of* ~и́ть *and adj.* **1.** sharp, pointed. **2.** of heightened sensitivity; о. слух a keen ear. **3.** strained, tense.

**обостр|и́ть, ю́, и́шь,** *pf.* (*of* ~я́ть) **1.** to sharpen, intensify. **2.** to strain; to aggravate, exacerbate.

**обостр|и́ться, ю́сь, и́шься,** *pf.* (*of* ~я́ться) **1.** to become sharp, become pointed. **2.** (*of the senses, etc.*) to become more sensitive, become keener. **3.** to become strained; to become aggravated, become exacerbated; боле́знь ~и́лась (*med.*) the condition has become acute. **4.** *pass. of* ~и́ть.

**обостр|я́ть(ся), я́ю(сь),** *impf. of* ~и́ть(ся).

**оботр|у́, ёшь,** *see* обтере́ть.

**обо́чин|а, ы,** *f.* edge; side (*of road, etc.*).

**обою́дност|ь, и,** *f.* mutuality, reciprocity.

**обою́д|ный (~ен, ~на),** *adj.* mutual, reciprocal; по ~ному согла́сию by mutual consent.

**обоюдоо́стрый,** *adj.* double-edged, two-edged (*also fig.*).

**обраба́тыва|ть, ю,** *impf. of* обрабо́тать.

**обраба́тыва|ющий,** *pres. part. act. of* ~ть *and adj.* ~ющая промы́шленность manufacturing industry.

**обрабо́та|ть, ю,** *pf.* (*of* обраба́тывать) **1.** to work (up); to treat, process; (*tech.*) to machine; о. зе́млю to work the land; о. ра́ну to dress a wound. **2.** to polish, perfect (*a lit. production, etc.*). **3.** (*fig., coll.*) to work upon, win round.

**обрабо́тк|а, и,** *f.* working (up); treatment, processing; (*tech.*) machining; о. земли́ cultivation of the land.

**обра́д|овать(ся), ую(сь),** *pf.* of ра́довать(ся).

**о́браз[1], а,** *m.* **1.** shape, form; appearance; по ~у своему́ и подо́бию (*rhet. or joc.*) in one's own image. **2.** (*lit.*) image; мы́слить ~ами to think in images. **3.** (*lit.*) type; figure; о. Га́млета the Hamlet type. **4.**

(please turn óver); 4. (*в языке*) turn; ~ рéчи phrase; locútion; turn of speech; ◇ дéло принялó дурнóй ~ the affáir took a bad* turn; взять когó-л. в ~ *разг.* get* at smb., take* smb. to task.

оборотень *м. фольк.* wére|wòlf* [-wulf].

оборóтистый = оборóтливый.

оборóти́ть(ся) *сов. см.* оборáчивать(ся).

оборóтливый *разг.* resóurce|ful [-'sɔːs-], shifty.

оборóтн|ый 1. *эк.*: ~ капитáл círculàting cápital, wórking cápital; 2.: ~ая сторонá revérse (side), vérsò; (*перен.*) the séamy side.

оборýдование *с.* 1. (*действие*) equipment, equipping; 2. (*предметы*) equipment, óutfit; машинное ~ machinery [-'ʃiː-].

оборýдов||ать *несов. и сов.* (*вн.*) equip (*d.*); fit out (*d.*); (*перен.*) *разг.* mánage (*d.*); arránge [-eɪ-] (*d.*); хорошó ~анный (*о квартире и т. п.*) wéll-appóinted.

обоснова́ние *с.* 1. (*действие*) básing [-s-]; (*рд.; закона, положения и т. п.*) substàntiátion (of); 2. (*доводы*) básis ['beɪs-] (*pl.* -sès [-siːz]), ground(s) (*pl.*).

обоснóван||ность *ж.* validity. ~ный 1. *прич. см.* обоснóвывать; 2. *прил.* wéll-fóunded, (wéll-)gróunded; (*веский*) válid, sound; э́то вполнé ~но there are good réasons for it [...-z-...], it is wéll-gróunded.

обоснова́ть(ся) *сов. см.* обоснóвывать(ся).

обоснóвывать, обоснова́ть (*вн.*) ground (*d.*), base [-s] (*d.*); substántiàte (*d.*). ~ся, обосновáться 1. *разг.* (*поселяться*) settle (down); 2. *страд. к* обоснóвывать.

обосóбить(ся) *сов. см.* обособля́ть(ся).

обособлéние *с.* 1. (*действие*) sétting apárt, ísolàting ['aɪ-]; 2. (*состояние*) isolátion [aɪ-].

обособленн||о *нареч.* apárt, by òne'sélf. ~ость *ж.* isolátion [aɪ-]. ~ый 1. *прич. см.* обособля́ть; 2. *прил.* sólitary, detáched.

обособля́ть, обосóбить (*вн.*) isolàte ['aɪ-] (*d.*). ~ся, обосóбиться 1. stand* apárt, keep* alóof; 2. *страд. к* обособля́ть.

обостр|éние *с.* àggravátion; ~ болéзни exàcerbátion, acúte condítion; ~ противорéчий intènsificátion / àggravátion of àntagonisms; ~ междунарóдного положéния àggravátion of the internátional situátion [...-'naⁱ-...]. ~ённый 1. *прич. см.* обостря́ть; 2. *прил.* (*повышенно чувствительный*) óver|sénsitive; ~ённый интерéс keen ínterest; 3. *прил.* (*напряжённый*) strained; ~ённые отношéния strained relátions. ~и́ть(ся) *сов. см.* обостря́ть(ся).

обостр||я́ть, обостри́ть (*вн.*) 1. inténsify (*d.*), shárpen (*d.*); (*доводить до крайности*) bring* to a head [...hed] (*d.*); 2. (*ухудшать*) àggravàte (*d.*); ~ отношéния strain the relátions. ~я́ться, обостри́ться 1. become* sharp; 2. (*становиться более изощрённым*) become* more sénsitive; 3. (*ухудшаться*) become* àggravàted / strained; положéние ~и́лось the situátion has become àggravàted; болéзнь ~и́лась the diséase grew acúte [...-'z-...]; 4. *страд. к* обостри́ть.

обóчина *ж.* (*дороги*) side of the road; (*тротуара*) curb.

обою́дно I *прил. кратк. см.* обою́дный.

обою́дн||о II *нареч.* mútually. ~ость *ж.*

mùtuálity. ~ый mútual; по ~ому соглашéнию by mútual consént.

обою́до||вóгнутый còncávò-cóncàve, biⁱ-cóncàve. ~вы́пуклый cònvéxò-cónvèx, biⁱcónvèx. ~о́стрый (*прям. и перен.*) dóuble-èdged ['dʌbl-]; э́то ~óстрое орýжие this is a dóuble-èdged wéapon [...'wep-], this wéapon cuts both ways [...bouθ...].

обраба́тываемость *ж. тех.* machìnability [-ʃiː-]; wòrkability.

обраба́тыва||ть, обрабóтать (*вн.*) 1. work* (up) (*d.*), treat (*d.*); (*о материале тж.*) procéss (*d.*); (*на станке*) màchíne [-'ʃiːn] (*d.*); 2. (*о земле*) till (*d.*), cúltivate (*d.*); 3. (*отделывать*) dress (*d.*); (*полировать*) pólish (*d.*); 4. *разг.* (*воздействовать*) ínfluence (*d.*); *сов. тж.* persuáde [-'sw-] (*d.*). ~ющий *прич. см.* обраба́тывать; ◇ ~ющая промы́шленность mànufácturing índustry.

обрабóт||ать *сов. см.* обраба́тывать. ~ка *ж.* 1. tréatment; (*материала тж.*) procéssing; механи́ческая ~ка machining [-'ʃiː-], mechánical tréatment [-'kæ-...]; спóсобы ~ки (*рд.*) méthods of tréatment / wórking (of); 2. (*земли*) tíllage, cùltivátion; ◇ взять когó-л. в ~у *разг.* get* at smb., take* smb. to task.

обра́довать *сов. см.* ра́довать. ~ся *сов. см.* ра́доваться.

óбраз I *м.* (*мн.* ~ы) 1. shape, form; (*вид*) appéarance; 2. (*представление*) image; худóжественный ~ image; по óбразу своемý и подóбию one's own image [...oun...], áfter one's líke|ness; 3. (*порядок*) mode, mánner; ~ дéйствий mode / line of áction, pólicy; ~ жи́зни way / mode of life / living [...'lɪv-]; ~ мы́слей way of thinking; views [vjuːz] *pl.*; ~ правлéния form of góvernment [...'gʌ-]; ◇ каки́м ~ом? how?; таки́м ~ом thus, in that way; никаки́м ~ом by no means; глáвным ~ом máinly; chíefly ['tʃiːflɪ], príncipally; рáвным ~ом équally ['iː-]; обстоя́тельство ~а дéйствия *грам.* advérbial módifier of mánner.

óбраз II *м.* (*мн.* ~á) (*икона*) ícon, sácred image.

образ||éц *м.* 1. stándard, módel ['mɔ-]; páttern; прекрáсный ~ (*рд.*) béautiful píece / spécimen ['bjuːt- piːs...] (of); по ~цý (*чегó-л.*) áfter / on / upòn a módel, ú/ли the páttern (of smth.); слéдовать одномý и томý же ~цý fóllow the same páttern; по одномý ~цý áfter / on the same páttern; брать за ~ (*вн.*) ímitàte (*d.*), fóllow *the* exámple [...-ɑːm-] (of), do smth. (áfter); стать ~цóм (*для*) becóme* a módel (for); он показáл ~ (*рд.*) he set a brílliant exámple (of); 2. (*товарный*) sample, spécimen; (*материи*) páttern; ◇ новéйшего ~цá of the látest páttern.

образн||о *нареч.* fíguratively; (*наглядно*) gráphically. ~ость *ж.* fígurative|ness; (*живость, яркость*) pícturésque|ness. ~ый fígurative; (*живой, яркий*) pícturésque; (*изобразительный*) image-béaring [-'bɛə-]; (*наглядный*) gráphic; ~ое выражéние fígure of speech; image-béaring expréssion; ~ое описáние gráphic descríption; ~ый стиль pictórial / gráphic / fígurative style.

образова́ние I *с.* fòrmátion; ~ слов wórd-búilding [-'bɪl-], word fòrmátion; ~ пáра gènerátion / prodúction of steam.

*Translation:* Translate into English.

## СЭВ

*В ПРА́ГЕ 28 января́ начала́ рабо́ту XIX
се́ссия Сове́та экономи́ческой взаимопо́мощи,
кото́рая обсу́дит ва́жные вопро́сы экономи́ческого
сотру́дничества социалисти́ческих стран.*

## СЭВ

Э́то сло́во зна́ет весь мир. Сове́т экономи́ческой
взаимопо́мощи--междунаро́дная экономи́ческая организа́-
ция социалисти́ческих стран, со́зданная в нача́ле 1949
го́да. Цель ее--уско́рить экономи́ческое разви́тие
стран содру́жества. При́нципы де́ятельности СЭВ--
по́лное равнопра́вие стран-чле́нов, уваже́ние суверени-
те́та ка́ждого госуда́рства, взаи́мная вы́года, бра́тская
по́мощь, всеме́рное использование преиму́ществ между-
наро́дного социалисти́ческого разделе́ния труда́.

## ИСПОЛНИ́ТЕЛЬНЫЙ КОМИТЕ́Т СЭВ

Э́то гла́вный исполни́тельный о́рган Сове́та. В его́
соста́ве--замести́тели глав прави́тельств по одному́ от
ка́ждого из госуда́рств- чле́нов СЭВ. Исполко́м руково-
ди́т претворе́нием в жизнь реше́ний се́ссий Сове́та,
секретариа́том Сове́та и де́ятельностью постоя́нных
коми́ссий. Исполко́м име́ет Бюро́ по вопро́сам хозя́йст-
венных пла́нов, кото́рое координи́рует пла́ны разви́тия
наро́дного хозя́йства, а та́кже экономи́ческие свя́зи
стран- чле́нов СЭВ.

## ПОСТОЯ́ННЫЕ КОМИ́ССИИ

СЭВ име́ет 21 постоя́нную коми́ссию, в ка́ждую из
них вхо́дят компете́нтные представи́тели, назна́ченные
стра́нами- чле́нами СЭВ. Коми́ссии координи́руют пла́ны
разви́тия соотве́тствующих о́траслей промы́шленности,
соде́йствуют ускоре́нию техни́ческого прогре́сса, совер-
ше́нствованию междунаро́дного разделе́ния труда́ и раз-
раба́тывают рекоменда́ции по наибо́лее рациона́льному
использованию произво́дственных мо́щностей и приро́дных
ресу́рсов.
Местопребыва́ние в Москве́ и́збрано для восьми́
постоя́нных коми́ссий, в Берли́не рабо́тают три, в
Пра́ге, Варша́ве, Софи́и и Будапе́ште по две, а в Буха-
ре́сте и Ула́н-Ба́торе по одно́й постоя́нной коми́ссии.
Официа́льными языка́ми СЭВ при́знаны языки́ всех
стран- чле́нов Сове́та, рабо́чим языко́м--ру́сский.

*Неде́ля,* январь 1965 (revised)

# CHAPTER XIX

## Going Verbs

*VOCABULARY*

### Nouns

погóда *weather*
дождь (m.) *rain*
снег *snow*
горá *mountain*
грузовúк *truck*
встрéча *meeting, encounter*
столúца *capital*
вúвод *conclusion*
предприя́тие *undertaking, enterprise*
движéние *movement, traffic*
побéда *victory*
отдéл *section, department*
завéдующий + Inst. *manager*
едúнство *unity*
óпыт *experience*
гранúца *boundary, border*

### Adverbs

пешкóм *on foot*
úменно *namely*
за гранúцей *abroad (location)*
за гранúцу *abroad (motion)*
необходúмо *it is necessary*

### Prepositions

несмотря́ на + Acc. *despite, in spite of*
мúмо + Gen. *past*
крóме + Gen. *except, besides*

### Verbs

See Lists in Grammar Section.

### Adjectives

свя́занный *connected, related*
вы́сший *highest, superior*
вся́кий *any (every)*
любóй *any (at all)*
необходúмый *indispensable, needed*
отдéльный *separate*
значúтельный *significant*
подóбный *similar*
передовóй *advanced, progressive*
мóщный *powerful*
кореннóй *fundamental, radical*
успéшный *successful*
едúный *united, indivisible*
имéющий *having, possessing*
посвящённый *devoted, dedicated*
óпытный *experienced*
дéйствующий *operating, acting, working*
выдаю́щийся *outstanding, prominent*

# I. GOING VERBS

## A. *Unprefixed Going Verbs*

1. The simple unprefixed going verbs are imperfective
in meaning. They occur in pairs with each member
of the pair having a *special* imperfective meaning.
First let us look at the pairs and their conjugations, both non-past and past.

ХОДИ́ТЬ--ИДТИ́  *to go (by foot)*

> идти́:  иду́, идёшь, иду́т; шёл, шло, шла, шли
> ходи́ть:  хожу́, хо́дишь, хо́дят; ходи́л, etc.

Е́ЗДИТЬ--Е́ХАТЬ  *to go (by conveyance)*

> е́хать:  е́ду, е́дешь, е́дут; е́хал, etc.
> е́здить:  е́зжу, е́здишь, е́здят; е́здил, etc.

ЛЕТА́ТЬ--ЛЕТЕ́ТЬ  *to go (by air)*

> лете́ть:  лечу́, лети́шь, летя́т; лете́л, etc.
> лета́ть:  лета́ю, лета́ешь, лета́ют; лета́л, etc.

НОСИ́ТЬ--НЕСТИ́  *to carry (on foot)*

> нести́:  несу́, несёшь, несу́т; нёс, несло́, несла́,
>          несли́
> носи́ть:  ношу́, но́сишь, но́сят; носи́л, etc.

ВОЗИ́ТЬ--ВЕЗТИ́  *to carry (in a conveyance)*

> везти́:  везу́, везёшь, везу́т; вёз, везло́, везла́,
>          везли́
> вози́ть:  вожу́, во́зишь, во́зят; вози́л, etc.

ВОДИ́ТЬ--ВЕСТИ́  *to lead (someone)*

> вести́:  веду́, ведёшь, веду́т; вёл, вело́, вела́,
>          вели́
> води́ть:  вожу́, во́дишь, во́дят; води́л, etc.

The right hand members of these pairs, i.e.,
ИДТИ́, Е́ХАТЬ, ЛЕТЕ́ТЬ, НЕСТИ́, ВЕЗТИ́, ВЕСТИ́, present the
action of "going" as essentially "linear", proceeding
along a single dimension. The left hand member of
each pair presents the action as non-linear: multi-
directional movement (proceeding in many directions),
habitual movement (many trips) or circular movement

214

(a single round trip).[1]  Study the following examples:

| | |
|---|---|
| Он шёл по у́лице. (linear) | He was walking down the street. |
| Он ходи́л по ко́мнате. (non-linear, multi-directional) | He was walking about the room. |
| Самолёт летéл так бы́стро, что бы́ло тру́дно егó уви́деть. (linear) | The airplane was flying so fast, that it was hard to see it. |
| Самолёты летáли над гóродом. (multi-directional) | The airplanes flew back and forth over the city. |
| Мать вóдит дочь в шкóлу кáждое у́тро. (habitual) | The mother takes (leads) her daughter to school every morning. |
| Я сейчáс веду́ Вéру к дóктору. (linear) | I am taking (leading) Vera to the doctor's right now. |
| Пéред ни́ми éхали грузо-вики́, котóрые везли́ какие́-то мотóры. (linear) | There were trucks in front of them carrying some kind of motors. |
| Э́тот автóбус тóлько вóзит солдáт по гóроду. (habitual) | This bus only carries soldiers around the city. |
| Он уви́дел её, когдá шёл в ГУМ. (linear) | He saw her when he was walking to GUM. |
| Пéтя ужé хóдит в универ-ситéт два гóда. (habitual) | Petya has already been going to the university for two years. |
| Нам давнó ужé порá éхать домóй. (linear) | It was time for us to go home a long time ago. |
| Дирéктор éздил в коман-дирóвку. (circular) | The director went on a business trip (and has returned). |
| Вчерá вéчером мы ходи́ли в кинó. (circular) | Yesterday evening we went to the show. |
| Что вы несёте в рукáх? (linear) | What are you carrying in your hands? |
| Онá чáсто носи́ла тудá вóдку. (habitual) | She often took (carried) vodka there. |
| Вáня летáл в Чикáго на три дня. (circular) | Vanya flew to Chicago for three days. |

---

[1] In other grammars the pairs are called Non-determined/Determined, Multi-directional/Uni-directional, Habitual/Actual or Iterative/Durative.

2. Since both unprefixed members of a "going" pair are imperfective, both have a present tense as well as future tense formed with БЫТЬ, e.g.,

В а́вгусте мы бу́дем ходи́ть в кафе́ ка́ждый день.

*In August we will go to the cafe every day.*

Е́сли ты бу́дешь е́хать так бы́стро, тебя́ аресту́ют.

*If you go that fast, you will be arrested.*

Они́ бу́дут идти́ впереди́, а мы за ни́ми.

*They will go in front and we will go behind them.*

Я бу́ду нести́ ребёнка, а ты чемода́н.

*I will carry the child, and you the suitcase.*

Я бу́ду вози́ть вас по го́роду.

*I will drive/take you around the city.*

However, the "linear" imperfectives, ИДТИ, ЕХАТЬ, ЛЕТЕТЬ, etc., can also be used in the present tense with adverbs of time to designate actions which will take place in the very near future:

За́втра я лечу́ в Нью-Йо́рк.

*Tomorrow I'm flying to New York.*

Сего́дня ве́чером я иду́ в кино́.

*Tonight I'm going to the movies.*

Че́рез два часа́ она́ е́дет домо́й.

*She is going home in two hours.*

*Practice 1:* Translate into English.

1. В бу́дущем году́ мы пое́дем в дере́вню на всё ле́то.
2. Па́ша е́здил по Евро́пе шесть неде́ль и то́лько что верну́лся.
3. Ва́ня всегда́ носи́л с собо́й ма́ленький ру́сско-англи́йский слова́рь.
4. Ми́ша ходи́л в э́ту шко́лу, а его́ брат--в ту.
5. "Где вы бы́ли сего́дня у́тром? Я вам звони́л не́сколько раз."--"Я ходи́л в магази́н купи́ть зи́мнее пальто́."
6. Она́ познако́милась со свои́м ны́нешним му́жем в по́езде, когда́ е́хала домо́й из Ри́но.
7. Ско́ро пора́ бу́дет идти́ домо́й.
8. Сего́дня ве́чером в семь часо́в мы идём в кино́. Хо́чешь пойти́ с на́ми?
9. Я ча́сто е́зжу на мо́ре ле́том.
10. Когда́ я ви́дел Же́ню, она́ вела́ Ки́ру домо́й.
11. Я никогда́ не вожу́ дете́й в шко́лу, потому́ что у меня́ нет вре́мени.
12. Мы встре́тились на у́лице, когда́ он шёл в банк.
13. Я сего́дня лечу́ в Москву́.

14. Га́ля тепе́рь е́здит ре́же в Минск, но ра́ньше она́
    е́здила туда́ два ра́за в неде́лю.
15. Э́ти поезда́ во́зят проду́кты из дере́вни в го́род.
16. Говоря́т, что япо́нские тури́сты всегда́ но́сят с
    собо́й фотоаппара́ты.
17. Шко́льники о́чень ре́дко хо́дят пешко́м в шко́лу.
18. Куда́ ваш брат е́здит ка́ждый ве́чер в во́семь часо́в?

B. *Prefixed Going Verbs*

   Prefixed going verbs have certain aspectual
peculiarities of their own. The most commonly occurring prefixes used with verbs of motion are discussed
below:

1. The perfectivizing prefix ПО-

   This prefix has the meaning *"set out for"*
*"depart for"*. It is used to designate an action
which is bound with respect to commencement. When
ПО- is added to the "linear" imperfectives the resulting perfectives have been conventionally paired with
the double imperfectives.

| | |
|---|---|
| ходи́ть: идти́ *go* | пойти́ *go to, leave for, set out for* (пойду́, пойдёшь, пойду́т: пошёл, пошло́, пошла́, пошли́) |
| е́здить: е́хать *go* | пое́хать *go to, leave for, set out for* |
| лета́ть: лете́ть *fly* | полете́ть *fly to, leave for, set out for* |
| носи́ть: нести́ *carry* | понести́ *carry to, set off carrying* |
| вози́ть: везти́ *carry* | повезти́ *take, haul to, set off hauling* |
| води́ть: вести́ *lead* | повести́ *begin leading* |

*Practice 2:* Translate into English.

1. Кто пойдёт на конце́рт за́втра?
2. Она́ пошла́ в библиоте́ку и пото́м домо́й.
3. Са́ша по́днял чемода́н и понёс его́ к двери́.
4. Я пойду́ на по́чту купи́ть ма́рки. Хо́чешь пойти́ со
   мно́й?
5. Га́ля пое́хала в Салт Лейк Си́ти, к своему́ бра́ту.
6. Где Зи́на? Она́ пошла́ за газе́той.
7. Сего́дня па́па повезёт дете́й в шко́лу.
8. Попо́вы вчера́ полете́ли на Гава́йи.
9. Сего́дня в четы́ре часа́ госпожа́ Смирно́ва поведёт
   сы́на к до́ктору.
10. Това́рищ Афана́сьев полети́т в Хаба́ровск сра́зу по́сле
    выступле́ния пе́ред съе́здом.

11. За́втра я полечу́ с ва́ми в Стокго́льм.
12. Ско́ро ему́ ну́жно бу́дет пое́хать на Ура́л в команди-
    ро́вку.

## 2. Other Prefixes

Other prefixes, discussed below, form aspectual
pairs with special "going" meanings. When using
these prefixes the "linear" going verb becomes perfective when prefixed, for example, НЕСТИ́ → ПРИНЕСТИ́
*"bring"*, and the "non-linear" when prefixed becomes
its imperfective twin НОСИ́ТЬ → ПРИНОСИ́ТЬ *"bring"*.
The imperfective/perfective pair therefore is
ПРИНОСИ́ТЬ/ПРИНЕСТИ́.

The most commonly occurring prefixes are listed
below. Some abstract meanings are also given for the
verbs. After studying the prefixed verb forms,
translate the examples.

a. B-  *into, enter*

входи́ть/войти́  войду́т    *to go in, to enter*
въезжа́ть[1]/въе́хать   *to drive in*
влета́ть/влете́ть   *to fly in*
вноси́ть/внести́   *to carry in*
ввози́ть/ввезти́   *to transport in, to import*
вводи́ть/ввести́   *to lead; to introduce*

Я уже́ сиде́л ря́дом с ней, когда́ Пе́тя вошёл в
    ко́мнату.
На́ша страна́ ввозит мно́го ко́фе из Центра́льной и
    Ю́жной Аме́рики.
Пиани́но бы́ло тако́е тяжёлое, что мы не смогли́
    внести́ его́ в дом.
Какаду́ влете́л в окно́ фа́брики.
Ка́ждое у́тро в де́вять часо́в госпожа́ Пота́пова
    вво́дит свои́х дете́й в класс.

b. Prefix ВЫ-  *out of, exit*

выходи́ть/вы́йти  *to go out, to exit; to come out,
    appear (new books, etc.)*
выезжа́ть/вы́ехать   *to go out; to leave; to move out*
выноси́ть/вы́нести   *to carry out, to take out, to
    get from*
вывози́ть/вы́везти   *to transport out; to export*
выводи́ть/вы́вести   *to lead out; to conclude, infer,*
                                        *deduce*

---

[1]When prefixed, ЕЗДИТЬ is replaced by -ЕЗЖАТЬ (1st conjugation verb) in these paired spacial meanings coordinated with
-ЕХАТЬ.

*N.B.* In the perfective forms the prefix ВЫ- always receives the stress.

Грузовик вы́ехал из гаража́ и ме́дленно пое́хал по доро́ге.

Все, кро́ме его́ бра́та, вы́шли из ко́мнаты.

Кто вы́нес стол и сту́лья из мое́й кварти́ры?

Милиционе́р вы́вел дете́й из зда́ния.

Из Герма́нии и Япо́нии вы́возят мно́го ма́леньких автомоби́лей в США.

Я ничего́ не смог вы́нести из э́того разгово́ра.

Э́та но́вость мо́жет вы́вести её из себя́.

c. Prefix ДО- *up to a boundary or a point, reach*

доходи́ть/дойти́ (дойду́т) *to go as far as, to reach*
доезжа́ть/дое́хать *to go as far as, to reach*
довози́ть/довезти́ *to transport as far as, to bring as far as*
доводи́ть/довести́ *to lead as far as*

На́ша а́рмия дошла́ до грани́цы По́льши.

Ка́жется, что мы дое́дем до Москвы́ сего́дня ве́чером.

Мать довела́ дете́й до сле́дующей у́лицы и верну́лась.

Шу́ра довезла́ Ко́тика до ста́нции, а отту́да он пое́хал домо́й на метро́.

d. Prefix ЗА- *stop by, drop in on*

заходи́ть/зайти́ (зайду́т) *to stop by, to drop in on, to go for something*
заезжа́ть/зае́хать *to stop by, to drop in on, to go for something*

Серёжа ча́сто захо́дит к нам по пути́ домо́й.

Извини́те, но мне на́до зайти́ на по́чту.

Ми́тя зашёл в магази́н за сигаре́тами.

По доро́ге в Монтере́й мы зае́дем к вам.

e. Prefix ОБ- *go around, detour, make the rounds*

обходи́ть/обойти́ (обойду́т) *to go around, detour; to make the rounds; to avoid, evade*
объезжа́ть/объе́хать *to go around, to detour*

До́ктор Ивано́в обхо́дит свои́х пацие́нтов в больни́це.

Ма́ша обошла́ все кни́жные магази́ны в Магнитого́рске, но нигде́ не могла́ найти́ экземпля́ра э́того рома́на.

Е́сли мы бу́дем е́хать по но́вой автостра́де, то мы объе́дем центр го́рода.

f. **Prefix OT-** *away from*

отходи́ть/отойти́ (отойду́т) *to go away, to depart (trains, buses, etc.)*
относи́ть/отнести́ *to take away, to return*

По́езд в Минск отхо́дит в де́сять часо́в.
За́втра Ма́ша отнесёт кни́гу в библиоте́ку.
Авто́бус в Заго́рск отошёл пять мину́т наза́д.

g. **Prefix ПЕРЕ-** *across, transfer*

переходи́ть/перейти́ (перейду́т) *to go across, to cross*
переезжа́ть/перее́хать *to drive across; to move*
переводи́ть/перевести́ *to translate; to transfer*

Ма́ша перешла́ у́лицу и пошла́ нале́во.
Ива́н переезжа́ет к своему́ бра́ту.
Когда́ мы идём к вам, нам на́до переходи́ть че́рез парк.
За́втра они́ переведу́т э́ту статью́.
На́ша а́рмия сего́дня перешла́ грани́цу.

h. **Prefix ПОД-** *up to, approach*

подходи́ть/подойти́ (подойду́т) *to approach; to suit, to be suitable*
подъезжа́ть/подъе́хать *to drive up*

Я зна́ю, что он не подойдёт к ней.
Грузови́к ме́дленно подъезжа́л к фа́брике.
Неме́цкая а́рмия подошла́ к столи́це.
Э́то пальто́ ему́ не подхо́дит.

i. **Prefix ПРИ-** *to, arrival*

приходи́ть/прийти́ (приду́т) *to arrive on foot*
приезжа́ть/прие́хать *to arrive by conveyance*
прилета́ть/прилете́ть *to arrive by plane*
приноси́ть/принести́ *to bring by foot*
привози́ть/привезти́ *to bring by conveyance*
приводи́ть/привести́ *to lead, to bring*

В сле́дующий раз мы придём ра́ньше.
Тепе́рь рабо́чие бу́дут приходи́ть на заво́д в пять часо́в.
Почему́-то А́ня не прие́хала с му́жем.
За́втра у́тром На́дя привезёт сюда́ свои́х дете́й на весь день.
Вчера́ ве́чером он хоте́л показа́ть все фотогра́фии, кото́рые он принёс с собо́й.
Он сейча́с прилета́ет в столи́цу?

Серёжа ча́сто прино́сит нам фру́кты из колхо́за.
Из мавзоле́я Ле́нина ги́ды приво́дят тури́стов в
    Кремль.
Когда́ он пришёл к вам?

j. Prefix ПРО- *through, past (advancing through*
                            *space or time).*

проходи́ть/пройти́ (пройду́) *to go past, to walk*
    *past, to pass; get through; cover (on foot)*
проезжа́ть/прое́хать *to drive past*
проводи́ть/провести́ *to lead past; to conduct; to*
    *spend time*

Кто прошёл ми́мо окна́? Вы ви́дели его́?
Они́ уже́ прошли́ два́дцать киломе́тров.
Мы провели́ в Москве́ то́лько шестна́дцать часо́в.
Же́нщина прошла́ че́рез парк, а пото́м пошла́ нале́во.
Тури́сты не́сколько раз проходи́ли ми́мо музе́я и,
    наконе́ц, реши́ли войти́.
Алексе́й уже́ прошёл курс по му́зыке в про́шлом году́.
Авто́бусы ча́сто прохо́дят ми́мо на́шего до́ма.
Ско́лько киломе́тров ты уже́ прое́хала сего́дня?
Пи́сьма прошли́ че́рез регистрату́ру.
Ва́ше де́ло не прошло́.

k. Prefix С- *down, off*

сходи́ть/сойти́ (сойду́т) *to come down, to come off,*
    *to descend, to run off the road*
съезжа́ть/съе́хать *to drive down, drive off road*

По́езд сошёл с ре́льсов.
Э́та де́вушка схо́дит с трамва́я.
Авто́бус съе́хал с доро́ги и упа́л в ре́ку.
Инду́сский фило́соф сошёл с горы́.

Note also:

съезжа́ться/съе́хаться *to drive together, to come*
    *together (cf.* съезд *meeting)*

Делега́ты съе́хались со всех концо́в страны́.

l. Prefix У- *departure, away*

уходи́ть/уйти́ (уйду́т) *to leave, to go away*
уезжа́ть/уе́хать *to leave, to drive away*
улета́ть/улете́ть *to fly away*
уноси́ть/унести́ *to carry away, to take away, to*
    *remove*
увози́ть/увезти́ *to haul away, to take away, to*
    *remove*

уводи́ть/увести́ *to lead away, to take away*

Ка́тя уе́хала к своему́ дру́гу на неде́лю.
Они́ уже́ давно́ ушли́ от них.
Мы уе́дем в Сантья́го ра́но у́тром.
Кто унёс мой слова́рь?
Самолёт улети́т в пять часо́в?
Анато́лий ско́ро увезёт свои́ ве́щи в Калифо́рнию.
Милиционе́ры увели́ всех, кто протестова́л на
   пло́щади.

*Translation:* Translate the following sentences.

1. У́тром шёл дождь, а ве́чером пошёл снег и ко́нчился
   но́чью.
2. А у вас сейча́с кака́я пого́да?
3. Кто вам сказа́л, что мы уже́ перее́хали неме́цкую
   грани́цу?
4. Президе́нт прилете́л в столи́цу Фра́нции вчера́.
5. Вы уже́ прочита́ли в "Пра́вде" статью́ "За еди́нство
   демократи́ческих сил"?
6. Хорошо́, я сам отнесу́ заве́дующему э́тот докла́д.
   Как к нему́ пройти́?
7. Вот и́менно об э́том я вам и говори́л вчера́. Пе́тя
   о́пытный рабо́тник, и его́ на́до перевести́ в наш
   отде́л.
8. Ва́ня улета́ет на сле́дующей неде́ле за грани́цу.
9. В каки́х стра́нах он бу́дет за грани́цей? Он объе́-
   дет все стра́ны Евро́пы и Бли́жнего Восто́ка.
10. --Где Ви́ктор? --Он уе́хал в го́род на моём грузо-
    вике́. Он зае́дет к вам за́втра ве́чером.
11. Ну, что ж, е́сли нет такси́, я пойду́ домо́й пешко́м.
12. На у́лице не́ было никако́го движе́ния, потому́ что
    шёл снег.
13. Любо́й студе́нт смо́жет чита́ть ру́сские газе́ты, е́сли
    он пройдёт э́тот курс.
14. Конгре́сс явля́ется одни́м из трёх вы́сших о́рганов
    госуда́рственной вла́сти США.
15. Я составля́ю докла́д, свя́занный с э́тими вопро́сами.
16. Несмотря́ на значи́тельные переме́ны в Евро́пе и
    Аме́рике, вне́шняя поли́тика СССР оста́лась той же.
17. Ве́ра прошла́ ми́мо нас и ничего́ нам не сказа́ла.
18. Ду́ня им сказа́ла, что она́ назовёт сы́на Гле́бом, а
    е́сли бу́дет дочь, то Ва́рей.
19. Подо́бные но́вости на́до передава́ть то́лько мне. Вы
    меня́ понима́ете?
20. По́сле побе́ды солда́ты отдыха́ли три дня, а пото́м
    опя́ть пошли́ в ата́ку.
21. Я уже́ вы́полнил все необходи́мые зада́ния и тепе́рь
    гото́влю о́бщий план на́ших рабо́т.

222

22. Выдающийся библог, академик Соловьёв, не прилетел на конференцию, посвящённую работе польских учёных.
23. После нашей встречи он улетел в Лондон на две недели.
24. Куда вы отнесли мои вещи?
25. Кто привёз вас сегодня в школу?
26. Нина обошла все библиотеки в Нью-Йорке, но не нашла себе работу.
27. Когда они доехали до театра, Петя решил не идти на оперу и один пошёл в ресторан.
28. Он вошёл в мой кабинет и начал говорить о своей жене.
29. Без передовой техники нельзя построить мощные грузовики и тракторы, которые необходимы для успешного развития сельского хозяйства.
30. Коренных изменений в этом проекте не будет. Перед отъездом за границу заведующий подтвердил ваши выводы.
31. Грузовики перевозили строительный материал из города в колхоз.
32. Рабочий класс и партия--действующие силы в развитии мощной индустрии.
33. Когда вы переезжаете на новую квартиру, Митя?
34. Вера уже ходила за книгой в библиотеку?
35. Она водит своих детей на каждый новый спектакль.
36. Все пассажиры уже вошли в автобус?
37. Вы хотите пойти с нами на фильм "Баллада о солдате"?
38. --Иван Сергеевич, вы сможете принести мне деньги завтра?--Да, я занесу их утром, когда буду идти на работу.
39. Почему ты не покажешь им свой доклад?
40. Кто помнит?  Что значит для химика фраза "тяжёлая вода"?
41. Мои родители теперь почти весь год живут на даче в лесу.
42. Хотя Иван изучает английский язык уже три года, он ещё не умеет читать ни слова.

## СОВМЕ́СТНЫЙ ПОЛЁТ КОСМИ́ЧЕСКИХ КОРАБЛЕ́Й "АПОЛЛО́Н" И "СОЮ́З"

### 1. КРА́ТКАЯ ИСТО́РИЯ ВОПРО́СА

Эксперимента́льный полёт по прое́кту "Союз - Аполло́н" прово́дится на осно́ве соглаше́ния ме́жду СССР и США о сотру́дничестве в иссле́довании и испо́льзовании косми́ческого простра́нства в ми́рных це́лях в интере́сах созда́ния и отрабо́тки совмести́мых средств сближе́ния и стыко́вки сове́тских и америка́нских пилоти́руемых косми́ческих корабле́й и ста́нций. Э́тот полёт выража́ет стремле́ние обе́их стран созда́ть техни́ческую осно́ву для полёта челове́ка в ко́смосе и обеспече́ния совме́стных нау́чных экспериме́нтов.

В 1970 году́ представи́тели АН СССР и НАСА США на́чали рассма́тривать техни́ческие аспе́кты созда́ния совмести́мых средств сближе́ния и стыко́вки пилоти́руемых косми́ческих корабле́й и ста́нций. На пе́рвой встре́че сове́тских и америка́нских специали́стов 26-27 октября́ 1970 го́да в г. Москве́ состоя́лся предвари́тельный обме́н мне́ниями и информа́цией.

На э́той же встре́че бы́ли образо́ваны рабо́чие гру́ппы по вы́работке и согласова́нию техни́ческих тре́бований по обеспече́нию совмести́мости э́тих средств. На после́дующих встре́чах в ию́не и ноябре́ 1971 го́да бы́ли рассмо́трены техни́ческие тре́бования к систе́мам косми́ческих корабле́й, согласо́ваны принципиа́льные техни́ческие реше́ния и основны́е положе́ния по обеспече́нию совмести́мости техни́ческих средств, а та́кже рассмо́трена возмо́жность осуществле́ния пилоти́руемых полётов на косми́ческих корабля́х с це́лью испыта́ния совмести́мых средств сближе́ния и стыко́вки в середи́не 1970-х годо́в.

Встре́чи специали́стов АН СССР и НАСА США проходи́ли в г. Москве́ и г. Хью́стоне поочерёдно и возглавля́лись с сове́тской стороны́ председа́телем сове́та "Интерко́смос" при АН СССР акаде́миком Б. Н. Петро́вым, а с америка́нской стороны́ --руководи́телем Це́нтра пилоти́руемых полётов НАСА Р. Ги́лрутом.

6 апре́ля 1972 го́да в "Ито́говом докуме́нте встре́чи представи́телей Акаде́мии нау́к СССР и НАСА США по вопро́су созда́ния совмести́мых средств сближе́ния и стыко́вки пилоти́руемых косми́ческих корабле́й и ста́нций СССР и США" бы́ло определено́, что для испыта́ния разраба́тываемых совмести́мых средств целесообра́зно осуществи́ть эксперимента́льный полёт со стыко́вкой сове́тского и америка́нского косми́ческих корабле́й.

24 ма́я 1972 го́да в Москве́ Председа́тель Сове́та Мини́стров СССР А. Н. Косы́гин и Президе́нт США Р. Ни́ксон подписа́ли соглаше́ние ме́жду СССР и США о сотру́д-

ничестве в исследовании и использовании космического пространства в мирных целях, в котором стороны договорились о проведении работ по созданию совместимых средств сближения и стыковки и осуществлении в течение 1975 года первого экспериментального полёта для испытания таких средств.

В октябре 1972 года была назначена дата совместного экспериментального полёта "Союз – Аполлон" – 15 июля 1975 года. Были начаты работы по конструированию систем, разработке технической документациии и производству совместимого оборудования.

С октября 1972 года по апрель 1974 проводились рассмотрения конструкций совместимых средств.

Наземные испытания совместимых средств, в процессе которых отрабатывалась их конструкция при имитации различных условий полёта, начались с октября 1973 года.

## 2. СОВМЕСТИМОСТЬ НАЗЕМНЫХ СЛУЖБ УПРАВЛЕНИЯ ПОЛЁТОМ

Совместный полёт кораблей "Союз" и "Аполлон" поставил перед специалистами СССР и США ряд новых задач по управлению полётом.

Управление полётом космического корабля – сложный процесс, в котором используется широкая сеть измерительных пунктов, которые находятся почти по всему земному шару, несколько вычислительных центров, участвует много квалифицированных специалистов. Вся необходимая информация стекается в Центр управления полётом.

Во время совместного полёта управление полётом корабля "Союз" осуществлялось советским Центром управления, а полётом корабля "Аполлон" - американским Центром.

Такая организация управления потребовала координирования действий наземных служб управления СССР и США.

Сложность данной проблемы заключается в следующем:

Каждая из сторон при управлении полётом кораблей разрабатывала полётную документацию в соответствии с принципами, принятыми в этой стране.

Организация управления полётом потребовала сформулировать и принять единые принципы документации.

Необходимо было преодолеть языковой барьер, а также организовать обмен информацией между Центрами управления.

Языковой барьер решено было преодолеть при помощи переводчиков, которые должны были находиться в Центре управления. Во время связи между Центрами употреблялась стандартная терминология. Переводчики

обеих стран --как США, так и СССР-- слышали передачу
и на английском, и на русском языках.


# СОГЛАШЕНИЕ

## МЕЖДУ СОЮЗОМ СОВЕТСКИХ СОЦИАЛИСТИЧЕСКИХ РЕСПУБЛИК И СОЕДИНЕННЫМИ ШТАТАМИ АМЕРИКИ О СОТРУДНИЧЕСТВЕ В ИССЛЕДОВАНИИ И ИСПОЛЬЗОВАНИИ КОСМИЧЕСКОГО ПРОСТРАНСТВА В МИРНЫХ ЦЕЛЯХ

Союз Советских Социалистических Республик и Соединенные Штаты Америки,

учитывая роль, которую СССР и США играют в исследовании и использовании космического пространства в мирных целях,

стремясь к дальнейшему расширению сотрудничества между СССР и США в освоении космического пространства в мирных целях,

отмечая накопленный сторонами положительный опыт сотрудничества в этой области,

желая поставить на благо народов двух стран и всех народов мира результаты научных исследований, полученные в деле освоения космоса в мирных целях,

принимая во внимание положения Договора о принципах деятельности государств по исследованию и использованию космического пространства, включая Луну и другие небесные тела, а также соглашения о спасании космонавтов, возвращении космонавтов и возвращении объектов, запущенных в космическое пространство,

в соответствии с Соглашением между Союзом Советских Социалистических Республик и Соединенными Штатами Америки об обменах и сотрудничестве в области науки, техники, образования, культуры и в других областях, подписанным II апреля 1972 года, и с целью дальнейшего развития принципов взаимовыгодного сотрудничества между двумя странами,

согласились о нижеследующем:


## Статья I.

Стороны будут развивать сотрудничество в области космической метеорологии, изучения природной среды, исследовании околоземного космического пространства, Луны и планет, космической биологии и медицины и, в частности, будут сотрудничать в целях принятия всех необходимых мер для поощрения и обеспечения выполнения "Итогового документа о результатах обсуждения вопросов сотрудничества в исследовании космического пространства между Академией наук СССР и Национальным управлением США по аэронавтике и исследованию космического пространства" от 21 января 1971 года.

## Статья 2.

Стороны будут осуществлять такое сотрудничество путем взаимного обмена научной информацией и делегациями, организации встреч ученых и специалистов обеих стран, а также в таких других формах, по которым может быть достигнута взаимная договоренность. Для разработки и осуществления соответствующих программ сотрудничества могут создаваться смешанные рабочие группы.

## Статья 3.

Стороны договорились о проведении работ по созданию совместимых средств сближения и стыковки советских и американских пилотируемых космических кораблей и станций с целью повышения безопасности полетов человека в космос и обеспечения возможности осуществления в дальнейшем совместных научных экспериментов. Первый экспериментальный полет для испытания таких средств, предусматривающий стыковку советского космического корабля типа "Союз" и американского космического корабля типа "Аполлон" с взаимным переходом космонавтов, намечено провести в течение 1975 года. Осуществление этих работ будет проводиться на основе принципов и процедуры, которые будут разработаны в соответствии с "Итоговым документом встречи представителей Академии наук СССР и Национального управления США по аэронавтике и исследованию космического пространства по вопросу создания совместимых средств сближения и стыковки пилотируемых космических кораблей и станций СССР и США" от 6 апреля 1972 года.

## Статья 4.

Стороны будут способствовать международным усилиям, направленным на решение международно-правовых проблем исследования и использования космического пространства в мирных целях во имя укрепления правопорядка в космосе и дальнейшего развития международного космического права, и будут сотрудничать между собой в этой области.

## Статья 5.

Стороны могут по взаимной договоренности определять другие области сотрудничества в исследовании и использовании космического пространства в мирных целях.

## Статья 6.

Настоящее соглашение вступает в силу в день его подписания и будет действовать в течение пяти лет. Оно может быть изменено и продлено по взаимному согласию сторон.

Совершено 24 мая 1972 года в городе Москве в двух экземплярах, каждый на русском и английском языках, причем оба текста имеют одинаковую силу.

За Союз Советских
Социалистических Республик

А. КОСЫГИН
Председатель Совета
Министров СССР

За Соединенные
Штаты Америки

Ричард НИКСОН
Президент Соединенных
Штатов Америки

# CHAPTER XX

## Gerunds, Present and Past
## Active Participles

### *VOCABULARY*

#### *Nouns*

ме́ра  *measure*
созда́ние  *creation, making*
по́ле  *field*
внима́ние  *attention*
подгото́вка  *preparation*
зерно́  *grain*
испо́льзование  *utilization,*
  *use*
срок  *due-date; time period*
укрепле́ние  *strengthening,*
  *consolidation*
населе́ние  *population*
село́  *village*
урожа́й  *harvest*
быт  *life (style)*
о́трасль, f.  *branch, field,*
  *sphere*
ход  *course, pace*
игра́  *game*
тре́бование  *demand*
улучше́ние  *improvement*
собы́тие  *event*
мо́щность, f.  *power*
зако́н  *law, statute*
власть, f.  *power*
цех  *shop, department*
  *in a factory*
догово́р  *agreement*

заседа́ние  *meeting*
обстано́вка  *furniture,*
  *furnishings, situa-*
  *tion*
воспита́ние  *education,*
  *upbringing*
взгляд  *gaze, look;*
  *opinion*
мысль, f.  *thought,*
  *idea (view)*

#### *Adjectives*

досто́йный  *worthy*
про́чный  *durable,*
  *solid, firm*
мину́вший  *past; last*
постоя́нный  *constant*

#### *Adverbs*

всё-таки  *still, never-*
  *theless*
мо́лча  *silently*
зате́м  *then*
во́время  *in time*
бу́дучи  *being, having*
  *been*

#### *Verbs*

замеча́ть/заме́тить  *to notice*
встава́ть/встать  *to get up*
стара́ться/постара́ться  *to endeavor, to try*
обеспе́чивать/обеспе́чить  *to provide; ensure, secure,*
  *safeguard*
отмеча́ть/отме́тить  *mark, note*
подчёркивать/подчеркну́ть  *to underline, underscore;*
  *emphasize*
ве́рить/пове́рить  (кому́, во что)  *to believe; believe in*
сади́ться/сесть  (ся́ду, ся́дешь, ся́дут; сел, се́ло, се́ла,
  се́ли)  *to sit down*
ложи́ться/лечь  (ля́гу, ля́жешь, ля́гут; лёг, легла́,

легло́, легли́) *to lie down*
бывáть/NTP *to be, happen, turn up habitually or
  occasionally*

# I. GERUNDS OR VERBAL ADVERBS

The gerund presents an action as subordinate to another action performed by the *same subject*, thus,

*(While) cleaning* the closet, she found several
  old pictures of Wayne.
*Having spent* all their money on rides, the
  children asked their parents for another
  dollar to buy hot dogs.

The gerund, derived from the verb, modifies another verb in the same way that an adverb modifies a verb, hence the name verbal adverb. Like an adverb, the gerund is indeclinable.

A. *Present Gerund* (Imperfective Gerund)

1. *Usage*

The present gerund is always imperfective and always presents an action that is simultaneous with the verb it modifies, regardless of whether that verb is in past, present or future:

*Живя́* так далеко́, онá рéдко
  вúдит свойх родúтелей.

*Living so far away, she
  rarely sees her par-
  ents.*

*Читáя* газéту, Ивáн замéтил
  интерéсную статью́ о
  Ю́рии Гагáрине.

*While reading the news-
  paper, Ivan noticed an
  interesting article
  about Yuriy Gagarin.*

*Понимáя* всё э́то, я всё-
  таки продолжáю им помо-
  гáть.

*Understanding all of
  this, I still contin-
  ue to help them.*

*Стóя* ря́дом с нúми, ты смó-
  жешь услы́шать, о чём онú
  бýдут говорúть.

*Standing next to them,
  you will be able to
  hear what they will be
  speaking about.*

*Стара́ясь* емý помóчь,
  бáбушка упáла.

*While trying to help
  him, grandmother fell.*

*Идя́* в шкóлу, Мáша нашлá
  рубль на ýлице.

*While walking to school,
  Masha found a rouble
  in the street.*

In these examples, ЖИВЯ́, ЧИТÁЯ, ПОНИМÁЯ, СТÓЯ, СТАРÁЯСЬ and ИДЯ́ are all present gerunds. As you can see, the Russian present gerund is equivalent to an English gerundial in -*ing*.

*N.B.* Several gerunds occur quite frequently, and have become adverbialized in these constructions. They should be learned as fixed phrases:

| | |
|---|---|
| говори́ть *to speak* | стро́го говоря́ *strictly speaking* |
| суди́ть *to judge* | су́дя по (чему́/кому́) *judging by/from* |
| смотре́ть *to watch* | несмотря́ на (что́/кого́) *regardless of* |
| молча́ть *to be silent* | мо́лча *silently* |
| гляде́ть *to look at, to watch* | ни на что не гля́дя *unmindful of anything* |

## 2. *Formation*

The present gerund is formed from the non-past stem. The 3rd person plural ending is dropped and -Я is added everywhere, except where Spelling Rules (p. 10) require -A.

ви́деть: ви́дят → ви́дя *seeing*
чита́ть: чита́ют → чита́я *reading*
получа́ть: получа́ют → получа́я *receiving*
возвраща́ться: возвраща́ются → возвраща́ясь *returning*
люби́ть: лю́бят → любя́ *loving*
нести́: несу́т → неся́ *carrying*
класть: кладу́т → кладя́ *putting*
слы́шать: слы́шат → слы́ша *hearing*

*N.B.* Gerunds for verbs with stems in -АВАТЬ: -АЮТ are formed from the infinitive instead of the non-past stem.

узнава́ть → узнава́я *recognizing, finding out*
встава́ть → встава́я *getting up*
дава́ть → дава́я *giving*

Also note that the present gerund of БЫТЬ is БУ́ДУЧИ.

## B. *Past Gerund*

The past gerund presents a subordinated action that is *completed* or *performed* prior to the action of the main verb. Study the following examples:

| | |
|---|---|
| *Прочита́в* журна́л, Пе́тя положи́л его́ на стол. | *Having read the magazine, Petya laid it on the table.* |
| *Узна́в* а́дрес своего́ бра́та в | *Having found out his brother's address in* |

231

| | |
|---|---|
| Минске, Саша реши́л ему́ написа́ть. | *Minsk, Sasha decided to write him.* |
| *Верну́вшись* домо́й, мы сра́зу позвони́м тебе́. | *Upon returning home, we will call you immediately.* |
| *Зако́нчив* сре́днюю шко́лу, он поступи́л в педаго-ги́ческий институ́т. | *Having finished secondary school, he enrolled in the teachers' institute.* |

1. *Formation*

The past gerund is formed mostly from perfective verbs.

a. The -Л past tense ending is dropped and where a vowel remains -В(ШИ) is added. The -ШИ is optional except for reflexive verbs.

прочита́-л → прочита́в, прочита́вши *having read*
договори́-лся → договори́вшись *having reached agreement*
уви́де-л → уви́дев, уви́девши *having seen*
откры́-л → откры́в, откры́вши *having opened*
занима́-лся → занима́вшись *having studied*

b. Root verbs, e.g. ПРИНЕСТИ́, which drop -Л in the masculine past tense also drop the -В of the past gerund. The remaining -ШИ is then obligatory:

повезти́: повёз, повезла́ → повёзши *having transported*
принести́: принёс, принесла́ → принёсши *having brought*
умере́ть: у́мер, умерла́ → уме́рши *having died*

c. Some root verbs that lose a -Д- or -Т- before the -Л may have -Д- or -Т- in the past gerund in place of the -В-, e.g.

повести́: повёл, повела́ → повёдши *having con-ducted, led*
прийти́: пришёл, пришла́ → прише́дши *having arrived*

d. In the contemporary language root perfectives normally replace the past gerund *forms* with the present gerund *forms*. These forms, however, remain *past* (i.e. perfective) gerunds in meaning. Examples of verbs showing both forms:

пройти́ → проше́дши *or* пройдя́ *having gone by*
войти́ → воше́дши *or* войдя́ *having entered*
перенести́ → перенёсши *or* перенеся́ *having trans-ferred*

The second forms given are usual in the contemporary
language, but the "correct" forms will be encountered
in expository prose, especially in older writing.
*The second forms are not confused with true present
gerunds because the verbs themselves are perfectives.*

2. *Usage*

a. In theory the Russian past gerund can always be
translated by English *"having"* + the past passive
participle.

| | |
|---|---|
| Повторив несколько слов... | *Having repeated several words...* |
| Встретившись на вокзале... | *Having met in the rail- road station...* |
| Сказав правду... | *Having told the truth...* |

b. However in practice English sometimes uses the
present gerund where Russian has a clear sequence
of tenses and the past gerund:

| | |
|---|---|
| Заметив её у двери, он сразу послал за полицией. | *Noticing (i.e. having noticed) her at the door, he immediately sent for the police.* |

c. Sometimes the past gerund simply replaces a past
tense perfective in a sequence of past actions.
In such cases English may just have a simple past
tense:

| | |
|---|---|
| Войдя в комнату, он снял пальто и загово- рил о погоде. | *He entered (i.e. having entered) the room, took off his coat and began to talk about the weather.* |

*Practice 1:* Translate the following forms.  Indicate
which are present and which are past gerunds.

| | | |
|---|---|---|
| прочитав | приняв | пройдя |
| умерши | заметив | садясь |
| замечая | любя | обеспечивая |
| ложась | обеспечивши | унеся |
| переводя | сев | передавая |
| принёсши | повёзши | подписывая |
| постаравшись | сообщая | открыв |
| встав | кладя | лёгши |
| выходя | упав | стараясь |
| прожив | возвращаясь | ставя |
| поведши | войдя | отмечая |
| узнавая | ложась | вызвав |

| | | |
|---|---|---|
| живя́ | повтори́в | пойдя́ |
| пове́рив | встава́я | верну́вшись |
| вы́росши | дви́нувшись | уви́дев |
| договори́вшись | проводя́ | отме́тив |
| принима́я | поня́в | бу́дучи |
| повезя́ | поведя́ | |

*Practice 2:* Translate the following sentences into English.

1. Войдя́ в класс, я уви́дел её о́коло окна́.
2. Живя́ в дере́вне, я ре́дко ходи́л в кино́.
3. Проводи́в их до вокза́ла, я верну́лся домо́й.
4. Уви́дев её у окна́, он подошёл к ней и на́чал говори́ть о заседа́нии.
5. Возвраща́ясь домо́й, Пе́тя зашёл в банк.
6. Выходя́ из теа́тра, мы встре́тили Ива́на Петро́вича и его́ сы́на.
7. Чита́я э́ту статью́, я ду́мал о жи́зни в Ло́ндоне во вре́мя Второ́й мирово́й войны́.
8. Реша́я зада́чу, он слу́шал му́зыку Рахма́нинова.
9. Живя́ в Ри́ме о́коло шести́ ме́сяцев, он ча́сто ходи́л в музе́й.
10. Написа́в письмо́ дире́ктору институ́та, Са́ша пошёл в рестора́н.
11. Обнима́я О́льгу, Ва́ся смотре́л на А́нну.
12. Прочита́в письмо́ из Сове́тского Сою́за, Ми́ша пе́редал его́ Серге́ю.
13. Ложа́сь спать, Ва́ня всегда́ слу́шал после́дние но́вости по ра́дио.
14. Смотря́ в окно́, я уви́дел Ни́ну Петро́ву.
15. Повтори́в уро́к, он пошёл в кино́.
16. Заме́тив, что я смотрю́ на неё, Ли́да вста́ла и подошла́ ко мне.
17. Встав в шесть часо́в утра́, Ива́н позвони́л на рабо́ту, что сего́дня не придёт, потому́ что лети́т в Нью-Йорк.
18. Договори́вшись встре́титься с Ни́ной за́втра, Анато́лий записа́л её а́дрес.
19. Приня́в сто пятьдеся́т рубле́й от студе́нтов, профе́ссор до́лго не мог ничего́ сказа́ть.
20. Откры́в окно́, она́ позвала́ свои́х дете́й в дом.
21. Знако́мя нас с заве́дующим фа́брикой, наш гид сказа́л, что тот не уме́ет говори́ть по-англи́йски.
22. Садя́сь в маши́ну, Ма́ша сказа́ла мне, что она́ вернётся че́рез неде́лю.
23. На про́шлой неде́ле она́ упа́ла, переходя́ у́лицу.
24. Подписа́вши но́вый контра́кт на пять лет, все рабо́чие вчера́ верну́лись на фа́брику.
25. Находя́сь в Кита́е, он изуча́л восто́чные рели́гии.
26. Ко́нчив докла́д, Акаде́мик Петро́в пошёл со студе́нтами в кафе́.

27. Будучи членом парламента, он внёс предложение о договоре с США.
28. Подойдя к окну, он его закрыл. Потом он отошёл от окна и сел на диван.

## II. ACTIVE PARTICIPLES

Chapter 16 dealt with long and short form *past passive participles*. It was observed that the long forms of the past passive participles are often best translated into English by relative clauses, i.e., *"who/which (that)"* clauses:

...*прочитанная мной* книга...

...*a book which was read by me*...

...*давно забытый всеми* писатель...

...*a writer who was forgotten long ago by everyone*...

...здание, *построенное бригадами молодых рабочих*...

...*the building that was built by teams of young workers*...

In addition to the passive participles Russian also has *Active Participles*, both *Present* (Imperfective) and *Past* (mostly Perfective). *Active* participles present the verb as an adjective modifying the *performer* of the action. The active participles can always be translated into English by a relative clause and are the equivalent of КОТОРЫЙ clauses in Russian. Participles are verbal adjectives and agree in Gender, Number and Case with the nouns they modify.

A. *Past Active Participles*

Notice how the following past active participles relate to КОТОРЫЙ clauses.

приехавшие туристы = туристы, которые приехали
   *tourists who have arrived*

выигравшая[1] спортсменка = спортсменка, которая выиграла   *the athlete who won*

самолёт, прилетевший из Минска = самолёт, который прилетел из Минска   *the airplane which has arrived from Minsk*

---

[1]Participles may either precede or follow the nouns they modify, however they more frequently come before the nouns.

собрáвшиеся делегáты = делегáты, котóрые собралúсь
*the delegates who have gathered*

развúвшаяся на сéвере промы́шленность = промы́шлен-
ность, котóрая развилáсь на сéвере *industry
which has developed in the North*

вы́полнившие план кáдры = кáдры, котóрые вы́полнили
план *cadres who fulfilled the plan*

подготóвившийся к экзáмену студéнт = студéнт,
котóрый подготóвился к экзáмену *the student who
had prepared for the exam*

помогшие нам крестьяне = крестьяне, котóрые нам
помогли *the peasants who helped us*

1. *Formation:*

The past active participle is formed like the
past gerund, except that the -Ш- is never dropped.
The appropriate adjectival endings are added to this
suffix -(В)Ш-:

написáть → написавш+ий, написавш+ая, написавш+ее,
написáвш+ие, etc.
принестú → принёсший, принёсшее, принёсшая,
принёсшие, etc.

Reflexive verbs use the СЯ form after *all*
endings in participles: постарáвшийся, постарáвшаяся,
etc.

*Practice 3:* Translate the following participles by an
appropriate relative clause.

| | | |
|---|---|---|
| послéдовавшая | двúнувший | привы́кший |
| учáствовавший | держáвшая | приготóвившийся |
| вознúкшее | упáвший | подписáвшая |
| вернýвшиеся | привéдший | откры́вшие |
| сидéвшая | обнявшее | умéрший |
| поднявший | приобрéтший | попросúвший |
| постáвившая | находúвшееся | показáвшее |
| прочитáвшие | нашéдший | взявшая |
| развúвшееся | вы́ехавший | владéвший |
| вы́росший | приходúвший | жúвший |

*Practice 4:* Translate the following sentences into
English.

1. Жúвшие в колхóзе дéти рéдко ходúли на концéрты.
2. Вернýвшаяся из Москвы́ артúстка расскáзывала о
встрéче с совéтским космонáвтом А. Лебновым.
3. Дéвушка, сидéвшая в пéрвом рядý, мнóго спрáшивала
об урожáе в Туркмéнии.

236

4. Мужчи́на, держа́вший в руке́ буты́лку ви́ски, говори́л о девальва́ции до́ллара.
5. Кни́жный магази́н, откры́вшийся два ме́сяца наза́д, сего́дня почему́-то закры́лся.
6. Студе́нты, принима́вшие уча́стие в междунаро́дной конфере́нции молодёжи в Восто́чном Берли́не, сего́дня прилете́ли в Москву́.
7. Вы́ехавшие на экску́рсию тури́сты мо́лча смотре́ли на произведе́ния дре́вней ру́сской архитекту́ры.
8. Мой друг, сде́лавший для меня́ так мно́го, приезжа́ет ко мне за́втра.
9. Студе́нты, хорошо́ зна́вшие ру́сский язы́к и ру́сскую литерату́ру, полете́ли в Ленингра́д со свои́ми учителя́ми.
10. Това́рищ Тума́нов, заяви́вший комите́ту, что он оди́н не мо́жет разрабо́тать план разви́тия се́льского хозя́йства на Да́льнем Восто́ке, попроси́л ещё двух помо́щников.
11. Ми́ша, хорошо́ игра́вший на гита́ре, попроси́л па́пу купи́ть ему́ но́вую гита́ру.
12. Рабо́чий, получи́вший вчера́ повыше́ние, сего́дня купи́л себе́ но́вый костю́м.

## 2. *Agreement of Participles*

The participle always agrees in gender, number and case with the noun it modifies. In this respect it functions as a true adjective. Compare the following sentences in Russian with their English equivalents.

Никто́ не знал челове́к*а*, разгова́ривавш*его* с това́рищем Нау́мовым.
Никто́ не знал челове́ка, кото́рый разгова́ривал с това́рищем Нау́мовым.
*No one knew the man who was talking with comrade Naumov.*

Ива́на Степа́нова не́ было на по́езд*е*, то́лько что прише́дш*ем* из Ку́рска.
Ива́на Степа́нова не́ было на по́езде, кото́рый то́лько что пришёл из Ку́рска.
*Ivan Stepanov wasn't on the train which just arrived from Kursk.*

Мы до́лго разгова́ривали с иссле́довавш*ими* это явле́ние сове́тск*ими* учён*ыми*.
Мы до́лго разгова́ривали с сове́тскими учёными, кото́рые иссле́довали э́то явле́ние.
*We talked for a long time with the Soviet scientists who researched that phenomenon.*

Я не пóмню фамúлии сидéвш*ей* рядом с вáми на собрáнии дéвушк*и*.

Я не пóмню фамúлии дéвушки, котóрая сидéла рядом с вáми на собрáнии.

*I don't remember the name of the girl who was sitting next to you at the meeting.*

Мы ещё не вúдели вернýвш*ихся* из Крыма артúстов.

Мы ещё не вúдели артúстов, котóрые вернýлись из Крыма.

*We still haven't seen the actors who have returned from the Crimea.*

*Practice 6:* Translate the following participles by an appropriate relative clause. Be able to identify the case of the participles.

| | | |
|---|---|---|
| выигравшим | убúвшего | добúвшихся |
| дошéдшую | познакóмившемуся | закóнчившими |
| напрáвившим | увеличúвшем | выросшая |
| послáвшей | основáвшей | поддержáвших |
| остáвшимися | подтвердúвшей | руководúвшему |
| состáвившем | обсудúвшую | явúвшейся |
| заявúвших | упáвшую | написáвшую |

*Practice 7:* Translate the following sentences into English.

1. Мы смотрéли на игрáвших в футбóл солдáт.
2. Мы ужé познакóмились с турúсткой, приéхавшей из Фрáнции.
3. Я прочитáл статью, напúсанную Вáней о событиях в Бéлфасте.
4. Инженéр подошёл к рабóчему, читáвшему газéту, и сказáл емý чтó-то.
5. Áвтор разговáривал тóлько с журналúстами, прочитáвшими егó ромáн.
6. К дéвушке, упáвшей на плóщади, никтó не подошёл.
7. Я ещё не познакóмился с профéссором, руководúвшим этой грýппой турúстов.
8. Я ещё не говорúл с завéдующим, подтвердúвшим этот план.
9. Пéтя хотéл сфотографúроваться с жéнщиной, выигравшей миллиóн дóлларов.
10. Студéнты, закóнчившие университéт в этом годý, полетят в Совéтский Союз на всё лéто.

B. *Present Active Participles*

   *Present Active Participles* can replace КОТÓРЫЙ clauses having an imperfective verb that presents an action usually performed simultaneously with the main clause verb. Present active participles can always be translated by a *who/which (that)* clause in English, but in many cases may also be translated by English gerunds:

челове́к, кото́рый там сиди́т → сидя́щий там челове́к
*the man (who is) sitting there*

же́нщины, кото́рые рабо́тают на заво́де → же́нщины, рабо́тающие на заво́де *the women (who are) working at the plant*

ле́кция, кото́рая сего́дня продолжа́ется → продолжа́ющаяся сего́дня ле́кция *the lecture (which is) continuing today*

а́рмия, кото́рая занима́ет за́падную часть на́шей страны́ → занима́ющая за́падную часть на́шей страны́ а́рмия *the army (which is) occupying the western part of our country*

## 1. *Formation*

Present active participles are formed from the present stem: the final -T of the third person plural is dropped and -Щ- plus the appropriate adjectival ending is added, e.g.

чита́ть: чита́ют → чита́ющий *reading*
люби́ть: лю́бят → лю́бящий *loving*
писа́ть: пи́шут → пи́шущий *writing*
брать: беру́т → беру́щий *taking*
жить: живу́т → живу́щий *living*
сле́довать: сле́дуют → сле́дующий *following*
име́ть: име́ют → име́ющий *having*

*Practice 8:* Translate the following participles by an appropriate relative clause.

| | | |
|---|---|---|
| умира́ющий | стара́ющееся | отмеча́ющая |
| замеча́ющая | ста́вящий | подчёркивающие |
| встаю́щие | обеспе́чивающие | ве́рящий |
| быва́ющие | садя́щийся | ложа́щееся |
| уча́ствующий | возвраща́ющаяся | приходя́щий |
| несу́щий | веду́щий | уезжа́ющий |

*Practice 9:* Replace the following participial phrases with КОТО́РЫЙ clauses and translate.

1. изуча́ющий испа́нский язы́к аспира́нт
2. то́лько возника́ющее революцио́нное движе́ние
3. публику́ющееся в сего́дняшнем но́мере "Пра́вды" заявле́ние
4. развива́ющаяся на се́вере автомоби́льная промы́шленность
5. пло́хо понима́ющий по-англи́йски учёный

239

6. подписывающийся сегодня в Москве договор
7. долго продолжающееся заседание
8. принимающие участие в строительстве бригады
9. находящееся к востоку от Николаева село
10. замечательно играющие на рояле артисты

*Practice 10:* Translate the following sentences.

1. Студент, плохо понимающий по-русски, не поехал в Советский Союз.
2. Сидящий на сцене человек--мой бывший учитель русского языка.
3. Люди, стоящие около Васи, только что вышли из кино.
4. Мальчик, читающий газету, живёт недалеко от меня.
5. Девушка, пишущая письмо,--хороший друг моего товарища.
6. Рабочие, строящие нашу дачу,--немцы.
7. Озеро Байкал, находящееся недалеко от Иркутска, является самым глубоким озером в мире.
8. Говорящая с Анатолием женщина, оказывается, жена космонавта.
9. Мужчина, покупающий пальто,--директор банка.
10. Фотографирующиеся перед Кремлём туристы хорошо говорят по-русски.
11. Играющий на балалайке мальчик также хорошо играет на пианино.
12. Готовящаяся к экзаменам студентка не пошла на концерт сегодня.
13. Возвращающиеся из Америки учёные громко говорили друг с другом.
14. Учитель, объясняющий задачу, говорил медленно.
15. Умирающий солдат что-то хотел сказать.
16. Женщины, переходящие улицу, идут из городской библиотеки.

## 2. *Agreement of Participles*

Like the past active participles, the present active participles must also agree in number, gender and case with the nouns they modify. Study the following examples.

Профессор Л. дал копию своей книги *всем, занимающимся* русским языком.
*Professor L. gave a copy of his book to everyone (who is) studying Russian.*

Никто не знает *разговаривающей* с Сергеем *девушки.*
*Nobody knows the girl (who is) talking with Sergej.*

Я хочу́ познако́миться с *сидя́щей* ря́дом с Ива́ном *же́нщиной*.
*I want to become acquainted with the woman sitting next to Ivan.*

Сейча́с здесь нет *понима́ющих* по-ру́сски *перево́дчиков*.
*There are no interpreters here right now who understand Russian.*

*Practice 11:* Translate the following participles by an appropriate relative clause. Be able to identify the case of the participle.

| | | |
|---|---|---|
| лю́бящей | живу́щем | име́ющими |
| беру́щему | сле́дующего | явля́ющихся |
| пока́зывающей | происходя́щим | собира́ющую |
| случа́ющийся | развива́ющееся | рассма́тривающегося |
| увели́чивающимися | переходя́щим | осно́вывающая |
| кома́ндующий | направля́ющем | интересу́ющуюся |

*Practice 12:* Translate the following sentences.

1. К переходя́щим гла́вный проспе́кт де́вушкам подошёл тури́ст и спроси́л их, где нахо́дится музе́й.
2. С генера́лом, кома́ндующим пя́той диви́зией, разгова́ривал англи́йский журнали́ст.
3. Тури́сты мо́лча слу́шали ги́да, объясня́ющего им о́перу Му́соргского "Бори́с Годуно́в".
4. Пе́тя чита́л о собы́тиях, происходя́щих в Еги́пте.
5. К сидя́щим у окна́ де́вушкам подошёл конду́ктор и взял их бага́ж.
6. Ива́н говори́л о своём бра́те, живу́щем в Ленингра́де.
7. Делега́ция рабо́чих хоте́ла поговори́ть с гла́вным архите́ктором, рассма́тривающим пла́ны но́вой фа́брики.
8. Профе́ссор Попо́в чита́л докла́д о развива́ющейся торго́вле ме́жду Аме́рикой и Сове́тским Сою́зом.
9. Никола́ю Серге́евичу, уезжа́ющему на лето в А́рктику, жена́ купи́ла но́вое пальто́.
10. Ве́ре, улета́ющей в Нью-Йорк, сего́дня пришло́ письмо́ от бра́та, живу́щего о́коло Нью-Йо́рка.
11. Отдыха́ющим в Со́чи неме́цким тури́стам понра́вилось Чёрное мо́ре.
12. Ни́на ча́сто писа́ла своему́ дру́гу, изуча́ющему англи́йскую литерату́ру.
13. Студе́нту, хорошо́ владе́ющему ру́сским языко́м, предложи́ли пое́хать в Москву́.
14. Она́ принесла́ Пе́те, лежа́щему на дива́не, вече́рнюю газе́ту.
15. Ви́ктор подошёл к стоя́щему у теа́тра милиционе́ру и спроси́л, как пройти́ до метро́.

241

## 3. *Fixed Meanings*

Many present active participles are "lexicalized" as regular adjectives. Sometimes they are translated into English by -ing gerunds:

сле́довать *to follow*    сле́дующий *following, next*
    в сле́дующей главе́ *in the next chapter*

де́йствовать *to act*    де́йствующий *operating, acting, working*
    де́йствующий зако́н *a law in force*
    де́йствующие ли́ца *cast of characters*

выдава́ться *to stand out* выдаю́щийся *outstanding, prominent*
    выдаю́щийся госуда́рственный де́ятель *an outstanding government leader*

писа́ть *to write*    пи́шущий *writing*
    пи́шущая маши́нка *typewriter*

*Also:*

трудиться *to labor*    трудя́щийся *toiler*
заве́довать *to manage*    заве́дующий *manager*
учи́ться *to study*    уча́щийся *student*
кури́ть *to smoke*    куря́щий *smoker*
кома́ндовать *to command*    кома́ндующий *commander*
управля́ть *to manage*    управля́ющий *manager, director*
руководи́ть *to lead*    руководя́щий *leading, guiding*

## C. *Usage of Active Participles*

Note that the terms "present" and "past" active participles are imprecise.

1. Past Active Participles formed from perfective verbs present the action as "perfectivized" *prior* to the action of the main verb which may be in the past, present or future time:

Брига́ды, вы́полнившие план во́время, полу́чат осо́бые меда́ли.
*Teams which have fulfilled the plan on time will receive special medals.*

Космона́вты, верну́вшиеся домо́й по́сле до́лгого путеше́ствия в ко́смосе, нашли́ мно́го измене́ний в ежедне́вном быту́.
*Astronauts returning home (who have returned home) after a long voyage in space have found many changes in daily life.*

242

Все, купи́вшие маши́ны с дефе́ктными мото́рами, мо́гут
их обменя́ть сего́дня.
*Everyone buying (who bought) cars with defective
motors can exchange them today.*

2. Present participles (which can be formed only from
   imperfective verbs), present an action as *simultaneous* with the action of the main verb:

   Все, входя́щие в конто́ру, бы́ли напра́влены к замес-
   ти́телю дире́ктора.
   *Everyone (who was) entering the office was sent
   to the deputy director.*

   Студе́нты, изуча́ющие ру́сский язы́к, получи́ли от
   Министе́рства вы́сшего образова́ния беспла́тный сло-
   ва́рь.
   *Students (who were) studying Russian, received a
   free dictionary from the Ministry of Higher
   Education.*

   Делега́ты, прису́тствующие на за́втрашней се́ссии,
   смо́гут услы́шать речь пе́рвого секретаря́.
   *Delegates (who are/will be) present at tomorrow's
   session will be able to hear the First Secre-
   tary's speech.*

3. When the main verb is in the past tense, an Imperfective Participle coordinated with it may occur
   in either present or past active participial form,
   with little or no difference in meaning:

   Студе́нты, писа́вшие на доске́, разгова́ривали ме́жду
   собо́й.
                          or
   Студе́нты, пи́шущие на доске́, разгова́ривали ме́жду
   собо́й.
   *The students (who were) writing on the board
   conversed among themselves.*

*Practice/3:* Translate the following sentences.

1. Верну́вшиеся из Москвы́ студе́нты расска́зывали о
   своём уча́стии в междунаро́дном фестива́ле молодёжи.
2. Игра́ющие в футбо́л ма́льчики не хоте́ли идти́ домо́й.
3. Улета́ющие сего́дня из Нью-Йо́рка сове́тские учёные
   покупа́ли сувени́ры для жён и муже́й.
4. Де́вушка, жи́вшая на пя́том этаже́, рабо́тает в биб-
   лиоте́ке Ле́нина.
5. Изучи́в англи́йский язы́к, Пе́тя получи́л рабо́ту в
   Чика́го.
6. Рабо́тая на фа́брике, Ива́н познако́мился с инжене́ром
   Па́вловым.

243

7. Мужчи́ны, сиде́вшие в пя́том ряду́, гро́мко говори́ли.
8. Профе́ссор, прочита́вший ле́кцию о Достое́вском, за́втра улета́ет на конфере́нцию в Варша́ву.
9. Замести́тель, рассма́тривавший план, не хоте́л разгова́ривать с журнали́стом.
10. Де́вушка, разгова́ривающая с Серге́ем, написа́ла кри́тико-биографи́ческую статью́ о Станисла́вском.
11. Учи́тель, объясня́ющий зада́чу, знал, что у студе́нтов бу́дет мно́го вопро́сов.
12. Лежа́вший на дива́не Михаи́л Петро́вич чита́л ру́сскую газе́ту "Но́вое ру́сское сло́во".

*Review Exercise on Participles and Gerunds, #1*

Translate the following participles and gerunds. Also be prepared to: a) identify the type of participle or gerund; b) give the infinitive from which it is derived; c) identify the case in which it appears below.

| | | |
|---|---|---|
| прочита́в | разви́вшему | обеспе́чивая |
| жи́вших | ложа́сь | уби́того |
| уме́рший | спро́шенных | вводя́щие |
| подня́вший | закры́тых | откры́в |
| подпи́санный | владе́вший | постро́енная |
| лёгши | разви́той | упа́вших |
| возни́кшей | располо́женным | стоя́щий |
| обнима́ющими | пове́дши | стоя́вший |
| привы́кшему | дости́гнутое | отступа́я |
| подчёркнутый | зараба́тывающая | ста́вя |
| называ́ющиеся | пригото́вленном | пе́реданном |
| отмеча́я | поспособствовавших | пройдя́ |
| да́нному | обня́тая | пра́вящим |
| постара́вшимся | при́нятый | прису́тствующему |
| бы́вший | по́мня | внося́щие |
| погляде́в | бесе́дующей | послужи́в |
| выходя́ | вы́звав | за́нятыми |
| принесённые | вы́ступив | испо́льзующей |
| держа́щим | умира́ющая | дви́нувшись |
| вы́полненный | зая́вленным | су́дя |
| бу́дучи | попроси́вшими | кладу́щий |
| соста́вленным | переезжа́я | достига́ющей |
| позво́ленная | подтверждённый | забыва́вшими |
| чу́вствующих | руководя́щая | со́зданный |
| передава́я | переведённых | вы́росши |

244

*Translation:* Translate the following sentences into English. Use a dictionary to translate unfamiliar words.

1. Открыв дверь в цех, директор увидел группу рабочих, обсуждающих новые меры, принятые правительством.
2. На заседании сегодня было принято решение обеспечить улучшение международных торговых отношений.
3. Студенты, не присутствовавшие вчера на экзамене, сидели, молча слушая профессора.
4. Кончивши медицинский факультет, Чехов не стал заниматься медициной, отдавая все силы литературе.
5. Число пенсионеров, переезжающих во Флориду, всё растёт с каждым годом.
6. Такой договор давно был подписан Канадой и Советским Союзом.
7. Ударная работа с первых дней весны должна стать законом каждого рабочего коллектива.
8. Развивая свои мысли об этом событии, Иван Петрович не соглашался с моим мнением.
9. Подготовка к уборке зерна была проведена вовремя.
10. Ольга слушала радио, лёжа на диване.
11. Сидя там, вы будете слышать меня с трудом.
12. Женщина, поднявшая мою шляпу, потребовала пять рублей. Конечно, она только шутила со мной.
13. Минувшим летом, будучи в Германии, Саша купил себе новый фотоаппарат.
14. На заседании директор подчеркнул, что развитие науки способствует развитию техники и экономической мощи страны.
15. Мужчины, стоящие около двери, --мой братья.
16. Мне не нравится обстановка в их новой квартире.
17. Купив новый дом, Сергей Иванович захотел купить новую обстановку.
18. Туристы, сидевшие с нами в пятом автобусе, разговаривали о воспитании детей в Америке.
19. Польские учёные, хорошо знавшие историю революционного движения, написали статью о Советском Союзе.
20. Он постоянно делает новые открытия в этой отрасли науки.
21. Выросши в Москве, Ваня никогда не видел американскую игру "бейсбол".
22. Входя в класс, он увидел, что все студенты уже там.
23. Прочитавши статью о создании и укреплении студенческой литературной ассоциации, Петя решил стать её членом.

24. Бу́дучи в Сан-Франци́ско, я познако́мился с краси́вой де́вушкой.
25. Не име́я де́нег, Пе́тя не мог пойти́ в кино́ с на́ми.
26. Живя́ далеко́ от го́рода, он ре́дко приезжа́ет к нам в го́сти.
27. Уме́рши ра́но, Га́ршин не успе́л написа́ть мно́го расска́зов.
28. Смирно́в, прие́хавший сюда́ неда́вно, уже́ хорошо́ говори́т по-англи́йски.
29. Чита́я письмо́ Ли́зы, я ду́мал о ней.
30. Колхо́зы бы́ли осно́ваны при сове́тской вла́сти.
31. Ве́ра чита́ла рома́н Пастерна́ка "До́ктор Жива́го" всю ночь, забы́в о том, что у́тром на́до идти́ в шко́лу.
32. Со́зданный им прое́кт был утвержде́н дире́ктором заво́да.
33. Умира́ющая же́нщина проси́ла воды́.
34. Андре́й Ива́нович, зараба́тывающий две́сти рубле́й в ме́сяц, купи́л себе́ да́чу о́коло мо́ря.
35. Переезжа́я из Нью-Йо́рка в Ленингра́д, Бори́сов потеря́л свой чемода́н.
36. Су́дя по его́ отве́там, он ма́ло понима́ет в э́той о́трасли нау́ки.
37. План был вы́полнен во́время, и зерно́ бы́ло перевезено́ в го́род.
38. Я ещё не зна́ю, на како́й срок он приезжа́ет к нам.
39. Привы́кнув к кли́мату ю́жной Калифо́рнии, вы с трудо́м вы́терпите моско́вскую зи́му.
40. Нам ка́жется, что создала́сь тяжёлая междунаро́дная обстано́вка.

## МНОГО ЛИ НАС?

### Человек и его планета

Опубликован демографический ежегодник ООН сообщающий, что население земного шара достигло 3.420 млн. человек, увеличившись по сравнению с цифрой, опубликованной в предыдущем ежегоднике, на 65 миллионов.

Человечество растёт благодаря падению уровня смертности, так как отступают побеждаемые медициной малярия, чума, холера и, главное, детская смертность. 2 процента в год. Таков прирост населения Земли.

В ежегоднике предсказывается удвоение населения Земли вскоре после 2000 года.

В последнее время проблема "демографического кризиса" стала темой широкой прессы, и есть даже круг авторов, которые, как писала газета "Нью-Йорк геральд трибюн", "делают карьеру на озабоченности тенденциями народонаселения". Кроме того, каждому интересно посмотреть на свою семейную жизнь с глобальных позиций.

Обычно пессимистические предсказания о "только стоячих местах", которые останутся людям Земли в ближайшем будущем способствовали преувеличению значения демографического фактора в будущем развитии человечества.

Сейчас еще нет оснований говорить о "перенаселённости" земного шара. Наука предлагает фантастические возможности подъёма сельскохозяйственного производства, новые энергетические ресурсы и т. д. Строчка из стихотворения М. Ю. Лермонтова "Валерик": "Под небом места много всем"--правильна и сегодня.

В то же время следует сохранять чувство пропорций и помнить, что Земля и ее ресурсы--величина постоянная, а население Земли--величина растущая, поэтому возможно наступление момента, когда физические пределы, необходимые для нормального существования отдельного человека, приблизятся к минимальным.

В наши дни проблема народонаселения не является глобальной--она как бы расселена по "национальным квартирам". В разных странах она решается по-разному. Президент Франции де Голль, например, считал, что "современная Франция может иметь 100 млн. жителей". Сейчас в стране почти вдвое меньше. Президент ОАР Насер, наоборот, считал "государственным долгом рекомендовать населению методы ограничения рождаемости". И т. д. Следует признать, что любое государство имеет полное право проводить собственную демографическую политику.

"Иммунитет" к проблеме народонаселения даёт стране ее экономическое, культурное и социальное развитие. Плотность населения стран Европы значительно выше плотности населения большинства развивающихся стран. Однако "перенаселёнными" оказываются не страны типа Голландии, а государства, ещё слабые экономически. Это обстоятельство подтверждает, что проблема народонаселения в данный момент не является проблемой абсолютной перенаселённости планеты, а является, следствием недостаточного экономического развития отдельных стран.

Мы имеем поэтому все основания решительно возразить всем тем мизантропам, которые считают, что Земля уже стала человеческим ульем (или муравейником).

В то же время процесс преодоления экономической и культурной отсталости является весьма продолжительным. В этих условиях новинки из области методов контроля над рождаемостью кажутся порою простым и быстрым ответом на сложную и долговременную проблему. Однако дело не в противопоставлении контроля над рождаемостью экономическому и социальному развитию, а в сочетании первого со вторым на благо второго.

Меры по ограничению рождаемости не только не мешают, но и в какой-то мере могут способствовать экономическому и социальному развитию развивающихся стран.

Геннадий ГЕРАСИМОВ,
политический обозреватель АПН.

*Неделя,* сентябрь 1968 года
(revised)


## ДВЕ ЛУНЫ МАРСА

Марс--самая интересная из планет Солнечной системы. Она давно служит предметом горячих споров астрономов.

Не меньший интерес вызывают и карликовые спутники Марса--Фобос и Деймос, открытые ещё в 1877 году. Они так малы, что наблюдать их трудно даже с помощью мощных оптических инструментов.

Идея о том, что у Марса могут быть два спутника, была впервые высказана Иоганном Кеплером в мемуаре, опубликованном в 1601 году. В то время Галилей только что открыл четыре спутника Юпитера, у Земли давно был известен один--Луна, а у Венеры не было обнаружено спутников. Кеплер, твёрдо убеждённый в математическом порядке Вселенной, решил, что Марс, движущийся между орбитами Земли и Юпитера, должен иметь двух спутников. Наибольшую популярность получило предсказание великого сатирика Свифта в его "Путешествии Гулливера к лапутянам", где он описывает астрономические наблюдения лапутян.

Насколько известно *(as far as we know)*, первым астрономом, сделавшим серьёзные попытки выяснить, нет ли у Марса спутника, был Вильям Гершель, который неудачно провёл несколько наблюдений в 1783 году.

В 1877 году эстафету поиска принял Холл. В тот год Марс находился сравнительно близко от Земли. Холл имел одну из самых мощных оптических труб того времени--вашингтонский телескоп.

Рано утром 11 августа Холл заметил маленькое пятнышко света около Марса. Но туман, поднимавшийся с Потомака, помешал продолжить наблюдения. И следующие несколько ночей небо было затянуто туманом. Только 16 августа Холл продолжил наблюдения. И снова увидел маленький объект у края планеты. Он открыл спутник Марса!

В следующую ночь наблюдения продолжались. И снова сюрприз: кроме обнаруженного уже спутника (теперь он называется Деймос), Холл увидел ещё один сателлит, орбита которого проходила ещё ближе к Марсу!

Что же известно о них сейчас? И Фобос и Деймос так малы, что диаметры их непосредственно измерить нельзя. Но их можно вычислить путём сложных расчётов. Из вычислений следует, что диаметр Фобоса 16 километров, а Деймоса--восемь. С поверхности Марса Фобос, наверно, виден в форме диска. А Деймос покажется большой звездой. На Марсе нет океанов, но если бы они и были, то карликовые спутники не могли бы вызвать сильных приливов.

По своей природе и Фобос и Деймос абсолютно непохожи на нашу Луну. Они, пожалуй, слишком малы для спутников, можно даже предположить, что Фобос и Деймос--астероиды. Особенности их движения побудили известного советского астрофизика И. С. Шкловского высказать гипотезу, в которой предполагалось, что Фобос и Деймос искусственные космические станции.

*Неделя*, январь 1965
(revised)

# ВЕЛИ́КОЕ РУ́ССКОЕ ИЗОБРЕТÉНИЕ
## Л. ГУМИЛЁВСКИЙ[1]

День 7 мáя у нас называ́ется Днём рáдио.

В э́тот день, 7 мáя 1895 гóда, ру́сский учёный Алексáндр Степáнович Попóв покáзывал в Петербу́рге собрáнию учёных и инженéров изобретённый им прибóр, котóрый при дальнéйшем усовершéнствовании мог передавáть на большóм расстоя́нии при пóмощи электри́ческих волн рáзные сигнáлы, в том числé и человéческую речь.

А чéрез год Алексáндр Степáнович на такóм же собрáнии показáл и э́тот усовершéнствованный прибóр. На э́том прибóре, при всеóбщем изумлéнии и востóрге, председáтель собрáни.я при́нял сигнáлы от изобретáтеля, нᵃходи́вшегося совсéм в другóм здáнии, и совершéнно тóчно сообщи́л, что Алексáндр Степáнович э́тими сигнáлами хотéл сказáть собрáнию.

До э́того врéмени учёные и инженéры ду́мали, что электри́чество мóжет передавáться тóлько по проводáм. Прибóр, пострóенный Попóвым, доказáл, что когдá по проводáм течёт электри́ческий ток, то вокру́г проводóв всегдá возникáют электри́ческие вóлны. Вот э́ти электромагни́тные вóлны и улáвливал прибóр, пострóенный Попóвым; он тепéрь называ́ется радиоприёмником.

Так бы́ло полóжено начáло беспрóволочному телеграфи́рованию и радиовещáнию.

Когдá 7 мáя 1895 гóда Алексáндр Степáнович покáзывал в Петербу́рге свой óпытный прибóр, трýдно было суди́ть, что он принесёт человéчеству при своём дальнéйшем разви́тии и усовершéнствовании. Но Попóв был не тóлько вели́ким учёным, но и замечáтельным констру́ктором. Он смотрéл далекó вперёд и не сомневáлся в том, что доведёт начáтое дéло до концá.

--Мы с вáми сдéлали такóе откры́тие, всё значéние котóрого сейчáс едвá ли кто мóжет поня́ть,--сказáл он тогдá своемý помóщнику.

Прошлó óчень мáло врéмени, и весь мир пóнял и оцени́л вели́кое ру́сское откры́тие. В январé 1900 гóда Попóв пострóил на óстрове Гóтланд в Балти́йском мóре пéрвую в ми́ре радиостáнцию. Онá установи́ла связь с бéрегом и рабóчими, зáнятыми спасéнием корóбля, разби́вшегося óколо óстрова. И вот в тот же день, как тóлько началá рабóтать стáнция, с бéрега бы́ло полýчено сообщéние о том, что на льди́не унеслó в мóре гру́ппу рыбакóв. В э́том сообщéнии предлагáлось ледокóлу "Ермáк", находи́вшемуся вóзле óстрова, немедлéнно отпрáвиться на пóиски рыбакóв. "Ермáк" тóтчас вы́шел

---

[1]Reprinted with permission from Thomas F. Magner, *Russian Scientific and Technical Readings*, Singidunum Press, 1965.

в мо́ре, и рыбаки́ бы́ли спасены́.

Э́то пе́рвое практи́ческое примене́ние радиотеле-
гра́фии, спа́сшее жизнь два́дцати семи́ рыбако́в. произ-
вело́ огро́мное впечатле́ние. Начало́сь примене́ние ради-
освя́зи на морски́х суда́х. Ты́сячи люде́й, потерпе́вших
кораблекруше́ние, оказа́лись спасёнными благодаря́ радио-
сигна́лам о по́мощи, посыла́емым с корабле́й.

Ра́дио вошло́ в жизнь и быт челове́чества, и сего́д-
ня уже́ не найдётся тако́го глухо́го уголка́ на земно́м
ша́ре, где вели́кое ру́сское изобрете́ние не прославля́ло
бы и́мя своего́ созда́теля--Алекса́ндра Степа́новича
Попо́ва.

# CHAPTER XXI

## Imperatives, Present Passive Participles, Subordinating Conjunctions, НЕ and НИ

### *VOCABULARY*

#### *Nouns*

итог  *sum, total*
комбинат  *group of enterprises*
круг  *circle*
действие  *action; act*
условие  *condition*
печать  *press*
борьба  *battle, struggle*
сила  *strength*
шаг  *step*
участок  *lot; part, section*
лицо  *face; person*
задание  *problem, task*
ответственность  *responsibility*
соревнование  *competition*

#### *Adjectives*

любимый  *favorite*
значимый  *significant*
особый  *special*
доказуемый  *provable*
многоуважаемый  *worthy, honorable (form of address used in general and business correspondence; equivalent of "dear")*

#### *Phrases*

не раз  *more than one time*
ни разу  *not once, never*
так называемый  *so-called*
до сих пор  *up to now*
с тех пор  *since then*

#### *Verbs*

разговаривать/NTP  *to talk, converse*
предполагать/предположить  *to assume, suppose, plan*
осматривать/осмотреть  *to examine*
допускать/допустить  *to allow*
выражать/выразить  *to express*
побеждать/победить  *to conquer, to defeat*
различать/различить  *to distinguish*
воображать/вообразить  *to imagine*
изменять/изменить  *to change (+ Acc.); to betray (+ Dat.)*
желать/пожелать  *to wish*
волноваться/взволноваться  *to worry, to be concerned, to be excited*
беспокоиться/забеспокоиться *to be worried, to be concerned, to be excited*
бояться/побояться  *to be afraid*

# I. IMPERATIVE MOOD

## A. *Second Person Imperatives*

Second person imperatives are the most usual imperatives. Positive imperatives are commands and negative imperatives are prohibitions, e.g.,

Напиши фамилию и áдрес!
*Write down your name and address!*

Читáй мéдленнее, пожáлуйста!
*Read more slowly, please!*

Отвéть на мой вопрóс!
*Answer my question!*

Не говори об э́том здесь!
*Don't talk about that here!*

Не забýдь сказáть емý, чтó ты узнáл здесь!
*Don't forget to tell him what you found out here!*

Не возвращáйся так пóздно!
*Don't come back so late!*

Second person imperatives are formed by adding the imperative ending to the present (non-past) stem of the verb. The basic ending for these imperatives is -И. Two variants of the basic ending -И also occur. These variants are -Й and -Ь. The three imperative markers -И, -Й and -Ь are distributed as follows:

1. When the stem ends in a vowel, the marker is -Й:

| *3rd Per. Pl.* | *Pres. Stem* | *Imperative* | |
|---|---|---|---|
| читáют | читá- | Читáй! | *Read!* |
| объясня́ют | объясня́- | Объясня́й! | *Explain!* |
| открóют | открó- | Открóй! | *Open!* |
| стоя́т | стó- | Стóй! | *Stand! Stop!* |
| послéдуют | послéду- | Послéдуй! | *Follow!* |
| занимáются | занимá- | Занимáйся! | *Study!* |
| пóльзуются | пóльзу- | Пóльзуйся! | *Use!* |

2. When the stem ends in a *single consonant* and stress is fixed on the *root* in all forms, the marker is -Ь:

| *1st Per. Sing.* | *3rd Per. Pl.* | *Pres. Stem* |
|---|---|---|
| вéрю | вéрят | вéр- |
| ся́ду | ся́дут | ся́д- |
| бýду | бýдут | бýд- |

253

```
отвечу              ответят             ответ-
познакомлюсь        познакомятся        познаком-
```

*Imperative*

| | |
|---|---|
| Верь! | *Believe!* |
| Сядь! | *Sit down!* |
| Будь! | *Be!* |
| Ответь! | *Answer!* |
| Познакомься! | *Become acquainted!  Meet!* |

3. For other verbs, the ending is -И:

| 1 Per. Sg. | 3 Per. Pl. | Pres. Stem | Imperative | |
|---|---|---|---|---|
| куплю[1] | купят | куп- | Купи! | *Buy!* |
| напишу | напишут | напиш- | Напиши! | *Write!* |
| помогу | помогут | помог- | Помоги! | *Help!* |
| рискну | рискнут | рискн- | Рискни! | *Bet!  Risk!* |
| выйду[2] | выйдут | выйд- | Выйди! | *Go out!* |
| вернусь | вернутся | верн- | Вернись! | *Return!* |
| помню | помнят | помн- | Помни! | *Remember!* |

Notice that as usual the reflexive particles come at the end; -СЯ after consonants and -СЬ after vowels.

4. Special Forms:

a. Verbs in -АВАТЬ/-АЮТ form their imperative, like the present gerund, from the infinitive stem:

узнавать: узнают ~ Узнавай. *Find out!  Learn!*
давать: дают ~ Давай. *Give!*

b. The imperative of ВИДЕТЬ is СМОТРИ!

Смотри на собаку! *See (Look at) the dog!*

c. -ЕХАТЬ verbs have no 2nd person imperatives. Imperatives derived from -ЕЗЖАТЬ verbs must be substituted for them:

поехать: поедут → Поезжай! *Go!*
приехать: приедут → Приезжай! *Come!*

d. The imperative of ЛЕЧЬ is ЛЯГ *Lie down!*

e. The imperative of ДАТЬ is ДАЙ *Give!*

---

[1] The 1st person singular and the imperative have the same stress.

[2] The stress is fixed on the prefix and not on the root.

## 5. Plural Forms:

All imperative forms discussed so far are singular--they are used only in addressing an individual with whom one speaks in the ТЫ form. The plural form ВЫ which is used when addressing one individual in the ВЫ form or more than one individual is formed by adding -TE to the singular imperative form, e.g.,

*Sing. Imperative    Pl. Imperative*

| | | |
|---|---|---|
| Говори! | Говорите! | *Speak!* |
| Стой! | Стойте! | *Stop!* |
| Читай! | Читайте! | *Read!* |
| Смотри! | Смотрите! | *Look!  See!* |
| Давай! | Давайте! | *Give!* |
| Ответь! | Ответьте! | *Answer!* |
| Занимайся! | Занимайтесь! | *Study!* |

*Practice 1:* Translate the following imperatives.

| | | |
|---|---|---|
| Победи! | Последуйте! | Держи! |
| Не изменяй! | Верьте! | Познакомься! |
| Различи! | Встретьте! | Закрой! |
| Откройте! | Узнай! | Сядьте! |
| Допустите! | Вырази! | Не возвращайтесь! |
| Дайте! | Напиши! | Поставьте! |
| Будь! | Начните! | Возьмите! |
| Скажите! | Не покупай! | Не бери! |

6. *Both aspects are used with imperatives.* However the *neutral* aspect usage is normally *perfective* with commands and *imperfective* with *prohibitions.*

| | |
|---|---|
| Открой окно! | *Open the window!* |
| Не открывай окна! | *Don't open the window!* |
| Начните сейчас же! | *Begin immediately!* |
| Не начинайте без меня! | *Don't begin without me!* |

Imperfective commands may attenuate the force of the imperative.

| | |
|---|---|
| Садитесь! | *(Won't you) sit down!* |
| Приходите к нам! | *(Won't you) come visit us!* |

*N.B.* The forms СЯДЬ and ПРИДИ are considered brusque.

Imperfective imperatives may also be used to emphasize the verbal action:

| | |
|---|---|
| Пишите на доске! | *Write on the board!* |
| Говорите только по-русски здесь! | *Speak only in Russian here!* |

Perfective prohibitions are warnings:

Не забýдьте... *Don't (Better not) forget...*
Не скажúте... *Don't tell...*

7. Note that 2nd singular imperatives are used in many proverbs and sayings where they can have a modal, conditional significance, e.g.,

"Век живú, век учúсь." *"Live and learn."*

*Practice 2:* Translate the following sentences.

1. Не разговáривайте на урóке.
2. Не забýдьте передáть Пéте éти деньги!
3. Не допускáйте бóльше такúх ошúбок.
4. Встречáйте нас на стáнции зáвтра вéчером!
5. Говорúте мéньше и дýмайте бóльше!
6. Помогú Сáше решúть éту задáчу!
7. Узнáй, когдá онá вернётся домóй!
8. Проводú Тáню домóй. Онá живёт за пáрком недалекó от тебя!
9. Кóнчите рабóту и идúте домóй!
10. Приходúте к нам сегóдня вéчером!
11. Дáйте емý мой áдрес, пожáлуйста!
12. Не выходúте на ýлицу без пальтó!
13. Спервá послýшайте моё предложéние, а потóм решáйте, как хотúте!
14. Покажú мне письмó, котóрое ты получúл вчерá от Вéры!
15. Не звонúте мне пóсле десятú часóв вéчера!
16. Отойдúте от окнá, пожáлуйста, я ничегó не вúжу.
17. Зайдú к мáтери зáвтра сейчáс же пóсле рабóты!
18. Не заставляйте её так мнóго рабóтать!
19. Возьмúте у неё пальтó и сýмку!
20. Не берúте у них бóльше дéнег без моегó разрешéния!

B. *Third Person Imperatives*

The so-called 3rd person imperatives express permission, indifference, etc. Compare the English and Russian formations:

Пусть он живёт!                *Let him live!*
Пусть онú пошлют ей           *Let them send her a tele-*
   телегрáмму!                   *gram!*

English *"let"* ~ Russian пусть or пускáй

Unlike English, Russian uses normal 3rd person singular or plural indicative. For choice of aspect see p. 115, 255.

256

*Practice 3:* Translate the following sentences.

1. Пуска́й он сам идёт в кино́.
2. Пусть сидя́т здесь! Они́ никому́ не бу́дут меша́ть.
3. Пусть председа́тель напи́шет э́тот докла́д!
4. Пусть позвоня́т мне через два дня́!
5. Пусть де́ти игра́ют у тебя́ сего́дня!
6. Пусть вы́разит своё мне́ние!
7. Пусть Ко́ля говори́т, что хо́чет! Нам всё равно́.
8. Пусть прихо́дят к нам в бу́дущем ме́сяце!
9. Пусть ку́пят э́ту карти́ну!
10. Пусть ле́том ра́ньше встаю́т!

*N.B.* Note also ПУСТЬ in the meaning *"though, even if"*: Пусть по́здно, но я пойду́. *Even though it's late, still I'm going.*

C. *First Person Imperatives*

First person imperatives are exhortations, i.e., imperatives which include the speaker and one or more addressees.

1. In expository prose one frequently encounters such 1st person imperatives derived from perfective verbs. They are simply the 1st person plural non-past forms.

   Предполо́жим, что мини́стр иностра́нных дел не знал об э́том!
   *Let us assume that the Minister of Foreign Affairs didn't know about this!*

   Especially frequent are 1st person imperatives derived for the following verbs:

   | | |
   |---|---|
   | взять → Возьмём... | *Let us take...* |
   | обозна́чить → Обозна́чим... | *Let us designate...* |
   | назва́ть → Назовём... | *Let us call...* |
   | посмотре́ть → Посмо́трим... | *Let us look at...* |
   | осмотре́ть → Осмо́трим... | *Let us examine...* |

2. The same construction occurs in non-technical writing and colloquial speech with perfective verbs and linear verbs of motion:

   Пойдём на конце́рт! *Let's go to the concert!*
   Прочита́ем его́ письмо́! *Let's read his letter!*

3. In very casual (perhaps now somewhat obsolete) style the forms described above are singular, i.e., used only in addressing an individual whom one addresses as ТЫ. ВЫ address would require the addition of the plural particle -ТЕ.

257

|  |  |
|---|---|
| Пойдёмте! | *Let's go!* |
| Éдемте! | |

4. These exhortations can be softened by adding the words ДАВÁЙ/ДАВÁЙТЕ to perfective verbs.

| | |
|---|---|
| Давáй напишем на доскé! | *Let's write on the board!* (ты) |
| Давáйте напишем на доскé! | *Let's write on the board!* (вы) |

5. With imperfective verbs ДАВÁЙ/ДАВÁЙТЕ are obligatory and are followed by the infinitive, e.g.,

| | |
|---|---|
| Давáй слýшать мýзыку! | *Let's listen to some music!* (ты) |
| Давáйте читáть! | *Let's read!* (вы) |

D. *Infinitive Imperatives*

On printed instructions, on signs, in slogans, in military commands, etc., the infinitive may be used with imperative force:

| | |
|---|---|
| Не курить! | *No smoking!* |
| Не разговáривать грóмко! | *No loud talking!* |
| Молчáть! | *Silence!* |
| Вставáть! | *Get up!* |

*Practice 4:* Translate the following and be able to identify the kind of imperative used.

1. Верните мои дéньги!  Я до сих пор не получил вáшей книги.
2. Пусть они идýт в кинó, а мы пойдём с вáми на концéрт!
3. Осмотрите éтот учáсток и сообщите мне зáвтра, хотите ли вы купить егó!
4. Давáйте слýшать мýзыку!  Миша, сыгрáй чтó-нибудь на гитáре!
5. Спросите Ивáна, почемý он ни рáзу не был на собрáнии в прóшлом мéсяце!
6. Пусть они прихóдят с вáми!
7. Узнáйте, в какиx услóвиях живёт профéссор Ивáнов!
8. Пускáй Вáся встречáет их на вокзáле зáвтра ýтром! Он не рабóтает ýтром.
9. Не слýшайте егó!  Он не знáет, о чём говорит.
10. Не курить в рядáх!
11. Напиши Óльге письмó!
12. Давáйте кýпим éту бутылку кубинского рóма!  Я люблю ром.
13. Не говорите об éтом никомý!
14. Объясните мне, почемý вы вчерá не пришли на

лекцию вовремя!
15. Не летите с ним в Париж на следующей неделе!
16. Пусть он слушает музыку, если хочет. Он уже закончил своё задание.
17. Запомните это раз и навсегда!
18. Не переходите дорогу сейчас! Движение очень большое.
19. Пусть он придёт к нам завтра вечером, и мы тогда об этом поговорим!
20. Давайте напишем статью о воспитании советских детей!
21. Принесите вашу работу завтра, когда директор вернётся из Москвы!
22. Давайте разговаривать о советской литературе и только по-русски!

## II. PRESENT PASSIVE PARTICIPLES

Compare the following phrases containing past and present passive participles:

Past:     прочитанная книга     *the book which has been read*
Present:  читаемая книга         *the book (which is) being read*

Past:     открытое окно          *the window which was opened*
Present:  открываемое окно       *the window (which is) being opened*

Past:     переведённый текст     *the text which has been/was translated*
Present:  переводимый текст      *the text (which is) being translated*

A. *Formation*

1. Present Passive Participles are *always* formed from imperfective verbs. For most verbs the present passive form looks like the *1st person plural* of the verb with the appropriate adjective endings added:

решать: решаем        *we are working on/solving*
        решаемый      *being solved*

критиковать: критикуем   *we are criticizing*
             критикуемый *being criticized*

слышать: слышим       *we hear*
         слышимый     *being heard*

2. There are two exceptions to this principle of formation:

259

a. -АВАТЬ verbs which have a special present stem
   (i.e., ДАВÁТЬ: ДАЮ́, ДАЁШЬ, etc.) form the present
   passive participles, like the present gerund
          and the imperative, from the infinitive
   stem:

| давáть: даём | we give |
| давáемый | being given |

| признавáть: признаём | we recognize |
| признавáемый | being recognized |

b. Root verbs undergo a change of vowel Ё > O in the
   present passive participle form:

| нестú: несём | we are carrying |
| несóмый | being carried |

| везтú: везём | we are transporting |
| везóмый | being transported |

*N.B.* In practice the present passive participle is
   rarely formed from root verbs.

   Present passive participles have both long and
short forms, just as the past passive participles do.

*Practice 5:* Translate the following sentences.

1. Задáчи, решáемые студéнтами на урóке, óчень
   лёгкие.
2. Расскáз, читáемый Корóвиной, был напúсан, по-
   мóему, Максúмом Гóрьким.
3. Дай мне переводúмый тобóй текст.  Я хочý ещё раз
   прочитáть егó.
4. Дирéктор Бóткин не хотéл отвéтить на вопрóсы, за-
   давáемые емý молодốми рабóчими.
5. Мы тóлько разговáриваем с нúми о вещáх, изучáемых
   нáми в шкóле.
6. Нúна Петрóвна забốла, где нахóдятся занимáемые
   детьмú в цúрке местá.
7. Борúс Надéждин ещё не послáл мне ромáна, крити-
   кýемого áвтором э́той статьú.
8. Главá нáшего вéдомства, Екатерúна Борúсовна Пáль-
   чикова, былá любúма и уважáема всéми сотрýдниками.

B. *Lexicalization*

1. There is a tendency for the present passive participle to become lexicalized into an ordinary
   adjective with the meaning "capable of".  The
   negative prefix HE- can also be added to the
   resulting form:

достигáемый     *(capable of) being attained, attain-*
                                    *able*

недостигáемый   *not (capable of) being attained,*
                                *unattainable*

Some frequent lexicalizations are:

| | |
|---|---|
| забывáть  *to forget* | (не)забывáемый *(un)forgettable* |
| воображáть  *to imagine* | (не)воображáемый *(un)imaginable* |
| обитáть  *to inhabit* | (не)обитáемый *(un)inhabitable* |
| проницáть  *to penetrate* | (не)проницáемый *(im)penetrable* |
| изменять  *to change* | (не)изменяемый *(un)changeable* |
| склонять  *to decline (a noun)* | (не)склоняемый *(in)declinable* |
| вúдеть  *to see* | (не)вúдимый *(un)seen* |
| обходúть  *to go around* | необходúмый *unavoidable* |
| проходúть  *to go past* | (не)проходúмый *(im)passable* |
| слышать  *to hear* | (не)слышимый *(in)audible* |

2. The process of lexicalization may be carried a step further with the suffix -ЕМ-/-ИМ- used to form adjectives meaning "capable of" from both *perfective and imperfective verbs.* Sometimes these lexicalizations even deviate in form from the expected participial form. These adjectives naturally have no participial force. Study the following examples:

    побеждáть/победúть  *to conquer, defeat*
    побеждáемый  *being conquered*
    (не)победúмый  *(un)conquerable*

    докáзывать/доказáть  *to (try to) prove*
    докáзываемый  *being proven*
    доказýемый  *provable*

    допускáть/допустúть  *to allow*
    допускáемый  *being allowed*
    (не)допустúмый  *(im)permissable*

    колебáть (колéблют)/поколебáть  *to (cause to)*
                                        *wobble*
    колéблемый  *being moved, wobbled*
    неколебúмый, непоколебúмый  *fixed, unmoving,*
                                          *immovable*

выполня́ть/вы́полнить  *to fulfill*
выполня́емый  *being fulfilled*
выполни́мый  *achievable*

выража́ть/вы́разить  *to express*
выража́емый  *being expressed*
невырази́мый  *inexpressible*

различа́ть/различи́ть  *to distinguish, discern*
различа́емый  *being distinguished, discerned*
(не)различи́мый  *(in)distinguishable,*
                   *(in)discernable*

достига́ть  *(try to) attain*
достига́емый  *being attained*
(не)достижи́мый  *(un)attainable*

## 3. Note other semantic shifts:

люби́ть: люби́мый  *favorite*
зна́чить: зна́чимый  *significant, meaningful*
называ́ть: так называ́емый  *so-called*
уважа́ть: (много)уважа́емый  *worthy, honorable,*
                              *esteemed*

*Practice 6:* Translate the following sentences.

1. Его́ люби́мая дочь перее́хала в Ки́ев.
2. Смирно́в наконе́ц сде́лал всё необходи́мое для
   нача́ла стро́йки на э́том уча́стке.
3. В ию́ле и а́вгусте пого́да в Вашингто́не про́сто невы-
   носи́мая.
4. Весно́й э́ти доро́ги непроходи́мые, осо́бенно по́сле
   дождя́.
5. Я ничего́ не понима́ю в так называ́емой "но́вой мате-
   ма́тике".
6. "Многоуважа́емый Серге́й Ива́нович, почему́ вы не
   прие́хали вчера́ к нам?"
7. Не́которые его́ карти́ны не различи́мы от произведе́-
   ний мастеро́в восемна́дцатого столе́тия.
8. В Сиби́ри есть мно́го таки́х необита́емых райо́нов.
9. Кто зна́ет, ско́лько несклоня́емых слов в ру́сском
   языке́?
10. Ива́н Ива́нович смотре́л на Петра́ Никола́евича с
    непроница́емым выраже́нием.
11. У ка́ждого из нас есть незабыва́емые встре́чи, кото́-
    рые мы всегда́ бу́дем по́мнить.
12. Профе́ссор, люби́мый все́ми студе́нтами, до́лго раз-
    гова́ривал с журнали́стами о встре́чах с Солжени́-
    цыным.
13. "Таки́е оши́бки не допусти́мы в на́шем отделе́нии,
    това́рищи."
14. Мо́жно сказа́ть, что когда́ он узна́л, что е́дет в

262

Париж на соревнова́ние, его́ ра́дость была́ невырази́ма.

15. Ру́сский наро́д--непобеди́мый наро́д. В э́том Фома́ Ильи́ч был неколеби́м.

16. "Э́то зада́ние невыполни́мо",--сказа́л команди́р Лео́нов.--"Но нам прихо́дится его́ вы́полнять."

17. "Бори́с Годуно́в"--моя́ люби́мая о́пера.

18. Доказу́емые фа́кты--таки́е фа́кты, кото́рые мо́гут быть дока́заны.

19. Ка́ждое сло́во в ре́чи пе́рвого секретаря́ бы́ло зна́чимое.

20. Его́ лицо́ бы́ло непроница́емо, а пре́жде я чита́л на нём все его́ мы́сли.

21. Нам пришло́сь обойти́ лес, кото́рый по́сле дождя́ стал ещё непроходи́мее.

## III. SUBORDINATING CONJUNCTIONS

### A. *КАК Constructions*

We have already learned the relative and interrogative meanings of "how" for КАК:

| | |
|---|---|
| Как вам э́то нра́вится? | *How do you like it?* |
| Как вы сюда́ дое́хали? | *How did you get here?* |
| Я зна́ю, как вы об э́том узна́ли. | *I know how you found out about that.* |
| Они́ зна́ют, как вы получи́ли ме́сто в университе́те. | *They know how you got into (a place in) the university.* |

1. КАК is also used as a conjunction meaning "like, as":

| | |
|---|---|
| Он танцу́ет, как настоя́щий цыга́н. | *He dances like a real gypsy.* |
| Она́ живёт в Москве́ как тури́стка. | *She lives in Moscow as a tourist.* |
| Бу́дьте как до́ма. | *Make yourself at home.* |

2. A subordinate clause introduced by a verb of perception, describing an entire action perceived, is headed by the conjunction КАК:

Мы заме́тили, как наш дире́ктор говори́л с инжене́ром из Москвы́.
*We noticed our director talking with the engineer from Moscow.*

Де́ти ви́дели, как взро́слые кури́ли и пи́ли на вече́ри́нке.
*The children saw the adults smoking and drinking at the party.*

Школьники слышали, как их учителя ругались.
*The school children heard their teachers calling
one another names.*

3. Other uses of КАК in conjunctions.

a. КАК ТОЛЬКО   *as soon as*

Как только учитель начал лекцию, Паша вошёл
в класс.
*As soon as the teacher began the lecture,
Pasha came into the classroom.*

b. КАК МОЖНО + comparative   *as...as possible*

Нина, позвони домой как можно скорее.
*Nina, call home as quickly as possible.*

Приходите как можно раньше.
*Come as early as possible.*

c. ТАК КАК   *since*

Так как вы не любите современную музыку, я не
купил вам билет на концерт сегодня вечером.
*Since you don't like contemporary music, I
didn't buy you a ticket for the concert
tonight.*

Так как ты здесь один, пойдём с нами в кино.
*Since you are here alone, go with us to the
movies!*

Так как вы вчера не были на лекции, вы можете
переписать мои записи.
*Since you weren't at the lecture yesterday,
you can copy my notes.*

d. В ТО ВРЕМЯ КАК   *while*

Шура вошла, в то время как мать клала продукты
на стол.
*Shura came in while her mother was putting the
groceries on the table.*

В то время как вы были в магазине, автобус ушёл.
*The bus left while you were in the store.*

B. *"Empty" TO Constructions*

Sometimes an entire clause is grammatically the
object of a verb or a preposition in the main clause.
Compare with English:

| *He talked* | *about* | *how everyone helped him.* |
|---|---|---|
| Main Clause | Prep. | Subordinate Clause |

264

*She called him before she left for Washington.*
　Main clause　　　Prep.　　　Subordinate Clause

In Russian the grammatical force of the main clause
is absorbed by an "empty" TO, followed by KAK for
time expressions and ЧТО for all other constructions.
Study the following sentences; note that the TO is in
the case required by the preposition.

| Он позвонил отцу́ | пе́ред | тем, | как он уе́хал. |
|---|---|---|---|
| Main Clause | Prep. | "Empty" TO | Subordinate Clause |

*He called his father before he left.*

Э́то случи́лось по́сле того́, как мы верну́лись домо́й.
*That happened after we returned home.*

Он говори́л о *том*, что никто́ не помога́л ему́.
*He talked about how no one helped him.*

До *того́* как он сюда́ прие́хал, он был в Евро́пе.
*Before he came here he was in Europe.*

С *тех* пор как вы прие́хали, она́ переста́ла приходи́ть
　к нам по вечера́м.
*Since you have arrived, she has stopped coming to
　our place in the evenings.*

C. *ЧТОБЫ Constructions*

　　As previously mentioned, ЧТО́БЫ plus infinitive
means *"in order to"*:

Что́бы жить хорошо́, на́до мно́го рабо́тать.
*In order to live well, it is necessary to work
　a lot.*

1. ЧТО́БЫ is also used as a conjunction introducing a
   subordinate clause with a "subjunctive" or "conditional" meaning. Since ЧТО́БЫ contains a БЫ (it
   is made up of the conjunction ЧТО plus the particle БЫ) the verb of the ЧТО́БЫ clause appears in
   the past tense form. ЧТО́БЫ clauses occur after
   main clauses which contain verbs of wanting, demanding, requesting, etc. Study the following
   examples:

   Я хочу́, что́бы ты купи́л э́ту кни́гу.
   *I want you to buy that book.*

   Она́ попроси́ла, что́бы вы пришли́ сюда́.
   *She asked you to come here.*

   Я сказа́л, что́бы ты зашёл к ма́тери.
   *I told you to go see your mother.*

Милиционе́р потре́бовал, что́бы мы ему́ показа́ли
  на́ши докуме́нты.
*The policeman demanded that we show him our*
*documents.*

Дире́ктор наста́ивает, что́бы рабо́та была́ зако́нчена
  сего́дня.
*The director insists that the work be finished*
*today.*

Я стара́лся, что́бы ты вы́ступил с э́тим докла́дом
  на собра́нии.
*I tried to have you give this report at the*
*meeting.*

2. Some verbs which introduce ЧТО́БЫ clauses can have
   synonymous constructions without ЧТО́БЫ:

   Оте́ц написа́л, что́бы я прие́хал встре́тить его́ в
     Баку́.
   Оте́ц написа́л, что я до́лжен прие́хать встре́тить
     его́ в Баку́.
   *Father wrote that I should come to meet him in*
   *Baku.*

   Друг сказа́л, что́бы я верну́л ему́ его́ кни́ги.
   Друг сказа́л, что я до́лжен верну́ть ему́ его́ кни́ги.
   *My friend told me to return his books to him.*

   Я посове́товал, что́бы он сра́зу уе́хал.
   Я посове́товал ему́ сра́зу уе́хать.
   *I advised him to leave immediately.*

3. Some verbs require ЧТО́БЫ clauses when the subjects of the two clauses differ.  The two most
   common ones are ХОТЕ́ТЬ and ЖЕЛА́ТЬ.

   Я хочу́, что́бы вы са́ми прочита́ли мне его́ письмо́.
   *I want you yourself to read me his letter.*

   Compare:

   Я хочу́ купи́ть но́вое пальто́.
   I want to buy a new coat.

4. All the ЧТО́БЫ clauses presented above introduce
   actions in some sense "unreal" or "subjunctive"
   relative to the main clause.  This is consistent
   with the БЫ element forming the basis of the
   ЧТО́БЫ clause.  However, ЧТО́БЫ can also be used in
   a wider range of sentences.  Two classes of sentences requiring ЧТО́БЫ constructions are indicated below:

   a. Sentences in which the verb in the main clause

266

expresses 1) desire or preference for the
action of the ЧТÓБЫ clause or 2) doubt,
scepticism or surprise toward the action
of the ЧТÓБЫ clause, e.g.,

> Я люблю, *чтóбы* в моéй кóмнате *бил* порядок.
> *I love for my room to be in order.*

> Я никогдá не слышал, *чтóбы* в наýчной лите-
> ратýре *употреблялось* éто слóво.
> *I've never heard this word being used in
> scientific literature.*

> Я не пóмню, *чтóбы* Макáрова когдá-нибудь
> так хорошó *танцевáла.*
> *I don't remember Makarova ever dancing so
> well.*

b. Sentences in which ЧТÓБЫ introduces subordinate clauses where it clearly retains the
meaning "in order to", "so that":

> Мáльчики решили занимáться сегóдня вéчером,
> *чтóбы* зáвтра у них *било* врéмя пойти в кинó.
> *The boys decided to study this evening so
> that they would have time to go to the
> movies tomorrow.*

> Онá далá Сáше дéньги для тогó, *чтóбы* он
> *мог* поéхать в Казáнь.
> *She gave Sasha the money so that he could go
> to Kazan.*

5. ЧТÓБЫ plus infinitive is used with "empty" ТО in
the construction ВМÉСТО ТОГÓ, ЧТÓБЫ... *"instead
of"*:

> Вмéсто тогó, чтóбы рабóтать, он сидéл дóма и
> смотрéл телевизор.
> *Instead of working he sat at home and watched
> television.*

D. *Other Coordinating/Subordinating Conjunctions*

1. ЕСЛИ (БЫ) ...ТО... *"If...(then)..."*[1]

> Éсли зáвтра бýдет дождь, то мы никудá не пойдём.
> *If it rains tomorrow then we won't go anywhere.*

> Éсли бы вы пошли с нáми на концéрт, то вы
> встрéтили бы там Вéру.
> *If you had gone with us to the concert, you
> would have met Vera there.*

---

[1] Review the use of this conjunction. See Chapter 13.

2. ...ЛИ... "whether, if"[1]

Я не знáю, рабóтает ли он.
*I don't know whether (if) he is working.*

3. ...ЛИ...ЛИ "(Whether)...or..."

Хóчет ли он, боится ли, но он дóлжен бýдет
отвéтить на все вопрóсы.
*(Whether) he wants to or is afraid to, he will
have to answer all the questions.*

4. ТО ЛИ...ТО ЛИ... "Whether...or..."

То ли он, то ли онá, но ктó-то из них приéдет
к нам зáвтра.
*Whether it's he or she, one of them will come to
see us tomorrow.*

5. ИЛИ...ИЛИ... "Either...or..."

Увúжу егó или сегóдня, или зáвтра.
*I'll see him either today or tomorrow.*

6. НЕ ТО...НЕ ТО... "Either...or..."

Не то éхать на рабóту, не то спать весь день.
*Either go to work or sleep all day.*

7. ТО...ТО... "Now...now (then)..."

Онú, то одúн, то другóй, прихóдят к нам, но
никогдá óба вмéсте.
*Now one of them and then another of them comes
to see us but both together never.*

E. *Other Contrastive Subordinating Conjunctions*

1. ЧЕМ...ТЕМ... "The (+ comparative)...the (+ comparative)"

Чем скорéе ты кóнчишь доклáд, тем лýчше.
*The sooner you finish the report the better.*

2. СТÓЛЬКО...СКÓЛЬКО "As much/many...as..."

Мы спóрили на э́ту тéму стóлько раз, скóлько
встречáлись.
*You and I have argued about this subject as
many times as we've met.*

---

[1]Note the use of this particle in questions, Ch. 5., p. 34.

3. НЕ СТÓЛЬКО...СКÓЛЬКО... *"Not so (much)...as..."*

   Он не стóлько гóлоден, скóлько устáл.
   *He is not so hungry as he is tired.*

4. ТЕМ...ЧТО... *"All the (+ comparative)...*
   *as (since)..."*

   Тем хýже его поведéние, что он комсомóльский
   лúдер.
   *His behavior is all the worse considering he is*
   *a Komsomol leader.*

F. *False Negation*

1. With verbs of fearing

   Verbs of fearing, e.g., БОЯТЬСЯ, БЕСПОКÓИТЬСЯ may
   introduce simple subordinate clauses with the
   conjunction ЧТО:

   Я бою́сь, что он придёт пóздно.
   *I am afraid that he will arrive late.*

   Нúна Петрóвна беспокóилась, что сын забýдет ей
   позвонúть.
   *Nina Petrovna was concerned that her son would*
   *forget to call.*

   However these verbs may also have *synonymous* constructions with ЧТÓБЫ clauses in which the verb
   is preceded by НЕ, e.g.,

   Я бою́сь, *чтóбы* он *не* пришёл пóздно.
   *I am afraid that he will arrive late.*

   Нúна Петрóвна беспокóилась, *чтóбы* сын *не* забы́л
   ей позвонúть.
   *Nina Petrovna was concerned that her son would*
   *forget to call.*

   Although such constructions seem strange, there
   is a certain internal logic: ЧТÓБЫ always introduces an unreal, counterfactual proposition. The
   negation cancels out the inherent unreality of
   the propositions.[1] Thus one may conceive such
   constructions as Я БОЮ́СЬ, ЧТÓБЫ ТЫ НЕ ЗАБЫ́ЛА УРÓК
   as meaning *"I am afraid; you shouldn't forget the*
   *lesson,"* and hence: *"I am afraid that you'll for-*
   *get the lesson."*

   ---

   [1]Note also that БЫ clauses can imply a certain necessity:
   Не пришёл бы он пóздно. *He shouldn't come late.*

   269

КАК БЫ...НЕ... is used as the equivalent of
ЧТОБЫ...НЕ... after some verbs of fearing, e.g.,

Анна беспокоилась, как бы Вадим не пропустил
поезд.
*Anna was concerned that Vadim would miss the*
*train.*

Сергей волновался, как бы Вера не опоздала на
концерт.
*Sergej was worried that Vera would be late for*
*the concert.*

2. ПОКА...НЕ...  *"until"*

One may think of ПОКА...НЕ... as equivalent to
English *"while"* or *"as long as."*  Study the
following examples.

Я жду, пока он не придёт.
*I am waiting until he arrives.  (I am waiting*
*while/as long as he doesn't come.)*

Мы сидели дома, пока дождь не прошёл.
*We stayed at home until it stopped raining.*

Она волновалась, пока он не вернулся.
*She was concerned until he arrived.*

Мы слушали его внимательно, пока он не стал
говорить о политике.
*We listened to him attentively until he began*
*to talk about politics.*

IV. *Reversal of НЕ and НИ.*

НЕ is the basic negation used for verbs and verb-
less (non-existent *"to be"* verb) constructions,
e.g.,

Она не читает таких журналов.
*She doesn't read such magazines.*

Смит не англичанин, а американец.
*Smith isn't English but American.*

Вам не трудно работать там?
*Isn't it difficult for you to work there?*

On the other hand НИ negates relative and interrogative pronouns, adverbs of direction and
location, nouns, etc.

Никто не хочет говорить с ним.
*No one wants to talk with him.*

Кира никуда не идёт сегодня.
*Kira isn't going anywhere today.*

Он не покупал ни водки, ни пива.
*He bought neither vodka nor beer.*

However, when this usage is reversed, the translator must be on guard. Two such examples follow:

1. Question words plus НИ

This construction may occur with any question word: КАК, КТО, КАКОЙ, etc. and is the equivalent of English *question word + ever* (or "*no matter...*" constructions).

Как вам ни трудно, но надо кончить это дело сегодня.
*However difficult it may be for you, you must conclude this matter today. (No matter how difficult...)*

These constructions can occur with or without the БЫ particle.

Как бы он это ни сделал, важно только то, что дело закончено.
*However he may have accomplished it, what's important is that it's done.*

С кем бы вы ни говорили, мне всё равно.
*Whomever you may have spoken with, it's all the same to me.*

Когда вы ни придёте, ваша комната будет готова.
*Whenever you arrive, your room will be ready.*

Какую книгу вы ни купите, я всё равно заплачу за неё.
*It doesn't make any difference, I'll pay for whatever book you buy.*

2. НЕ plus question words

НЕ- attached to question words forms *impersonal constructions* parallel with those formed by НЕТ. Such НЕ- formations usually contain verb infinitives. Compare the following:

Здесь нет книг.
*There are no books here.*

Здесь нечего читать.
*There is nothing to read here.*

Study the following examples:

Некого послать сегодня.
*There is no one to send today.*

Мне не с кем поговорить.
*There is no one for me to talk with.*

Нам некуда ходить после работы.
*We have nowhere to go after work.*

Ему некогда ходить в кино.
*He has no time to go to the movies.*[1]

Нечем писать!
*There is nothing to write with.*

*Practice 7:* Translate the following sentences.

1. Как вы так быстро получили визу?
2. Марков всегда волнуется перед экзаменом.
3. Я советую вам это как друг.
4. Как бы вам ни было неприятно, надо пойти к врачу сегодня.
5. Они хотят, чтобы ты им писал только по-русски.
6. Мать волновалась, пока сын не вернулся.
7. Мы видели, как он бил своего брата бутылкой.
8. Что бы она ни купила, им всё равно.
9. Приходите сюда как можно скорее.
10. Саша Попов боялся, что ты не взял с собой достаточно денег.
11. Ей не с кем будет играть в деревне!
12. Как вы услышали об этом?
13. Мы не помним, чтобы Панов когда-нибудь так плохо танцевал.
14. Вы меня спрашивали об этом деле столько раз, сколько мы виделись.
15. Так как вы уже были в Париже, то расскажите нам о Франции.
16. По вечерам в нашем городе нечего делать, некуда ходить.
17. Он работает теперь как робот, а не как человек.
18. Хотя Маша американка, но она говорит по-русски, как русская.
19. Директор сказал, чтобы я держал все документы у себя.
20. Чем больше он работал, тем меньше у него было денег.
21. Товарищ Соркин потребовал, чтобы все отложили сорок рублей в фонд.

---

[1]Compare with:
Он никогда не ходит в кино.
*He never goes to the movies.*

22. Как то́лько он вернётся, позвони́те мне. Я бу́ду в своём кабине́те.
23. Мы все, твои́ роди́тели и друзья́, жела́ем то́лько, что́бы ты ско́ро верну́лась.
24. Не́кого спроси́ть. До́ма никого́ нет. Все уе́хали на шесть неде́ль.
25. Ва́ря ви́дела, как Серге́й учи́л её ста́ршую сестру́ гото́вить борщ.
26. В то вре́мя как вы догова́ривались с Ива́ном, я позвони́л домо́й.
27. Почему́ ты беспоко́ишься? Твоя́ ма́ма вернётся че́рез два часа́.
28. Никто́ не заме́тил, кто отнёс докла́д. По-мо́ему, э́то был и́ли сам председа́тель, и́ли его́ замести́тель.
29. Оте́ц волнова́лся, как бы до́чка не забы́ла а́дрес его́ сестры́ в Ми́нске.
30. С тех пор, как Са́ша ста́ла чита́ть ру́сские газе́ты, она́ начала́ говори́ть по-ру́сски гора́здо лу́чше.
31. Я не хочу́, что́бы ты покупа́л э́тот дом.
32. Е́сли бы жи́ли в го́роде, то ча́сто ходи́ли бы в библиоте́ку.
33. Она́ не хо́чет, что́бы вы бо́льше к нам приходи́ли.
34. Ве́ра реши́ла оста́ться до́ма, что́бы занима́ться.
35. Кого́ бы вы ни привели́, мне всё равно́.
36. Я бою́сь, что Пётр Миха́йлов к нам сего́дня не прие́дет.
37. Я не хочу́, что́бы не́мцы с на́ми вме́сте рабо́тали на комбина́те.
38. Ива́н Петро́вич реши́л перее́хать на кварти́ру в це́нтре го́рода, что́бы не е́здить так далеко́ на рабо́ту.
39. Евпракси́я жела́ет, что́бы Фирс оста́лся с ней навсегда́.
40. Когда́ бы ни прие́хали к нам, мы вас всегда́ принима́ли как родно́го сы́на. Поэ́тому я не понима́ю, как вы могли́ говори́ть про́тив нас.
41. Ему́ уже́ говори́лось, что́бы он э́того не де́лал на уро́ке.
42. Где Гали́на Петро́вна? Я её не ви́дел с тех пор, как она́ уе́хала из Ри́ги.

Translation: Translate the following sentences. Use your dictionary for words you do not recognize.

1. Студе́нтам сейча́с не́когда ходи́ть на конце́рты. У них экза́мены.
2. Е́сли бы сего́дня шёл дождь, то я бы игра́л с ва́ми в ка́рты.
3. Чем ра́ньше вы начнёте рабо́ту, тем скоре́е ко́нчите её.

273

4. Смотря в окно, я видел, как он переходил улицу.
5. Я не помню точно, в каком месяце он приедет к нам. Или в апреле, или в мае.
6. Я предпочитаю, чтобы директор взял на себя всю ответственность за это задание.
7. Переехав на юг, он не мог понять, в каком месяце начинается весна, в каком осень.
8. Она очень много воображает о себе.
9. Давайте поедем к Борису сегодня вечером. У него сегодня много иностранцев.
10. Не возвращайте мне эту работу. Я её больше не хочу видеть.
11. Рабочие хотят знать, необходимо ли выполнить это задание сегодня.
12. После того как отец осмотрел этот участок, он посоветовал мне купить его и построить здесь дом.
13. Наш комбинат принимает участие в социалистическом соревновании. В прошлом году мы получили премию.
14. В каком году Советская Армия победила фашистскую Германию?
15. Государственный секретарь США выразил желание посетить Советский Союз для укрепления детанта.
16. Хотя она стояла в пяти шагах от меня, я не видел её в темноте.
17. --Он часто изменял жене. --Зачем мне нужно знать, изменял ли он своей жене? Это не моё дело.
18. Обе страны согласились с тем, что подписанное в прошлом месяце соглашение о торгово-экономическом и научно-техническом сотрудничестве является основой для развития дружественных отношений.
19. В его круге друзей очень много драматургов и актёров, но он сам ни разу не был в театре.
20. Родителям приходится отвечать за воспитание детей.
21. Я думаю, что каждый, кто увидел Галину Уланову на сцене, запомнил её на всю жизнь.
22. Очень немногим в хореографии, да и в искусстве вообще, удаётся иметь свой, ни с чем не сравнимый стиль и никогда ему не изменять.
23. В этой драме три действия и семь действующих лиц.
24. Смотрите, не забудьте мои часы на работе.
25. Положите деньги, сигареты, ключи и остальные вещи из карманов на стол.
26. --Не давайте детям читать эту порнографию. --Я не могу понять, порнография ли это.
27. Товарищи корреспонденты, больше не допускайте такие ошибки в печати.
28. У неё очень красивое лицо. Жаль, что она такая

толстая.

29. Вчера в "Правде" была статья о роли библиотек в коммунистическом воспитании рабочих и в научно-техническом прогрессе.

30. Иностранцы спрашивали гида, часто ли в советской печати пишут о борьбе с алкоголизмом.

31. Он уже не раз выступал на международном конгрессе в защиту мира.

32. Хорошие ли условия для работы здесь, на берегу моря? Вот что нужно узнать.

33. Сила любви побеждает все препятствия.

34. Сегодня в Белграде было подписано соглашение о развитии сотрудничества в области культуры, науки и образования между СССР и Югославией.

35. Я хочу воспитать своего сына так, чтобы он не боялся любого дела,--только тогда он будет счастливым.

36. В нашу эпоху самым главным становятся не отдельные, пусть блестящие, достижения науки, а высокий научно-технический уровень всего производства.

37. В конечном итоге мы закончили на неделю раньше, чем ожидали.

38. Этот словарь--необходимая вещь для каждого, занимающегося русским языком.

39. Сила его таланта в том, что он понимает душу человека, особенно когда пишет о любви.

40. На базе торгового комплекса создано районное объединение общественного питания.

41. Политическая деятельность комсомольских организаций в настоящее время приобретает особый характер в сельскохозяйственных районах страны.

42. Я не знаю, видел ли кто-нибудь картину Ильи Глазунова "Двадцатый век", но, наверное, скоро мы все сможем её посмотреть.

43. Спроси её, хочет ли она изменить условия контракта.

44. Разговаривая со мной о делах, он неожиданно спросил, интересуюсь ли я современной музыкой. Оказалось, что он хотел пригласить меня на концерт.

45. Никто не думал о том, будут ли они нести ответственность за выраженные ими взгляды. В тот момент они ничего не боялись.

## ДИРИЖЁР И ОРКЕСТР

### Кирилл Кондрашин

*Когда меня спрашивают: что нужно, чтобы стать дирижёром, я не знаю, что ответить. Уж очень сложна эта профессия, да и к тому же компоненты, которые должен иметь в своём таланте дирижёр, ещё далеко не все изучены.*

*Да и нужен ли вообще дирижёр?*

В Москве с 1922 по 1932 год существовал необычный оркестр. Он назывался Персимфанс. Это был оркестр без дирижёра. Мои родители--оркестровые музыканты были одними из зачинателей этого нового дела. Главным организатором оркестра без дирижёра стал известный скрипач Лев Цейтлин. Он считал, что хороший оркестр не нуждается в дирижёре. По его мнению, нужны были только настоящие музыканты.

Персимфанс во многом определял концертную жизнь столицы. С оркестром без дирижёра выступали виднейшие солисты-инструменталисты мира, Эгон Петри, Карло Цекки (как пианист), Жозеф Сигети, Сергей Прокофьев.

Но опыт показал, что хороший оркестр не только тот, что состоит из хороших музыкантов; в Персимфансе не было главного, что определяет лицо настоящего оркестрового коллектива,--не было стилевого единства исполнения. Оркестр без дирижёра хорошо исполнял только незнакомую музыку, которая по существу не заставляла коллектив придерживаться определенных исполнительских традиций (новая музыка их ещё не имела). А вот когда Персимфанс исполнял классику, обнаруживалось, что оркестр-то "без руля и без ветрил"! Репетиции превращались в голосование. Как нужно играть ту или иную фразу? Каждый музыкант предлагал свою трактовку. И каждый считал себя правым. А в результате даже на концерте нередко играли каждый по-своему. Сам Персимфанс и дискредитировал идею оркестра без дирижёра.

Очевидно, искусство--это индивидуальность. И коллектив должен подчиняться индивидуальности! Оркестр направляет воля одного человека--дирижёра. Это не значит, что внутри оркестра не может быть индивидуальностей. Конечно, чем больше талантливых музыкантов в оркестре, тем труднее работать с ними плохому дирижёру. Но тем легче работать хорошему.

В первую очередь дирижёр должен иметь у музыкантов авторитет. Я думаю, ни в одной профессии мира так быстро не утверждается и не падает авторитет руководителя, как в дирижировании.

Особенно трудно дирижёру в начале его творческой деятельности. Оркестр, куда приходит молодой руководитель, имеет уже традиции. И для молодого дирижёра нет ничего проще, чем подчиниться оркестрантам. Недаром говорят: "Есть дирижёры, которые ведут оркестр, и есть дирижёры, которых ведёт оркестр". Нужно иметь огромную волю, чтобы остаться самим собой.

В лице дирижёра обязательно должны сочетаться талант воспитателя, администратора.

Да, могучая воля дирижёра может быть передана оркестру, если его руководитель имеет все данные необходимые для этой сложной профессии.

Для всякого большого исполнителя музыка--выражение эмоционального состояния. Но не всякий исполнитель может выразить словами те эмоции, которые рождает в нём музыка. И если это не так уж обязательно для пианиста или скрипача, то для дирижёра--это непременное условие.

Но этого мало. Дирижёру нужно уметь передать свои эмоции конкретными словами, образами. Работая с оркестром, он убеждает музыкантов, рисуя определённые жизненные ассоциации, связывая их с данным произведением. Дирижёр может использовать параллели из живописи или литературы. И чем талантливее дирижёр, тем точнее будут его аналогии.

И самое интересное: для передачи всех этих эмоций оркестру часто совсем не нужны длинные лекции. Иногда одно слово может изменить характер звучания, и чем лучше оркестр, тем быстрее произойдёт эта метаморфоза. Каждый это делает по-своему, но только при одном условии--дирижёр должен полностью понимать, чего от хочет.

Вот почему дирижёрской профессии абсолютно противопоказано "вундеркиндство". Вундеркинды обычно не могут проанализировать свои эмоции. Они играют интуитивно, дирижёр же должен убедить других исполнителей в своей трактовке. Поэтому по-настоящему хорошо может дирижировать только зрелый человек. Вот почему дирижёрская профессия не боится старости. Отсутствие физических сил компенсируется опытом, знанием жизни.

Очень трудно ответить на вопрос--каким образом дирижёр выражает свои творческие намерения.

Уже много лет я дирижирую и всегда задаю себе этот вопрос. Пусть кому-то покажется парадоксальным, но для меня очевидно--в отношениях дирижёра с оркестром есть элементы гипноза. Вот например: где-то есть очень посредственный оркестр. Музыканты обычно играют не вместе, баланса звучания нет. Но вот при-

езжа́ет отли́чный гастролёр-дирижёр. Он стано́вится за
дирижёрский пульт. И вдруг чу́вствуешь: через пять
мину́т орке́стр игра́ет совсе́м ина́че, музыка́нты внима́-
тельно смо́трят на дирижёра и уга́дывают его́ наме́рения.
Ра́зве это не гипно́з?

Мы ча́сто фетишизи́руем ру́ки дирижёра. Нет, не
ру́ки гла́вное, не жест (э́тому мо́жно научи́ть). Глаза́,
лицо́--вот что определя́ет дирижёра; в них вы́ражена его́
во́ля, его́ тала́нт, кото́рому не нау́чит ни оди́н учи́тель.
(Кста́ти, у Тоска́ни́ни бы́ли не о́чень чёткие ру́ки, а
дирижёр был гениа́льный!).

По́длинный артисти́зм дирижёра--вот зало́г его́
хоро́шего конта́кта с орке́стром.

Мне бы хоте́лось, чтобы миллио́ны люби́телей сим-
фони́ческой му́зыки, приходя́ в конце́ртный зал или слу́-
шая исполне́ние по ра́дио, иногда́ вспомина́ли бы о тех
со́тнях часо́в тво́рческих муче́ний, кото́рые сопу́тствуют
ка́ждому исполне́нию в проце́ссе его́ подгото́вки. И о
мучи́тельных бессо́нных ноча́х по́сле конце́рта, когда́
зву́ки сно́ва встаю́т в уша́х и происхо́дит ана́лиз испол-
не́ния, когда́ всё плохо́е гиперболизи́руется, а уда́в-
шееся начина́ет каза́ться ме́лким и неубеди́тельным. Это
тяжёлые часы́ в жи́зни ка́ждого музыка́нта, но они́ необ-
ходи́мы, так как и́менно здесь и рожда́ется сле́дующее
исполне́ние э́того же произведе́ния.

И вот, наконе́ц, забы́вшись коро́тким сно́м, ра́но
у́тром вы должны́ быть све́жим и энерги́чным и репети́ро-
вать но́вое произведе́ние с тако́й же отда́чей, как и
накану́не. Тако́в дирижёрский труд, и для меня́ ли́чно
в ми́ре нет труда́ прекра́снее.

*Неделя,* июль 1965 года
(revised)

Переведи́те на англи́йский язы́к с по́мощью словаря́
отры́вок из кни́ги Д. С. Лихачёва "Культу́ра Руси́",
и́зданной в Ленингра́де в 1946 году́ (revised).

## ОБРАЗОВА́НИЕ ЕДИ́НОГО РУ́ССКОГО НАЦИОНА́ЛЬНОГО
## ГОСУДА́РСТВА

Втора́я че́тверть XIII в. отме́чена в ру́сской исто́-
рии траги́ческими собы́тиями тата́ро-монго́льского на-
ше́ствия.

Необыча́йные вое́нные успе́хи монго́лов всели́ли у́жас
в европе́йские наро́ды. В 1207 г. монго́лы покори́ли ю́ж-
ную Сиби́рь, в 1211 г.--Кита́й, зате́м Туркеста́н, Афга-
ниста́н, Пе́рсию. Крупне́йшие культу́рные це́нтры Сре́дней
А́зии--Самарка́нд, Бухара́, Мерв--лежа́ли в разва́линах.
В 1221-1223 гг. монго́лы захвати́ли Кавка́з и Закавка́-
зье. В 1236 г. они перепра́вились через Яи́к и покори́-

ли Вóлжскую Болгáрию.  В 1237 г. пáла стáрая Рязáнь, разрýшенная до основáния  пóсле ожесточённого сопро-тивлéния, затéм пáли Владúмир, Москвá.  Татáры рас-сéялись по рýсским городáм и сёлам, "посекáя людéй как травý".  Чéрез два гóда монгóлы овладéли Кúевом, затéм вторглись в Галúцию и Волынь, опустошúли Пóль-шу, Силéзию, Морáвию, Вéнгрию и в 1241 г. появúлись под стéнами Вéны, всюду сéя смерть и разрушéние.

Татáро-монгóльское нашéствие было воспрúнято на Русú как космúческая катастрóфа, как вторжéние поту-стороних сил, как нéчто невúданное и непонятное. Не случáйно знаменúтому рýсскому проповéднику XIII в., Серапúону Владúмирскому, для выражéния своегó впечатлéния от нашéствия приходúли на пáмять óбразы землетрясéния.

Катастрофúческие события вторóй чéтверти XIII в., действúтельно мóгут быть уподóблены землетрясéнию: мнóгие городá были разрýшены до основáния, лýчшие произведéния рýсской архитектýры лежáли в развáлинах, земля былá покрыта пéплом сожжённых деревéнь.

Постепéнно, однáко, Русь возрождáется и крéпнет. Возникáют нóвые цéнтры экономúческой и политúческой жúзни.

В начáле вторóй половúны XIII в. Москвá былá однúм из небольшúх и сáмых бéдных княжеств сéверо-востóчной Русú.  Úменно поэтому достáлась онá одномý из млáдших сыновéй Алексáндра Нéвского--Данúйлу Алек-сáндровичу, от котóрого повёлся затéм род москóвских князéй--"данúловичей".  Но выгодное географúческое положéние Москвы в цéнтре сéверо-востóчной Русú, хо-рошó защищённом окрáинными рýсскими княжествами от опустошúтельных набéгов кочéвников, удóбство речных и сухопýтных торгóвых путéй, связывавших Москвý с Вóлгой и сéверо-зáпадом Русú, привелú к быстрому рóсту её населéния, богáтства и влиятельности.  Мос-кóвские князья скупáли сёла у обеднéвших князéй, стрóили городá.  И нарóд шёл в прóчно защищённые и прирóдой и влáстными князьями владéния Москвы.

Úменно здесь, в Москвé, зрéет мысль об объеди-нéнии всей Русú.  Москóвские князья принимáют тúтул велúких князéй "всей Русú", москóвские летопúсцы ведýт едúнственное в своём рóде общерýсское летопи-сáние, следя за событиями всех рýсских княжеств. Дмúтрий Донскóй принимáет на себя защúту общерýсских интерéсов и от татáр и от Литвы.  В Москвý из Владú-мира переезжáет в начáле XIV в. рýсский митрополúт, и это дéлает её религиóзным цéнтром всех рýсских земéль. Перенесéние митрополúчьей кáфедры в Москвý имéло для Москвы ещё бóльшее значéние, чем перенесéние пáпской резидéнции в 1309 г. в Авиньóн для культýры всей Фрáнции.

# APPENDIX A - NOUN, ADJECTIVE AND PRONOUN PARADIGMS

## 1. Noun Declensions

### a. 1st Declension Masculine and Neuter Nouns

#### Masculine Singular

| | | | | |
|---|---|---|---|---|
| N. | журна́л | писа́тель | това́рищ | музе́й |
| G. | журна́ла | писа́теля | това́рища | музе́я |
| A. | журна́л | писа́теля | това́рища | музе́й |
| P. | журна́ле | писа́теле | това́рище | музе́е |
| D. | журна́лу | писа́телю | това́рищу | музе́ю |
| I. | журна́лом | писа́телем | това́рищем | музе́ем |

#### Masculine Plural

| | | | | |
|---|---|---|---|---|
| N. | журна́лы | писа́тели | това́рищи | музе́и |
| G. | журна́лов | писа́телей | това́рищей | музе́ев |
| A. | журна́лы | писа́телей | това́рищей | музе́и |
| P. | журна́лах | писа́телях | това́рищах | музе́ях |
| D. | журна́лам | писа́телям | това́рищам | музе́ям |
| I. | журна́лами | писа́телями | това́рищами | музе́ями |

#### Neuter Singular

| | | | |
|---|---|---|---|
| N. | сло́во | мо́ре | зда́ние |
| G. | сло́ва | мо́ря | зда́ния |
| A. | сло́во | мо́ре | зда́ние |
| P. | сло́ве | мо́ре | зда́нии |
| D. | сло́ву | мо́рю | зда́нию |
| I. | сло́вом | мо́рем | зда́нием |

#### Neuter Plural

| | | | |
|---|---|---|---|
| N. | слова́ | моря́ | зда́ния |
| G. | слов | море́й | зда́ний |
| A. | слова́ | моря́ | зда́ния |
| P. | слова́х | моря́х | зда́ниях |
| D. | слова́м | моря́м | зда́ниям |
| I. | слова́ми | моря́ми | зда́ниями |

### b. 2nd and 3rd Declension Nouns

#### 2nd Declension Singular

| | | | | | |
|---|---|---|---|---|---|
| N. | же́нщина | кни́га | земля́ | статья́ | а́рмия |
| G. | же́нщины | кни́ги | земли́ | статьи́ | а́рмии |
| A. | же́нщину | кни́гу | зе́млю | статью́ | а́рмию |
| P. | же́нщине | кни́ге | земле́ | статье́ | а́рмии |
| D. | же́нщине | кни́ге | земле́ | статье́ | а́рмии |
| I. | же́нщиной | кни́гой | землёй | статьёй | а́рмией |

## 2nd Declension Plural

| | | | | | |
|---|---|---|---|---|---|
| N. | же́нщины | кни́ги | зе́мли | статьи́ | а́рмии |
| G. | же́нщин | кни́г | земе́ль | стате́й | а́рмий |
| A. | же́нщин | кни́ги | зе́мли | статьи́ | а́рмии |
| P. | же́нщинах | кни́гах | зе́млях | статья́х | а́рмиях |
| D. | же́нщинам | кни́гам | зе́млям | статья́м | а́рмиям |
| I. | же́нщинами | кни́гами | зе́млями | статья́ми | а́рмиями |

## 3rd Declension Singular    3rd Declension Plural

| | | | | | | |
|---|---|---|---|---|---|---|
| N. | дверь | ночь | мать | две́ри | но́чи | ма́тери |
| G. | две́ри | но́чи | ма́тери | двере́й | ноче́й | матере́й |
| A. | дверь | ночь | мать | две́ри | но́чи | матере́й |
| P. | две́ри | но́чи | ма́тери | дверя́х | ноча́х | матеря́х |
| D. | две́ри | но́чи | ма́тери | дверя́м | ноча́м | матеря́м |
| I. | две́рью | но́чью | ма́терью | дверя́ми | ноча́ми | матеря́ми |

*Comments:*

1. Keep in mind that the Spelling Rules discussed in Chapter I determine how the ending is written after Г, К, Х, Ж, Ш, Ц, Ч, Щ, and Й.

2. Keep in mind the animate/inanimate distinction for Accusative Singular and Plural (pp.31,41,97).

3. See p. 93 for a discussion of the -А/-Я endings for Masculine Nominative Plural.

4. See pp. 95-96 for a discussion of Genitive Plural endings.

5. See pp. 83-84 and p. 95 for zero/vowel alternations in the Nominative Singular and Genitive Plural.

### c. Anomalous Declensions

The following nouns have declensional peculiarities not immediately predictable from the Nominative Singular.

1. Special Plural Forms (See Ch. XI, pp. 102-103). In the Singular declension these nouns are regular.

*-ИН Nouns*

англича́нин:

| | | | | |
|---|---|---|---|---|
| N. pl. | англича́не | P. pl. | англича́нах |
| G. pl. | англича́н | D. pl. | англича́нам |
| A. pl. | англича́н | I. pl. | англича́нами |

Similarly:   гражданин → граждане
             славянин → славяне
             христианин → христиане
             крестьянин → крестьяне

       Note:   господин → господа

## -ЬЯ Plurals

брат:                              муж:

N. pl.   братья                   мужья
G. pl.   братьев                  мужей
A. pl.   братьев                  мужей
P. pl.   братьях                  мужьях
D. pl.   братьям                  мужьям
I. pl.   братьями                 мужьями

Similarly:                        Similarly:

   стул → стулья                     друг → друзья
                                     сын → сыновья

## 2. Other Unusual Forms

путь:    Singular        Plural

N.    путь            пути
G.    пути            путей
A.    путь            пути
P.    пути            путях
D.    пути            путям
I.    путём           путями

ребёнок:                          человек:

N. pl.   дети                        люди
G. pl.   детей                       людей
A. pl.   детей                       людей
P. pl.   детях                       людях
D. pl.   детям                       людям
I. pl.   детьми                      людьми

дочь, мать:

N. pl.   дочь            дочери
G. pl.   дочери          дочерей
A. pl.   дочь            дочерей
P. pl.   дочери          дочерях
D. pl.   дочери          дочерям
I. pl.   дочерью         дочерьми (but матерями!)

Neuters in -МЯ:   See Ch. XVI, p. 163.

## 2. Adjectival Declensions

### a. Attributive Adjectives

#### Hard Stems

|    | m. | n. | f. | pl. |
|----|----|----|----|-----|
| N. | но́вый | но́вое | но́вая | но́вые |
| G. | но́вого | | но́вой | но́вых |
| A. | N/G | | но́вую | N/G |
| P. | но́вом | | но́вой | но́вых |
| D. | но́вому | | но́вой | но́вым |
| I. | но́вым | | но́вой | но́выми |

#### Soft Stems

|    | m. | n. | f. | pl. |
|----|----|----|----|-----|
| N. | после́дний | после́днее | после́дняя | после́дние |
| G. | после́днего | | после́дней | после́дних |
| A. | N/G | | после́днюю | N/G |
| P. | после́днем | | после́дней | после́дним |
| D. | после́днему | | после́дней | после́дним |
| I. | после́дним | | после́дней | после́дними |

*Comments:*

1. Masculine hard stems with stressed endings have Nominative Singular inflection -о́й instead of -ый, e.g., молодо́й.

2. Endings for adjectives with stem final consonants in Г, К, Х, Ж, Ш, and Ц are subject to the spelling rules discussed in Chapter I, e.g. большо́й: большо́го, большо́м, большо́му, больши́м; больша́я: большо́й, большу́ю; хоро́ший: хоро́шего, хоро́шем, хоро́шему, хоро́шим; хоро́шая: хоро́шей, хоро́шую; ру́сский: ру́сского, ру́сском, ру́сскому, ру́сским, etc.

### b. Possessive Adjectives

|    | m. | n. | f. | pl. | m. | n. | f. | pl. |
|----|----|----|----|-----|----|----|----|-----|
| N. | мой | моё | моя́ | мои́ | наш | на́ше | на́ша | на́ши |
| G. | моего́ | | мое́й | мои́х | на́шего | | на́шей | на́ших |
| A. | N/G | | мою́ | N/G | N/G | | на́шу | N/G |
| P. | моём | | мое́й | мои́х | на́шем | | на́шей | на́ших |
| D. | моему́ | | мое́й | мои́м | на́шему | | на́шей | на́шим |
| I. | мои́м | | мое́й | мои́ми | на́шим | | на́шей | на́шими |

|    | m. | n. | f. | pl. |
|----|----|----|----|-----|
| N. | чей | чьё | чья | чьи |
| G. | чьего́ | | чьей | чьих |
| A. | N/G | | чью | N/G |
| P. | чьём | | чьей | чьих |
| D. | чьему́ | | чьей | чьим |
| I. | чьим | | чьей | чьи́ми |

*Comments:*

1. твой and свой like мой; ваш like наш
2. The possessive pronouns его, её and их have no other forms and remain the same--regardless of number, gender or case of the nouns they modify.

c. Demonstrative and Determinative Adjectives

|   | *m.* | *n.* | *f.* | *pl.* | *m.* | *n.* | *f.* | *pl.* |
|---|------|------|------|-------|------|------|------|-------|
| N. | тот | то | та | те | этот | это | эта | эти |
| G. | того | | той | тех | этого | | этой | этих |
| A. | N/G | | ту | N/G | N/G | | эту | N/G |
| P. | том | | той | тех | этом | | этой | этих |
| D. | тому | | той | тем | этому | | этой | этим |
| I. | тем | | той | теми | этим | | этой | этими |

|   | *m.* | *n.* | *f.* | *pl.* |
|---|------|------|------|-------|
| N. | весь | всё | вся | все |
| G. | всего | | всей | всех |
| A. | N/G | | всю | N/G |
| P. | всём | | всей | всех |
| D. | всему | | всей | всем |
| I. | всем | | всей | всеми |

*Comment:*

1. The declension of один, одно, одна, одни follows the paradigm for этот.

### 3. Pronouns

|   |   |   |   |   |   |   |
|---|---|---|---|---|---|---|
| N. | я | ты | мы | вы | он | оно |
| G. | меня | тебя | нас | вас | (н)его | |
| A. | меня | тебя | нас | вас | (н)его | |
| P. | обо мне | о тебе | о нас | о вас | о нём | |
| D. | мне | тебе | нам | вам | (н)ему | |
| I. | мной | тобой | нами | вами | (н)им | |

|   |   |   |   |   |   |
|---|---|---|---|---|---|
| N. | она | они | кто | что | -- |
| G. | (н)её | (н)их | кого | чего | себя |
| A. | (н)её | (н)их | кого | что | себя |
| P. | о ней | о них | о ком | о чём | о себе |
| D. | (н)ей | (н)им | кому | чему | себе |
| I. | (н)ей | (н)ими | кем | чем | собой |

*Comment:*

1. Oblique case forms of the pronouns он, оно, она, они are preceded by an н if these pronouns are governed by a preposition: у него, к ней.

2. The reflexive pronoun себя has no Nominative

Case form.

3. The emphatic personal pronoun сам (само́, сама́, са́ми) is declined like the demonstrative adjective э́тот.

## APPENDIX B. Verbs

### I. 1-stem verbs (see Ch. XVII, pp. 185-187)

#### A. Conjugation I.

Infinitive (Inf)   чита́ть
Past Tense (PT)   чита́л, чита́ла, чита́ло, чита́ли
Past Passive Participle (PPP)   (про)чи́тан(ный)
Past Gerund (PG)   (про)чита́в(ши)
Past Active Participle (PAP)   (про)чита́вший
Present/Future Tense (Pr/Fut)

| | |
|---|---|
| чита́ю | чита́ем |
| чита́ешь | чита́ете |
| чита́ет | чита́ют |

Imperfective Future (impf. Fut)   бу́ду чита́ть
Present Passive Participle (PrPP)   чита́ем(ый)
Present Gerund (PrG)   чита́я
Present Active Participle (PrAP)   чита́ющий
Imperative (I)   чита́й, чита́йте!

#### B. Conjugation II.

| Inf | встре́тить | | ви́деть | |
|---|---|---|---|---|
| PT | встре́тил,-ла,-ло,-ли | | ви́дел,-ла,-ло,-ли | |
| PPP | встре́чен(ный) | | ви́ден(ный) | |
| PG | встре́тив(ши) | | ви́дев(ши) | |
| PAP | встре́тивший | | ви́девший | |
| Pr/Fut | | | | |
| | встре́чу | встре́тим | ви́жу | ви́дим |
| | встре́тишь | встре́тите | ви́дишь | ви́дите |
| | встре́тит | встре́тят | ви́дит | ви́дят |
| impf. Fut | --- | | бу́ду ви́деть | |
| PrPP | --- | | ви́дим(ый) | |
| PrG | --- | | ви́дя | |
| PrAP | --- | | ви́дящий | |
| I | встреть, встре́тьте! | | ---(смотри́,смотри́те) | |

All Conjugation II verbs have consonant mutation in the 1st Person sg, and often in the Past Passive Participle as well (see Ch. XVI, pp. 177-179).

II. 2-stem verbs (see Ch. XVIII)

A. -овать verbs (There is a list of common -овать verbs, pp. 29, 195-196).

```
Inf   советовать
PT    советовал,ла,ло,ли
PPP   --- (оснóван(ный))
PG    (по)советовав(ши)
PAP   (по)советовавший
Pr/Fut  советую      советуем
        советуешь    советуете
        советует     советуют
impf. Fut  буду советовать
PrPP  ---  командуем(ый)
PrG   советуя
PrAP  советующий
I     советуй, советуйте
```

B. -авать verbs (Ch. XVIII, p. 196)

```
Inf   давáть
PT    давáл,ла,ло,ли
PPP   ---
PG    давáв(ши)
PAP   давáвший
Pr/Fut  даю́      даём
        даёшь    даёте
        даёт     даю́т
impf Fut  буду давáть
PrPP  давáем(ый)
PrG   давáя
PrAP  даю́щий
I     давáй, давáйте
```

C. -нуть verbs (Ch. XVIII, p. 197)

```
Inf   вернýть(ся)            привы́кнуть
PT    вернýл(ся),ла(сь),     привы́к,привы́кла,ло,ли
      ло(сь),ли(сь)
PPP   --- (-двинут(ый))      ---
PG    вернýвши(сь)           привы́кнув(ши)
PAP   вернувший(ся)          привы́кнувший
Pr/Fut
  вернý(сь)    вернём(ся)    привы́кну      привы́кнем
  вернёшь(ся)  вернёте(сь)   привы́кнешь    привы́кнете
  вернёт(ся)   вернýт(ся)    привы́кнет     привы́кнут
I  верни́(сь), верни́те(сь)   привы́кни, привыкните
```

D. -ать verbs, Conj II (Ch. XVIII, p. 200)

```
Inf   слы́шать                      стоя́ть
PF    слы́шал,ла,ло,ли             стоя́л,ла,ло,ли
PPP   слы́шан(ный)                  ---
PG    (у)слы́шав(ши)                стоя́в(ши)
PAP   (у)слы́шавший                 стоя́вший
Pr/Fut
      слы́шу      слы́шим            стою́     стои́м
      слы́шишь    слы́шите           стои́шь   стои́те
      слы́шит     слы́шат            стои́т    стоя́т
impf Fut  бу́ду слы́шать            бу́ду стоя́ть
PrPP  слы́шим(ый)                   ---
PrG   слы́ша                        стоя́
PrAP  слы́шащий                     стоя́щий
I     (слы́шь) --                   стой, сто́йте
```

E. -ать verbs without stem vowel in Pres (Ch. XVIII, p. 201)

```
Inf   показа́ть                     звать
PT    показа́л,ла,ло,ли            звал,ла́,ло,ли
PPP   пока́зан(ный)                 (на)зван(ный)
PG    показа́в(ши)                  звав(ши)
PAP   показа́вший                   зва́вший
Pr/Fut
      покажу́     пока́жем           зову́     зовём
      пока́жешь   пока́жете          зовёшь   зовёте
      пока́жет    пока́жут           зовёт    зову́т
impf Fut  ---                      бу́ду звать
PrPP  ---                          (зово́мый)
PrG   ---                          (зовя́)
PrAP  --- (ка́жущийся)              зову́щий
I     покажи́, покажи́те            зови́, зови́те
```

F. Root verbs (Ch. XVIII, pp. 202-203)

```
Inf   нести́                        (с)мочь
PT    нёс,несла́,ло́,ли́            (с)мог,могла́,ло́,ли́
PPP   несён(ный)                   ---
PG    нёсши                        мо́гши
PAP   нёсший                       мо́гший
Pr/Fut
      несу́      несём              могу́     мо́жем
      несёшь     несёте            мо́жешь   мо́жете
      несёт      несу́т             мо́жет    мо́гут
impf Fut  бу́ду нести́             --- смогу́, смо́жешь (only)
PrPP  несо́м(ый)                    ---
PrG   неся́                         ---
PrAP  несу́щий                      могу́щий
I     неси́, неси́те                (по)моги́, (по)моги́те
```

287

```
Inf   вести́
PT    вёл,вела́,ло́,ли́
PPP   ведён(ный)
PG    ве́дши
PAP   ве́дший
Pr/Fut
      веду́      ведём
      ведёшь    ведёте
      ведёт     веду́т
impf Fut  бу́ду вести́
PrPP  ведо́мый
PrG   ведя́
PrAP  веду́щий
I     веди́, веди́те
```

```
G. Inf   быть            дать
   PT    был,ла́,ло,ли    дал,ла́,ло,ли
   PPP   ---             дан(ный)
   PG    бывши           дав(ши)
   PAP   бывший          давший
   Pr/Fut
         бу́ду   бу́дем     дам    дади́м
         бу́дешь бу́дете    дашь   дади́те
         бу́дет  бу́дут     даст   даду́т
   impf Fut  ---          ---
   PrPP  ---             ---
   PrG   будучи          ---
   PrAP  ---             ---
   I     будь, будьте    дай, дайте
```

## H. Other verbs

1. -нять verbs, see Ch. XVIII, p. 197.
2. -еть, -еют verbs, see p. 200.
3. For other verbs, check the dictionary for the second stem.


Check the index for page references to the formation of the verb parts:

## APPENDIX C:   Personal Names

Russians have three names: a given name, a patronymic (derived from one's father's given name) and a surname.  In more formal styles of communication the following forms are used for identification or in direct address:

*Леонид Ильич Брежнев*           *Анна Петровна Матрова*

товарищ Л.И. Брежнев            товарищ А.П. Матрова
товарищ Брежнев*                товарищ Матрова*
Л.И. Брежнев                    А.П. Матрова
Л. Брежнев                      А. Матрова
Леонид Брежнев                  Анна Матрова
Леонид Ильич*                   Анна Петровна*

As a form of address the term ТОВАРИЩ originally was used by members of the Communist Party.  Now it has become more generalized and frequently is used as the equivalent of English Mr., Mrs., Miss., Ms.  The terms ГРАЖДАНИН, ГРАЖДАНКА *(citizen)* are also used, usually in an official or semi-official situation when the addressee is unknown to the addresser, e.g., a policeman addressing a pedestrian.  If a person has an official title such as ПРОФЕССОР, ДОКТОР, АКАДЕМИК, ГЕНЕРАЛ, it can replace ТОВАРИЩ.  As with the word ТОВАРИЩ none of the official titles indicate the sex of the individual; that is indicated by the gender form of the surname itself.  The pre-revolutionary forms of address ГОСПОДИН *(Mr.)* and ГОСПОЖА *(Ms.)* are never used in the Soviet Union today except in addressing foreigners who are not members of the Communist Party.

### *Given Names*

Russian given names are found in all three declensions.  Masculine names can belong to either the 1st or 2nd declensions and feminine names to either the 2nd or 3rd declensions, e.g.

| *Given Name* | | *Declension* |
|---|---|---|
| Пётр, Иван, Николай | (m.) | 1st declension (animate) |
| Никита, Илья | (m.) | 2nd declension |
| Вера, Мария | (f.) | 2nd declension |
| Любовь | (f.) | 3rd declension |

---

*The starred forms are the ones also used in direct address. According to Russian tradition, after people have been officially introduced they address one another by given name and patronymic.  Using given name only is found in less formal style.

Hypocoristic forms of Russian given names are equivalent to English nicknames such as Tommy, Billy, Susy and Jamie. Most hypocoristic forms end in -А/-Я, e.g., Ва́ня (Ива́н), Серёжа (Серге́й), Ко́ля (Никола́й), Та́ня (Татья́на), Ната́ша (Ната́лия) and belong to the 2nd Declension. Hypocoristic forms are very popular in colloquial speech.

## Patronymics

Patronymics (names formed from father's first name) are derived by adding a suffix to masculine given names. The following are examples of masculine and feminine patronymics.

| Father's given name | Patronymic (m.) | Patronymic (f.) |
|---|---|---|
| Ива́н | Ива́н*ович* | Ива́н*овна* |
| Никола́й | Никола́*евич* | Никола́*евна* |
| Ники́та | Ники́т*ич* | Ники́т*ична* |
| Илья́ | Ильи́*ч* | Ильи́*нична* |

Masculine patronymics are declined like 1st declension (animate) nouns and feminine patronymics like 2nd declension nouns.

| N. | Ива́нович | Никола́евна |
|---|---|---|
| G. | Ива́новича | Никола́евны |
| A. | Ива́новича | Никола́евну |
| P. | Ива́новиче | Никола́евне |
| D. | Ива́новичу | Никола́евне |
| I. | Ива́новичем | Никола́евной |

## Surnames

Most surnames end in -ОВ, -ИН or -ЫЙ, -ИЙ, and -О́Й. Masculine, feminine and plural forms are distinguished, e.g.

| Masculine | Feminine | Plural |
|---|---|---|
| Ивано́в | Ивано́ва | Ивано́вы |
| Бо́ткин | Бо́ткина | Бо́ткины |
| Чайко́вский | Чайко́вская | Чайко́вские |
| Бе́лый | Бе́лая | Бе́лые |

Surnames in -ОВ and -ИН have a "mixed" declension (Nominal and Adjectival).

| N. | Петро́в | Петро́ва | Петро́вы |
|---|---|---|---|
| G. | Петро́ва | Петро́вой | Петро́вых |
| A. | Петро́ва | Петро́ву | Петро́вых |
| P. | Петро́ве | Петро́вой | Петро́вых |
| D. | Петро́ву | Петро́вой | Петро́вым |
| I. | Петро́вым | Петро́вой | Петро́выми |

Adjective surnames (in -ЫЙ, -ИЙ, -ОЙ) are declined like adjectives.

| | | | |
|---|---|---|---|
| N. | Чайко́вский | Чайко́вская | Чайко́вские |
| G. | Чайко́вского | Чайко́вской | Чайко́вских |
| A. | Чайко́вского | Чайко́вскую | Чайко́вских |
| P. | Чайко́вском | Чайко́вской | Чайко́вских |
| D. | Чайко́вскому | Чайко́вской | Чайко́вским |
| I. | Чайко́вским | Чайко́вской | Чайко́вскими |

Russian surnames ending in -АГО (Жива́го), -ОГО
(Дурного́), -ЫХ (Черны́х), -ИХ (Доми́х) and -КО (Форо-
сте́нко) are not declined.

# APPENDIX D: Numbers

(See also Ch. XV)

1. *Cardinal Numbers*

a. The basic cardinal numbers are:

| | | |
|---|---|---|
| 0- нуль, ноль | 20- | два́дцать |
| 1- оди́н, одна, одно | 30- | три́дцать |
| 2- два, две | 40- | со́рок |
| 3- три | 50- | пятьдеся́т |
| 4- четы́ре | 60- | шестьдеся́т |
| 5- пять | 70- | се́мьдесят |
| 6- шесть | 80- | во́семьдесят |
| 7- семь | 90- | девяно́сто |
| 8- во́семь | 100- | сто |
| 9- де́вять | 200- | две́сти |
| 10- де́сять | 300- | три́ста |
| 11- оди́ннадцать | 400- | четы́реста |
| 12- двена́дцать | 500- | пятьсо́т |
| 13- трина́дцать | 600- | шестьсо́т |
| 14- четы́рнадцать | 700- | семьсо́т |
| 15- пятна́дцать | 800- | восемьсо́т |
| 16- шестна́дцать | 900- | девятьсо́т |
| 17- семна́дцать | 1000- | ты́сяча |
| 18- восемна́дцать | 1.000.000- | миллио́н |
| 19- девятна́дцать | 1.000.000.000- | миллиа́рд |

Also: 1½- полтора́ (m., n.), полторы́ (f.)
both- о́ба (m., n.), о́бе (f.)

All other cardinal numbers are compound, with
the constituent numbers written separately.

291

```
21- двáдцать одúн
46- сóрок шесть
270- двéсти сéмьдесят
584- пятьсóт вóсемьдесят четы́ре
1.312- однá ты́сяча трúста двенáдцать
2.015- две ты́сячи пятнáдцать
46.212- сóрок шесть ты́сяч двéсти двенáдцать
13.987- тринáдцать ты́сяч девятьсóт вóсемьдесят
```
семь

*N.B.* With all compound numbers, including ты́сяча, миллиóн, миллиáрд, the rules governing noun phrases apply, with the last basic number term determining the form of the noun--Nom.sg. after 1, Gen. Sg. after 2,3,4, and Gen. pl. after all other final digits. See p. 159.

b. Declension of the Basic Cardinal Numbers

1. The number one (одúн, однó, однá) agrees in gender with the noun it describes. Its declension is the same as that of э́тот. See pp. 85, 284.

2. The numbers 2, 3, and 4 and the word for "both" (обо, обе) have the following declensional pattern.

| N. | два две | óба | óбе | три | четы́ре |
|----|---------|-----|-----|-----|---------|
| G. | двух | обóих | обéих | трёх | четырёх |
| D. | двум | обóим | обéим | трём | четырём |
| A. | | | | | |
| I. | двумя́ | обóими | обéими | тремя́ | четырьмя́ |
| P. | двух | обóих | обéих | трёх | четырёх |

*N.B.* ОБА and ДВА are used with masculine and neuter nouns and ОБЕ and ДВЕ with feminine nouns.

3. All numbers ending in Ь, 5-20, 30, as well as 50-80 are declined like 3rd Declension nouns:

| N.,A. | пять | двенáдцать | двáдцать | пятьдеся́т |
|-------|------|-----------|----------|-----------|
| G.,D.,P. | пятú | двенáдцати | двадцатú | пятúдесяти |
| I. | пятью́ | двенáдцатью | двадцатью́ | пятью́десятью |

*N.B.* Нуль/ноль *"zero"* is an exception. It belongs to the 1st Declension, e.g., Gen. нуля́, ноля́.

4. 1½, 40, 90, and 100 are declined as follows:

| N.,A. | полторá, полторы́ | сóрок | девянóсто | сто |
|-------|------------------|-------|-----------|-----|
| G.,D.,I.,P. | полу́тора | сорокá | девянóста | ста |

*N.B.* Полторá is used with masculine and neuter nouns and полторы́ with feminine nouns.

5. The "hundreds" are declined as follows:

| 200 | 300 | 400 | 500 |
|---|---|---|---|
| двести | триста | четыреста | пятьсот |
| двухсот | трехсот | четырёхсот | пятисот |
| двумстам | тремстам | четырёмстам | пятистам |
| двумястами | тремястами | четырьмястами | пятьюстами |
| двухстах | трехстах | четырёхстах | пятистах |

6. ТЫ́СЯЧА is declined like a 2nd Declension noun and МИЛЛИО́Н and МИЛЛИА́РД like 1st Declension nouns.

## 2. Collective Numerals

There is a limited series of collective numerals which is used to count groups of two, three, four, and *Pluralia Tantum*. They range up to ten; however the usage of higher collectives (beyond four) is becoming increasingly rare. The collective numerals are:

двое, трое, четверо, пятеро, шестеро, семеро, восьмеро, девятеро, десятеро

ДВО́Е and ТРО́Е have the same declension; all other collectives are declined like ЧЕ́ТВЕРО.

| | | |
|---|---|---|
| N. | двое | четверо |
| G. | двоих | четверых |
| D. | двоим | четверым |
| A. | N/G | N/G |
| I. | двоими | четверыми |
| P. | двоих | четверых |

## 3. Case in Cardinal and Collective Number Phrases

a. ОДИ́Н is treated like an adjective and always agrees in number, gender and case with the noun phrase it modifies.

b. The other cardinal and collective numerals and О́БА/О́БЕ are treated like nouns in Nominative and inanimate accusative (governing the "counted" noun) and like adjectives in animate Accusative and the oblique cases (modifying the "counted" noun).

### Nominative and Inanimate Accusative

1. Nouns in noun phrases following the numbers 2, 3, 4 and ПОЛТОРА́ *(1-1/2)* and О́БА/О́БЕ *(both)* are in Genitive singular, while the adjectives are in Genitive plural or in Nominative plural. The latter is preferred for feminine nouns.

| | |
|---|---|
| Óбе мои газéты на столé. | Both of my newspapers are on the table. |
| Виктор купил полторá литра керосина. | Victor bought 1½ liters of kerosene. |
| Двé жéнщины сидéли на дивáне и говорили друг с другом. | Two women sat on the divan and spoke with one another. |
| Вáня получил четы́ре интерéсных письмá. | Vanya received four interesting letters. |

2. Noun phrases following all other simple (compound) cardinal numbers and collectives are in Genitive plural.

| | |
|---|---|
| У нас в клáссе бы́ло двáдцать студéнтов. | We had 20 students in the class. |
| Вéра привезлá семь нóвых рисýнков из Парижа. | Vera brought seven new drawings from Paris. |
| Он ужé купил одиннадцать домóв. | He already had bought 11 houses. |
| У богáтого америкáнца бы́ло шесть дач-- три в Калифóрнии и три во Флори́де. | The rich American had six "dachas"-- three in California and three in Florida. |
| Нас бы́ло тóлько чéтверо на собрáнии вчерá. | There were only four of us at the meeting yesterday. |

3. Noun phrases following compound cardinal numbers take the form required by the last number term in the compound (not necessarily the last digit, cf. 1211--ты́сяча двéсти одиннадцать).

| | |
|---|---|
| В клáссе был двáдцать один стол. | There were 21 tables in the classroom. |
| На лéкции вчерá бы́ло сóрок три человéка. | There were 43 people at the lecture yesterday. |
| Вáся принёс домóй двáдцать пять нóвых журнáлов из библиотéки. | Vasya brought 25 new magazines home from the library. |
| Он написал мне сто шестьдесят писем из Москвы́. | He wrote me 160 letters from Moscow. |

*Animate Accusative and Oblique Cases*

All numbers, cardinals and collectives, are treated like "adjectives" in animate Accusative and Oblique cases and take the same case as the noun phrase which they describe:

| | |
|---|---|
| Я ви́дел двух краси́вых де́вушек на у́лице. | *I saw two beautiful girls on the street.* |
| Он говори́л об обе́их газе́тах. | *He spoke about both newspapers.* |
| Она́ пришла́ к нам вчера́ ве́чером с пятью́ друзья́ми. | *She came to us yesterday evening with five friends.* |
| У него́ не́ было шести́ рубле́й. | *He didn't have six rubles.* |
| Татья́на написа́ла статью́ о шести́ гла́вных города́х Евро́пы. | *Tatiana wrote an article about the six main cities of Europe.* |

4. *Ordinal Numerals*

a. The basic ordinal numbers are:

| | |
|---|---|
| 1st-пе́рвый | 17th-семна́дцатый |
| 2nd-второ́й | 18th-восемна́дцатый |
| 3rd-тре́тий | 19th-девятна́дцатый |
| 4th-четвёртый | 20th-двадца́тый |
| 5th-пя́тый | 30th-тридца́тый |
| 6th-шесто́й | 40th-сороково́й |
| 7th-седьмо́й | 50th-пятидеся́тый |
| 8th-восьмо́й | 60th-шестидеся́тый |
| 9th-девя́тый | 70th-семидеся́тый |
| 10th-деся́тый | 80th-восьмидеся́тый |
| 11th-оди́ннадцатый | 90th-девяно́стый |
| 12th-двена́дцатый | 100th-со́тый |
| 13th-трина́дцатый | 1.000th-ты́сячный |
| 14th-четы́рнадцатый | 1.000.000th-миллио́нный |
| 15th-пятна́дцатый | 1.000.000.000th-миллиа́рдный |
| 16th-шестна́дцатый | |

In compound ordinal numerals only the final term is an ordinal, e.g.,

| | |
|---|---|
| 61st | шестьдеся́т пе́рвый |
| 237th | две́сти три́дцать седьмо́й |
| 42nd | со́рок второ́й |
| 1974th | ты́сяча девятьсо́т се́мьдесят четвёртый |

b. Declension of Ordinal Numerals

With the exception of ТРЕ́ТИЙ the ordinal numerals are declined like hard stem adjectives. The ordinal ТРЕ́ТИЙ has the forms: neuter Nominative and Accusative ТРЕ́ТЬЕ; feminine Nominative ТРЕ́ТЬЯ, Accusative ТРЕ́ТЬЮ; Nominative and Accusative plural ТРЕ́ТЬИ. Otherwise it has the stem ТРЕ́ТЬ- and is declined like a soft stem adjective.

## c. Case and Ordinal Numerals

Ordinal numerals are always in the same case as the noun phrase they modify, e.g.,

| | |
|---|---|
| Он жил на пя́том этаже́. | *He lived on the 5th floor.* |
| Óльга прие́хала в Аме́рику в ты́сяча девятьсо́т четвёртом году́. | *Ol'ga arrived in America in 1904.* |
| Седьмо́й расска́з в э́той кни́ге са́мый интере́сный. | *The 7th story in that book is the most interesting.* |
| Два́дцать тре́тий авто́бус ещё не пришёл. | *The 23rd bus has still not arrived. Also: Bus #23 (route #23) has still not arrived.* |

Words given in the chapter vocabulary lists have the chapter indicated in Roman numerals; words occurring in a chapter but not on the list in the beginning have the chapter indicated in Arabic numerals.

The following groups of words may be omitted from this vocabulary: words that are glossed where they occur in an exercise, low frequency words given to encourage use of a dictionary, many foreign borrowings whose meaning is obvious, or at least guessable.

Some alternate stem forms are given; for other exceptional forms check the appendices or a good reference dictionary. Normally words with fleeting vowels have another form in the vocabulary showing this alternation, usually Gen sg. or pl. When verbs are listed as pairs the format is: Imperfective/Perfective. The present stem where needed is given by the third Person pl.

а, III *and* (contrasting conjunction)

áвгуст, 15 *August*

авторýчка, XI, -чек *fountain pen*

агити́ровать, 4, impf. *to campaign; to try to persuade*

акадéмик *academician*

аккурáтность, 9 *exactness/ thoroughness*

америкáнец, X, -нца *American*

америкáнка, X, -нок *American*

англи́йский, 2 *English*

англичáнин, XI, -ане *Englishman*

англичáнка, XI, -нок *English woman*

аплоди́ровать, 4, impf., *to applaud* (+ Dat.)

апрéль, 15, *April*

арестóвывать, 12/аресто-

ва́ть, 4 *to arrest*

бéдность, 9, f. *poverty*

бéдный, VIII *poor*

без + Gen., VII *without*

бéлый, VI *white*

бесéда, XIV *talk, conversation*

бесéдовать, XVIII, impf. *to talk, to converse (with)*

беспокóиться/о-, XXI *to be concerned, to worry*

беспорядок, X, -дка *disorder, confusion*

библиотéка, X *library*

бить, бьют/по-, XVI *to hit, beat, strike, break*

бли́же, XVI *nearer*

бли́зкий, XVI *near*

богáтство, 9 *riches, wealth*

богáтый, VIII *rich*

бóлее, IX *more*

бóльше, IX *bigger, larger, greater; more*

большеви́к, 9 *Bolshevik*
большинство́, 9 *majority*
большо́й, IV (велик)
  *big; great*
борьба́, XXI *battle,*
  *struggle*
боя́ться, боя́тся/по-, XXI
  *to be afraid*
брат, VIII, бра́тья
  *brother*
бра́тство, 9 *brotherhood*
брать, беру́т, 12/взять,
  возьму́т, V *to take*
брига́да *brigade*
  *team (workers)*
бу́дучи, XX *being,*
  *having been*
бу́дущий, XV *future*
бума́га, XI *paper*
  >бума́ги >*papers*
  *(official)*
буржуа́зный, 2 *bourgeois*
буты́лка, VII, -лок
  *bottle*
быва́ть, XX, impf. *to be;*
  *to happen; turn up*
  *habitually or occa-*
  *sionally*
бы́вший, XV *former*
бы́стрый, IX *rapid, fast*
быт, XX *life(style)*
быть, бу́дут, IV *to be*
в(о), VIII (+Acc.) *in-*
  *to, to;* (+Prep.) *in,*
  *at*
ва́жный, V *important*
ваш, ва́ше, ва́ша, ва́ше, X
  *your*
вводи́ть/ввести́, введу́т,
  16 *to lead in; to*
  *introduce*
вдруг, X *suddenly*
везти́, XVII → вози́ть
век, XV *century, age*
вели́кий, VI *great*
ве́рить/по-, XX *to be-*
  *lieve*
верну́ть(ся), XIII, pf.:
  возвраща́ть(ся)
вероя́тно, XVII *probably*
верхо́вный, XVII *supreme*

весна́, 14 *spring*
весно́й, 14 *in the spring*
вести́ → води́ть, 19
весь, всё, вся, все, X
  *all, the whole*
ве́чер, 14 *evening*
ве́чером, XI *in the even-*
  *ing*
вещь, XIV, f. *thing*
взволнова́ться, pf.:
  волнова́ться
взгляд, XX *gaze, look;*
  *opinion*
взять, V, pf.: брать
вид, XV, (в виду́) *appear-*
  *ance; shape; view*
  >(име́ть) в виду́ >*(to*
  *keep) in mind*
виде́ние, 9 *vision, appa-*
  *rition*
ви́деть, ви́дят, IV/у-, 12
  *to see*
ви́деться/у-, XV *to see*
  *one another, to meet*
вино́, I *wine*
вкла́дывать/вложи́ть, 16
  *to insert; to invest*
владе́ть, XIV, impf. *to*
  *own, to have command of*
  (+Inst.)
власть, XX, f. *power*
влюбля́ться/влюби́ться, 16
  *to fall in love*
вме́сте (с), XIV *together*
  *(with)*
вме́сто + Gen., VIII
  *instead of*
вне́шний, XIV *external,*
  *outer; foreign*
внима́ние, XIV *attention*
внима́тельно, XII *atten-*
  *tively*
вноси́ть/внести́, внесу́т, 16
  *to carry in*
во вре́мя + Gen., XII
  *during*
во́время, XV *in time, on*
  *time*
вода́, V *water*
води́ть: вести́, веду́т
  both impf. *to lead, to*

be leading
вóдка, V vodka
воéнный, XIII military
возвращáть, XIII,-(ся),
   XV/вернýть(ся) to
   return
возить 3:везти,везýт
   both impf. to carry,
   transport
возмóжность, 9, f. pos-
   sibility, opportunity,
   chance
возмóжный, IX possible
возникáть/возникнуть,
   XVIII to arise, to
   come into existence
войнá, XIII war
вокзáл, VIII railway
   station
волновáться/взволновáть-
   ся, XXI to worry, to
   be concerned
воображáть/вообразить,
   XXI to imagine
вообщé, VIII in general
вопрóс, VII question
восемнáдцать, 15 eight-
   een
вóсемь, 15, f. eight
вóсемьдесят, 15 eighty
восемьсóт, 15 eight
   hundred
воспитáние, XX educa-
   tion; upbringing
востóк, X east
востóчный, X east,
   eastern
восьмóй, 15 eighth
вот, IX here (is/are),
   there (is/are)
вписывать/вписáть,впишут,
   16 to inscribe, add a
   word
врач, XI doctor, physi-
   cian
врéмя, XV, n. (Gen. вре-
   мени) time
всегдá, V always
все, X everyone, all
всё, X everything (pro-
   noun)

всё, XVIII continually
   (adverb)
всё-таки, XX still,
   nevertheless
вставáть,встаю́т/встать,
   встáнут, XX to get up
встрéча, XIX meeting
встречáть, 12/встрéтить,
   VI to meet, encounter
встречáться/встрéтиться,
   XV to meet (by agree-
   ment)
вступáть/вступить, 16
   to enter; to join
всякий, XIX any (every)
вторóй, X second
входить/войти,войдýт, 16
   to go in, to enter
вчерá, VII yesterday
въезжáть/въéхать,въéдут,
   16 to drive in
вы, X you
выбирáть/выбрать,выберут,
   16 to select; to elect
вывод, XIX conclusion
выводить/вывести,-ведут,
   19 to lead out; to
   conclude, infer, deduce
вывозить/вывезти,-везут,
   19 to export; to
   transport out
выдающийся, XIX out-
   standing, prominent
выезжáть/выехать,выедут,
   to go out; to leave; to
   move out
вызывáть/вызвать,-зовут,
   16 to call out, to
   send for; to call
   forth, to provoke, to
   stimulate
выигрывать/выиграть, 16
   to win
выносить/вынести,-несут,
   19 to carry out, to
   take out
выполнéние, XVI imple-
   mentation, fulfillment
выполнять/выполнить, 16
   to fulfill
выражáть/выразить, XXI

to express

вы́расти, XVIII pf.: расти́

выска́зывать/вы́сказать, вы́-
скажут, 16 to express,
to state

высо́кий, VI high; tall;
lofty

выступа́ть/вы́ступить, 16
to come out, step out,
to appear

выступле́ние, XVI performance, statement (speech)

вы́сший, XIX highest,
superior

выходи́ть/вы́йти, вы́йдут, 16
to go out, to exit; to
be published

вы́учить, VI pf.: учи́ть

вы́ше, 9 higher; taller

ГУМ (Госуда́рственный Уни-
верса́льный Магази́н) The
State Universal Store,
the name of the largest
department store in Mos-
cow

газе́та, II newspaper

где, III where

геро́й, II hero

глава́, VI chapter; head
(of a department, insti-
tution, etc.)

гла́вный, VI chief, main

глубо́кий, XVII deep

гляде́ть/по-, -глядя́т, XVIII
(на + Асс.) to look
(at)...

говори́ть, IV, only impf.
to speak, to talk

говори́ть, 12/сказа́ть, ска́-
жут, V to say, to tell

год (G. pl. лет when quan-
tified), XV, в году́
year

го́лос, XIV, voice

гора́, XIX mountain

го́род, III city

городско́й, III urban;
city (adj.)

господи́н, XI, господа́ Mr.

госпожа́, XI Ms.

гости́ница, VIII hotel

гость, II, m. guest

госуда́рство, 9 state

госуда́рь, 9, m. sover-
eign

гото́вить/при-, XIII to
prepare

гото́виться/при-, XV to
prepare oneself, to get
ready

гото́вность, 9, f. readi-
ness, preparedness

гото́вый, IX ready, pre-
pared

граждани́н, XI, -ане
citizen (m.)

гражда́нка, XI, -нок
citizen (f.)

гражда́нство, 9 citizen-
ship, nationality

грани́ца, XIX boundary,
border

гро́мкий, IX loud

гро́мче, 9 louder

грузови́к, XIX truck

да, VII yes

дава́ть, даю́т/дать, XIII
(See Appendix B) to
give

давно́, VI long ago

да́же, X even

далёкий, XVI far

далеко́, X far; far off

да́льше, XVI farther

да́нные, XVI data

дать, XIII pf.: дава́ть

да́ча, X dacha (country
house)

два, 15, m., n., две, f.
two

двадца́тый, 15 twentieth

два́дцать, 15 twenty

двена́дцать, 15 twelve

дверь, VII, f. door

две́сти, 15 two hundred

дви́гать(ся)/дви́нуть(ся),
XVIII to move, to
shift

движе́ние, XIX movement

дви́нуть(ся), XVIII pf.:
дви́гать(ся)

дво́е, N. two (collective)

де́вушка, XI, -шек *girl*
девяно́сто, 15 *ninety*
девятна́дцать, 15 *nine-teen*
девя́тый, 15 *ninth*
де́вять, 15 *nine*
девятьсо́т, 15 *nine hundred*
де́йствие, XXI *action*
де́йствующий, XIX *operating, acting, working*
дека́брь, 15 *December*
де́лать, IV/c-, 12 *to make; to do*
де́ло, II *business, affairs; (court) case*
демонстри́ровать, 4, impf. & pf. *to demonstrate; to give a demonstration, to show*
день, X, m., дня *day*
де́ньги, XI, pl., де́нег *money*
дере́вня, X, f. (G. pl. -ве́нь) *village, countryside*
держа́ть,де́ржат, XVI, impf. (XVIII) *to hold, to keep*
деся́тый, 15 *tenth*
де́сять, 15 *ten*
де́ти, XI, G. дете́й *children*
де́ятель, XVII, m. *statesman; figure*
де́ятельность, XVII, f. *activity; occupation*
диктова́ть/про-, 12 *to dictate (a letter)*
дирижи́ровать, 14, impf. (+Inst.) *to conduct (music)*
для, IX, + Gen. *for, for the benefit of*
днём, XI *in the daytime*
до, XII, + Gen. *before, up to, until*
до сих пор, XXI *up to now*
до того́ как *before (conjunction)*
добива́ться/доби́ться,до-

бью́тся, XV *to achieve; to get, to obtain* + Gen.
до́брый, VIII *kind*
доводи́ть/довести́,доведу́т, 19 *to lead to, as far as*
довози́ть/довезти́,довезу́т, 19 *to transport as far as*
договáриваться/договори́ться, XV *to negotiate, to reach agreement*
догово́р, XX *agreement*
доезжа́ть/дое́хать,дое́дут, 16 *to reach (riding), to go as far as*
дождь, XIX, m. *rain*
доказу́емый, XXI *probable*
дока́зывать/доказа́ть, -ка́жут, 16 *to prove*
докла́д, XIV *report, lecture*
до́лго, IX *long, a long time*
до́лжен, должно́, должна́, должны́, X, (+inf.) *must, have to; ought to should*
дом, II *house; building*
до́ма, III *at home*
дома́шний *home* (adj.)
дома́шняя работа *homework*
домо́й, VIII *home, homewards*
допуска́ть/допусти́ть, XXI *to allow, to permit*
доро́га, VIII *road*
дорого́й, VII *expensive; dear (endearment)*
доро́же, 9 *more expensive, dearer*
достига́ть/дости́гнуть, XVI *to attain, achieve, reach*
достиже́ние, XVI *achievement*
досто́йный, XX *worthy*
доходи́ть/дойти́,дойду́т,16 *to reach (on foot), to*

301

*go as far as (on foot)*
дочь, II, G. дочери
*daughter*
друг, IV, друзья́ *friend*
друг дру́га, XV *each other*
друго́й, IV *other, another*
дру́жба, VII *friendship*
ду́мать, VI, impf. *to think, to suppose*
его́, X, (indeclinable) *his (possessive)*
еди́нство, XIX *unity*
еди́ный, XIX *united, indivisible*
её, X (indeclinable) *her (possessive)*
е́здить е́хать, е́дут, 19, both impf., *to go (by conveyance), to be going, to drive (somewhere)*
е́сли, XIII *if*
есте́ственный, XVII *natural*
есть, VII *there is/there are*
е́хать, 19 → е́здить
ещё, VII, (XII) *still; yet*
ждать, ждут, VIII, impf. *to wait for*
жела́ть/по-, XXI, + Gen. *to wish for*
жена́, IX, pl. жёны *wife*
же́нщина, X *woman*
живо́й, VI *living, alive*
жизнь, VI, f. *life*
жи́тель, VI, m. *inhabitant (m.)*
жи́тельница, *inhabitant (f.)*
жи́тельство, 9 *residence*
жить, живу́т, VI, impf. *to live*
журна́л, 2 *magazine*
за, VII, + Acc. *behind, beyond; during, (in exchange) for*
XIV, + Inst. *behind, at; for (to fetch)*
за грани́цей, XIV *abroad*

*(location)*
за грани́цу, XIX *abroad (motion)*
зааплоди́ровать, 12, pf., *burst into applause*
забыва́ть, 12/забы́ть, забу́-дут, VIII *to forget*
заве́дующий, XIX, + Inst. *manager*
заво́д, VI *factory*
за́втра, XVII *tomorrow*
зада́ние, XXI *problem, task*
зада́ча, VI *problem*
заде́лывать/заде́лать, 16 *to seal, to stop up*
заезжа́ть/зае́хать, зае́дут, 19 *to drop in on; to go for something (за + Inst.)*
заинтересо́ванность, f. *attention, interest*
заинтересова́ть, 12, pf.: интересовать
заинтересова́ться, XV, pf. интересоваться
зайти́, 19, pf.: заходить
зака́нчивать/зако́нчить, 16 *to finish, bring to an end*
зако́н, XV *law; statute*
закрыва́ть(ся), 12/за-кры́ть, закро́ют(ся), VII *to close*
закры́тый, XV, *closed*
замести́тель, XIV, *substitute; deputy, assistant*
замеча́ть/заме́тить, XX *to notice*
занима́ть/заня́ть, займу́т, XIV *to occupy*
занима́ться/заня́ться, зай-му́тся, XV *to be occupied; to study, take up (+ Inst.)*
заня́той, IX, *occupied, busy*
за́пад, X *west*
за́падный, X *western*
запи́сывать/записа́ть, запи́-шут, 16 *to note, write*

302

down
заполня́ть/запо́лнить, 16
  *to fill up, fill out*
зараба́тывать/зарабо́тать,
  16 *to earn*
заседа́ние, XX *meeting*
заслу́живать/заслужи́ть, 16
  *to deserve, merit, earn*
заставля́ть/заста́вить, 16
  *to force, compel; to
  make*
зате́м, XX *then, after
  that*
заходи́ть/зайти́,зайду́т, 19
  *to drop in on; to stop
  by for someone* (за +
  Inst.)
захоте́ть(ся), 12, pf.:
  хоте́ть(ся)
заявле́ние, XVI *statement,
  declaration*
заявля́ть/заяви́ть, 16 *to
  declare, to announce*
звать,зову́т/по-, XVI *to
  call*
звони́ть/по-, XIII, +
  Dat. *to call (phone)*
зда́ние, VI *building*
здесь, III *here*
земля́, VI *earth, land,
  ground*
зерно́, XX *grain*
зима́, 14 *winter*
зимо́й, 14 *in the winter*
знако́миться,по-, XV *to
  become acquainted* (in-
  trans.)
зна́мя, 15 *banner*
зна́ние, 9 *knowledge*
знать, V/у-, 12 *to know*
значе́ние, IX *meaning,
  significance*
значи́мый, XXI *signifi-
  cant*
значи́тельный, XIX *con-
  siderable, sizable;
  significant*
зна́чить, XVII/ impf.,
  *to mean*
и, III *and* (coordinating
  conjunction)

игра́, XX *game*
игра́ть/сыгра́ть, XVI *to
  play*
идти́,иду́т, 19 *to be
  going (walking)*
из(о), VIII, + Gen.
  *from, out of*
изве́стие, VIII *news (a
  piece of)*
изве́стный, VIII *famous,
  well-known*
Извини́те!, XVIII *Excuse
  me!*
изуча́ть/изучи́ть, XVII
  *to study, to learn*
изуче́ние, XVII *study*
изучи́ть, XVII, pf.: изу-
  ча́ть
и́ли, V *or*
  и́ли...и́ли..., XII
  *either...or...*
и́менно, XIV *namely*
име́ть, IX, impf. *to have*
име́ющий, XIX *having,
  possessing*
и́мя, XV, n., Gen. имени
  *name*
иногда́, XII *sometimes*
иностра́нец, XIV, -нца
  *foreigner*
иностра́нный, XIV *foreign*
интересова́ть, 4/за-, 12
  *to interest*
интересова́ться/за-, XV,
  + Inst. *to be inter-
  ested in*
иску́сственный, 20 *arti-
  ficial, synthetic*
иску́сство, 17 *art*
испо́льзование, XX *use*
иссле́дование, XVII *re-
  search*
иссле́довать, XVII, impf.
  & pf. *to investigate,
  to research*
ито́г, XXI *sum, total*
их, X, (indeclinable)
  *their (possessive)*
ию́ль, 15, m. *July*
ию́нь, 15, m. *June*
к, XIII, + Dat. *toward,*

to

ка́ждый, V  each, every

каза́ться,кажутся/по-, XV
+ Dat.  to seem; to
seem to be  (+ Inst.)

как, IX  how, as

как-то, 13  somehow

како́й, III  what, what
kind of

како́й-то, 13  some kind
of

каранда́ш, XI  pencil

ка́рта, V  map

карти́на, V  picture

ка́чество, IX  quality

кварти́ра, VIII  apartment

кита́йский, VIII  Chinese

класть,кладу́т, XVIII/по-
ложи́ть, VIII  to lay;
to put

кни́га, V  book

когда́, V  when

коли́чество, IX  quantity

колхо́з (коллекти́вное)
хозя́йство), IX  col-
lective farm

командиро́вка, XIV  busi-
ness trip

кома́ндовать, 4/с-, 12
(+ Inst.)  to command,
to be in command of

комбина́т, XXI  group of
enterprises

ко́мната, VI  room

коне́ц, X, конца́  end

консе́рвы, 11, m., pl.
canned goods

конча́ть, XV, (ся), 12/
ко́нчить, VII, (ся)
to finish, end

копе́йка, X, G. pl. копе́ек
kopek (coin)

коренно́й, XIX  fundamen-
tal

кото́рый, X  which

краси́вый, V  beautiful

кра́сный, V  red

крестья́нин, 11  peasant

критикова́ть, 4, impf.
to criticize

кро́ме, XIX, + Gen.  ex-

cept, besides

круг, XXI  circle

кру́пный, V  large scale;
great

кто, III  who

куда́, VIII  where to

купи́ть, VII  pf.:покупать

ла́мпа, II  lamp, light

ле́вый, II  left

лёгкий, VII  light; easy

лежа́ть/NTP, IV  to lie,
to be lying

лес, XVIII, в лесу́  for-
est

лет, 15  See год

лета́ть:лете́ть,летя́т, 19
both impf.  to fly

ле́то, 14  summer

ле́том, 14  in the summer

ли, V  whether; [ques-
tion]

лицо́, XXI  face; person

ли́чность, 9, f.  person-
ality

ли́чный, VII  personal

лишь, XVII  only

ложи́ться/лечь,ля́гут, XX
to lie down

лу́чше, 9  better

люби́мый, XXI  favorite

люби́тель, 6, m.  lover

люби́ть, IV, impf.  to
love

любо́вь, X, f., любви́
love

любо́й, XIX  any (at all)

лю́ди, XI, pl., G. люде́й
people

май, 15  May

ма́ленький, IV, (мал)
small

ма́ло, IX  little, few

март, 15  March

мать, II, f., G. ма́тери
mother

маши́на, V  machine; car

ме́дленный, IX  slow

ме́жду, XIV, + Inst.  be-
tween

междунаро́дный, XIV
international

ме́нее, IX *less*
  тем не ме́нее *none the less*
ме́ньше, IX *smaller, less*
меньшинство́, 9 *minority*
ме́ра, XX *measure*
ме́стный, III *local*
ме́сто, III *place*
ме́сяц, XV *month*
милиционе́р *policeman (USSR)*
мили́ция *the police (USSR)*
ми́мо, XIX, + Gen. *past*
мини́стр, 9 *minister (political)*
министе́рство, 9 *ministry*
мину́вший, XX *past; last*
мир, VII *peace; world*
мла́дший, VII *younger, junior*
мне́ние, XIII *opinion*
мно́го, IX *much, more*
многоуважа́емый, XXI *worthy, honorable; dear* (letter salutation)
мобилизова́ть, 4, impf. and pf. *to mobilize*
мо́жно, XIII *it is possible; it is permitted*
мой, моё, моя́, мои́, X *my*
молодёжь, VII, f., *youth* (coll.)
молодо́й, IV *young*
мо́лодость, 9, f. *youth, youthfulness*
моло́же, 9 *younger*
мо́лча, XX *silently*
мора́ль, 2, f. *code of ethics, moral code*
мо́ре, II *sea*
морско́й, 2 *sea nautical* (adj.)
мочь, мо́гут, IX/c-, 12 *to be able*
мо́щность, XX, f. *power*
мо́щный, XIX *powerful*
муж, IX, мужья́ *husband*
мужчи́на, X, m. *man*
мы, X *we*
мысль, XX, f. *thought,*

*idea (view)*
мя́гкий, XVI *soft*
мя́гче, XVI *softer*
на, VIII + Acc. *onto, to;* + Prep. *on, in, at*
наве́рное, XVII *probably*
навсегда́ *forever*
над, XIV, + Inst. *over, on top of; above; on*
на́до, XIII *it is necessary; one ought to, one must*
наза́д XV *back, backwards; ago*
  тому́ наза́д *ago*
называ́ть/назва́ть, назову́т, XV *to name*
называ́ться/назва́ться, XV + Inst. *to be called*
наибо́лее, XVII *most*
найти́, XII pf.: находи́ть
наконе́ц, XII *finally, at last*
написа́ть, 12 pf.: писа́ть
направле́ние, XVI *direction, trend*
направля́ть/напра́вить, 16 *to direct (aim, send, etc.)*
наприме́р, VIII *for example*
наро́д, IV *people, nation*
наро́дность, 9, f. *nationality*
наро́дный, IV *national, folk*
населе́ние, XX *population*
настоя́щий, VIII *real*
наступа́ть/наступи́ть, 16 *to ensue; to set in; advance, attack (mil.)*
нау́ка, III *science*
научи́ть, 12 pf.: учи́ть *to teach*
научи́ться, XV pf.: учи́ться
нау́чный, III *scientific*
находи́ть/найти́, найду́т, XII *to find*
находи́ться/найти́сь, XV *to be located, turn up*

национализи́ровать, 4
impf. and pf. *to
nationalize*
нача́ло, VII *beginning*
начина́ть(ся), XV/нача́ть(ся)
начну́т, VI *to begin*
наш, на́ше, на́ша, на́ши, X
*our*
не, VII *not*
не раз, XXI *more than once*
не тот, 10 *the wrong*
небольшо́й, 7 *not large,
small*
нева́жный, 7 *unimportant*
неда́вно, 7 *recently*
неде́ля, XI *week*
недорого́й, 7 *inexpensive*
не́который, XI *some*
некраси́вый, 7 *ugly*
некру́пный, 7 *medium
sized, not large*
нельзя́, XIII *it is impos-
sible, it is not allowed*
не́мец, XI, -мца *German
(m.)*
не́мка, XI, -мок *German
(f.)*
немно́го, XI *a little, some*
ненау́чный, 7 *unscientific*
необходи́мо, XIX *it is
necessary*
необходи́мый, XIX *indis-
pensable, necessary*
неплохо́й, 7 *not bad,
quite good*
непра́вый, 7 *false*
нере́дко, 7 *not infre-
quently, quite often*
не́сколько, XI *some,
several; a few*
несмотря́ на, XIX, + Acc.
*despite*
нести́, 19, impf. →
носи́ть
нет, VII *no, there is no*
нетрудово́й, 7 *not derived
from labor, unproductive*
нехоро́ший, 7 *bad*
нечелове́ческий, 7 *inhuman*
ни, 21 *not*
ни на что не глядя́ *un-*

*mindful of anything*
ни...ни..., VII *neither
...nor...*
ни ра́зу, XXI *not once,
never*
-нибудь See Ch. XIII
нигде́, VII *nowhere*
ни́же, 9 *lower*
ни́зкий, VII *low*
никако́й, VII *no; no...
whatever*
никогда́, VII *never*
никто́, VII *nobody*
ничто́, VII *nothing*
но, VI *but*
но́вость, 9, f. *news*
но́вый, II *new*
ноль, 15, m. *zero*
но́рмы, 11 *standards,
norms*
носи́ть:нести́,несу́т, 19
both impf. *to carry
(on foot); to be carry-
ing*
ночно́й, II *night
nocturnal*
ночь, II, f. *night*
но́чью, XI *at night*
ноя́брь, 15, *November*
нра́виться/по-, XV *to be
pleasing* (See Ch.)
ну́жный, XIII *necessary*
ну́жен, ну́жно, нужна́, нуж-
ны́, XIII *necessary*
(See Ch.)
ну́жно, XIII *it is necessary, one must*
нулево́й, 15, Adj. *zero*
нуль, 15, m. *zero*
ны́нешний, XVII *current*
о (об, обо), VIII + Prep.
*about, concerning*
о́ба, m., n.; о́бе, f., 15
*both*
обеспе́чивать/обеспе́чить,
XX *to provide; to en-
sure, safeguard*
обеспоко́иться, XXI pf.:
беспоко́иться
о́бласть, XIII, f. *ob-
last'; region; sphere,*

*field*

обнима́ть/обня́ть,обни́мут, XVIII *to embrace, to encompass*

о́браз, XIV *image, form; way, manner*

обстано́вка, XX *furniture, situation*

обсужда́ть/обсуди́ть, 16 *to discuss; to consider*

обходи́ть/обойти́,обойду́т, 19 *to go around, detour; to make the rounds; to avoid*

о́бщество, 9 *society*

о́бщий, IX, (XIX) *general*

объезжа́ть/объе́хать, объе́дут, 19 *to go around, to detour*

объясне́ние, XIII *explanation*

объясня́ть/объясни́ть, XIII *to explain*

обыкнове́нно, XII *usually*

обы́чно, XI *usually*

огро́мный, VIII *huge*

одева́ть/оде́ть,оде́нут, 15 *to dress*

одева́ться/оде́ться, 15 *to dress oneself, to get dressed*

оди́н, одно́, одна́, одни́, X *one; a, an; a certain*

оди́ннадцать, 15 *eleven*

одна́ко, XII *however*

ока́зываться/оказа́ться, ока́жутся, XV *to turn out to be (+ Inst.)*

окно́, VII, о́кон *window*

о́коло, XVI, + Gen. *by, near, around; approximately*

октя́брь, 15, October.

он, она́, они́, оно́, X *he, it; she, it; they; it*

опи́сывать/описа́ть,опи́шут, 16 *to describe*

о́пыт, XIX *experience*

о́пытный, XIX *experienced*

организова́ть, 4 impf.

and pf. *to organize*

о́рганы, 11 *agencies, bodies*

о́сень, 14, f. *fall*

о́сенью, 14 *in the fall*

осма́тривать/осмотре́ть, XXI *to examine*

осно́ва, XIV *base, basis, foundation*

основно́й, XIV *fundamental, basic*

осно́вывать/основа́ть, XIV *to found; to base on (на + Prep.)*

осо́бенно, XIV *especially*

осо́бый, XXI *special*

остава́ться,остаю́тся/оста́ться,оста́нутся, XV *to remain*

от, IX, + Gen. *from*

отве́т, IX *answer*

отве́тственность, XXI, f. *responsibility*

отвеча́ть, 12/отве́тить, IX + Dat. *to answer (someone)*

отвеча́ть на вопро́с *to answer a question*

отдава́ть,-ют/отда́ть, cf. дать, 16 *to give back*

отде́л, XIX *section, department*

отде́льный, XIX *separate*

оте́ц, X, отца́ *father*

открыва́ть, 12;(ся), XV/откры́ть,откро́ют, VII (ся) *to open*

откры́тый, XV *open*

отку́да, XIII *from where*

отмеча́ть/отме́тить, XX *to mark, make note of*

относи́ть/отнести́,-несу́т, 19 *to take away; to carry off*

отноше́ние, XIV *attitude; relationship*

>отноше́ния, pl. *relations*

о́трасль, XX, f. *branch, field, sphere*

отступа́ть/отступи́ть, 16

to step back from,
retreat
отходи́ть/отойти́,отойду́т,
16  *to move away from;
to depart (trains,
buses, etc.)*
о́чень, V  *very*
оши́бка, XIII, -бок
*mistake*
па́дать/упа́сть,упаду́т,
XVIII  *to fall (down)*
парти́йность, 9, f.
*party spirit*
пе́рвый, V  *first*
перево́д, XVI  *translation*
переводи́ть,/перевести́,
-веду́т, XV  *to translate*
пе́ред, XIV, + Inst.  *in
front of*
передава́ть,-даю́т/переда́ть,
cf. дать, XIII  *to pass,
to hand over; to commu-
nicate, to transmit*
передово́й, XIX  *advanced,
progressive*
переезжа́ть/перее́хать,-е́дут
16  *to drive across  to
move*
переходи́ть/перейти́,-йду́т,
16  *to go (walk) across*
печа́ть, XXI, f.  *press
(media)*
пешко́м, XIX  *on foot*
писа́тель, VI, m.  *writer
(m.)*
писа́тельница, 6  *writer
(f.)*
писа́ть,пи́шут, IV/на-, 12
*to write*
пи́сьменность, 9, f.
*written language*
письмо́, VII, G. pl. пи́сем
*letter*
пи́шущий, 20  *writing*
  пи́шущая маши́нка, 20
   *typewriter*
плани́рование, 9  *planning*
плани́ровать, 4/c-, 12  *to
plan*
плохо́й, III  *bad*
пло́щадь, VIII, f.   *(city)*

*square; area; space*
по, XIII, + Dat.  *along;
about, concerning, on;
according to* (See Ch.)
по-англи́йски, 9  *in English*
по-ру́сски, 9  *in Russian*
побе́да, XIX  *victory*
побежда́ть/победи́ть, XXI
*to conquer, to defeat*
поби́ть, XVI  pf.: бить
побоя́ться, XXI  pf.: бо-
я́ться
повезти́,-везу́т, pf.  *to
start to transport, to
set off carrying*
пове́рить, XX  pf.: ве́рить
повести́,-веду́т, 19
*to lead, to begin lead-
ing, to set off leading*
повыше́ние, XVI  *rise*
поговори́ть, 12, pf.  *to
talk for a while*
пого́да, XIX,  *weather*
под, XIV  + Inst. *under;*
+ Acc. *under*
подгото́вка, XX  *preparation, training*
подготовля́ть/подгото́вить,
16  *to prepare (for)*
подде́рживать/поддержа́ть,
16  *to support*
покупа́ть/покупи́ть, 16  *to
bribe*
поднима́ть/подня́ть,под-
ни́мут, XVIII  *to raise,
to pick up*
подо́бный, XIX  *similar*
подожда́ть,-жду́т, pf.
*to wait for*
подойти́, XIII  pf.: под-
ходи́ть
подпи́сывать/подписа́ть,
подпи́шут, 16  *to sign*
подтвержда́ть/подтверди́ть,
16  *to confirm, to cor-
roborate*
поду́мать, 12, pf.  *to
think for a while*
подхо́д, XIII  *approach*
подходи́ть/подойти́,-йду́т,

308

XIII *to approach; to suit, to be suitable*

подчёркивать/подчеркнýть, XX *to underline, underscore; to emphasize*

подъезжáть/подъéхать, -éдут, 19 *to drive up, to drive toward, to approach*

пóезд, VIII *train*

поéхать,поéдут, VIII, pf. *to go to (by conveyance), to set off for, to leave for*

пожáлуйста, XVIII *please*

пожелáть, XXI pf.: желáть

пожúть,-живýт, 12, pf. *to live for a while (somewhere)*

позвáть, XVI pf.: звать

позволять/позвóлить, XIII *to allow*

позвонúть, XIII pf.: звонúть

пóздно, X *late*

познакóмиться, XV pf.: знакóмиться

пóзже, X *later*

пойтú,пойдýт, VIII, pf. *to go (on foot), to leave for*

покá, XIV *for the time being; while*

показáть, XIII pf.: покáзывать

показáться, XV pf.: казáться

покáзывать/показáть,покáжут, XIII *to show*

покупáть, 12/купúть, VII *to buy, to purchase*

пóле, XX *field*

полежáть, 12, pf. *to lie for a while*

полетéть,-летят, XI, pf. *to go (by flying), to fly to, to set out for*

полúтика, II *policy; politics*

пóлный, XVI *full, complete*

положéние, XVI *position*

положúть, VIII, pf. *to place, to lay*

полторá, m., n., полторы́, f. *one and one half*

получáть, 12/получúть, VIII *to receive*

получáться/получúться, XV *to turn out; to happen; to be*

пóмнить/NTP, XVII *to remember*

помогáть/помóчь,помóгут, XIII, + Dat. *to help*

помóщник, XIV *assistant*

пóмощь, XIII, f. *help*

понестú,-несýт, IX *to carry; to set off carrying*

понимáть/понять,поймýт, XIII *to understand*

понрáвиться, XV pf.: нрáвиться

попросúть, XVI pf.: просúть

порá, XIII *time; it is time*

порабóтать, 12, pf. *to do some work*

порядок, X, -дка *order*

посвящённый, XIX *devoted, dedicated*

посидéть,-сидят, 12, pf. *to sit for a while*

пóсле, XII, + Gen. *after*
>пóсле тогó как, 21
>*after* (conjunction)

послéдний, II *last; final*

послéдовать, XVII pf.: слéдовать

послужúть, XIV pf.: служúть

послýшать, 12, pf. *to listen for a while*

посмотрéть,-смóтрят, 12 pf.: смотрéть

посовéтовать, 12 pf.: совéтовать

поспосóбствовать, XVIII pf.: способствовать

постáвить, XVIII pf.:

ставить
постараться, XX pf.:
    стараться
постоянный, XX *constant*
постоять, 12, pf. *to*
    *stand for a while*
построить, 12 pf.: строить
поступать/поступить, 16 *to*
    *act, behave; to enroll,*
    *to start (school, a job)*
посылать/послать, пошлют,
    XIII *to send*
потом, XII *afterwards;*
    *then*
потому что, VI *because*
потребовать pf.: требовать
потрудиться, XV, pf. *to*
    *take pains, make an effort*
почему, V *why*
    почему-то, 13 *for some*
    *reason*
почитать, 12, pf. *to read*
    *a little*
почта, VIII *mail; post*
    *office*
почти, V *almost*
поэтому, VIII *therefore*
правда, VII *truth*
правильный, XIV *right,*
    *correct*
правитель, 9, m. *ruler*
правительство, VII *govern-*
    *ment*
править, XIV, impf., +
    Inst. *to rule (over),*
    *govern; to drive*
правый, V *right*
предлагать/предложить, 16
    *to propose*
предпологать/предположить,
    XXI *to assume*
предприятие, XIV *under-*
    *taking, enterprise*
председатель, IX, m.
    *chairman*
предсказывать/предсказать,
    -скажут, 16 *to predict*
представитель, X, m. *rep-*
    *resentative*
представлять/представить,
    16 *to present, to rep-*

*resent*
прежде, XVII *before*
    прежде чем, XVII
    *before*
при, VIII, + Prep. *by,*
    *at, attached to; during*
    при этом *in doing so,*
    *in the process*
приводить/привести, при-
    ведут, 16 *to bring*
    *(someone); to lead*
    *(to); cite*
привозить, 12/привезти,
    -везут, XI *to bring*
    *(by conveyance), to*
    *transport*
привыкать/привыкнуть,
    XVIII (к + Dat.) *to*
    *get used to*
приглашать/пришласить,
    16 *to invite*
приготовить, XIII pf.:
    готовить
приготовиться, XIV pf.:
    готовиться
приезжать, 12/приехать,
    -едут, VIII *to arrive*
    *(by conveyance), to*
    *come*
признавать, -знают/при-
    знать, 16 *to recog-*
    *nize; to admit, ac-*
    *knowledge*
признаваться/признаться,
    16 *to confess*
призывать/призвать,
    -зовут, 16 *to summon*
прийти, VIII pf.:
    приходить
прилетать, 12/прилететь,
    -летят, XI *to arrive*
    *(flying)*
пример, VIII *example*
    например *for example*
принимать/принять, примут
    XIV *to accept, to*
    *receive*
приносить, 12/принести,
    -несут, IX *to bring*
    *(carrying)*
приобретать/приобрести,

-бретут, XVII *obtain*

присутствовать, XVIII, impf.
*to be present, to attend*

приходить, 12/прийти, придут, VIII *to arrive on foot*

приходиться/прийтись, XV
*to be obliged to*

причина, XVII *reason*

приятный, X *nice, pleasant*

проводить/провести, -ведут, 16 *to lead past; conduct, carry out; spend (time)*

продиктовать, 12 pf.: диктовать

продолжать, IV; (ся), XV
impf. *to continue*

продолжение, 9 *continuation*

продукты, 11, m. pl.
*groceries, provisions*

проезжать/проехать, -едут, 19 *to drive past*

проектировать, 4/с-, 12
*to project, plan, design*

производить/произвести, -ведут, 9

производственный, XVI *productive, production* (adj.)

производство, XVI *production*

произносить/произнести, -несут, 16 *to pronounce*

произходить/произойти, произойдут, 16 *to happen, occur; to result from, arise from*

промышленность, XVI, f.
*industry*

промышленный, XVI *industrial*

просить/по-, XVI *to ask for, request*

прослушать, 12, pf. *to listen to; to hear through to the end*

простой, IX *simple*

протестовать, 12, impf.
*to protest*

против, VII, + Gen.
*against (opposed to)*

проходить/пройти, пройдут, 16 *to go past (on foot), to get through; to spend time*

проходящий, 20 *passerby*

прочитать, 12 pf.: читать

прочный, XX *durable, solid, firm*

прошлый, XV *past; last (latest)*

проще, 9 *simpler*

путь, XIV (See Appendix A) *way; path, road*

пятнадцать, 15 *fifteen*

пять, 15 *five*

пятьдесят, 15 *fifty*

пятьсот, 15 *five hundred*

пятый, X *fifth*

работа, II *work*

работать, IV, impf. *to work*

работник, III *worker*

рабочий, IV *worker*

раз, XV (G. pl. раз)
*occasion, time*

развивать/развить, -вьют, XVIII *to develop*

развиваться/развиться, 16 *to become stronger, to develop (intrans.)*

развитие, IX *development*

разговаривать/NTP, XXI
*to talk, to converse*

различать/различить, XXI
*to distinguish*

различный, XIV *various; different*

разница, XV *difference*

разность, 9, f. *difference*

разный, XI *different, various*

разрабатывать/разработать, 16 *to work out, to work through*

район *district, region*

рано, X *early*

раньше, X *earlier*

расска́з, XIII *story*
расска́зывать/рассказа́ть,
  -ска́жут, XIII *to tell,*
  *to narrate*
рассма́тривать/рассмотре́ть,
  16 *to inspect, to*
  *examine*
расти́,расту́т,рос(ла)/вы́-
  расти, XVIII *to grow*
ребёнок, XI *child*
ре́дко, V *seldom, rarely*
ре́дкость, 9, f. *thinness,*
  *sparseness; rarity*
река́, XV *river*
речь, VI, f. *speech*
реша́ть, 12/реши́ть, V *to*
  *decide*
реше́ние, V *decision*
реши́мость, f. *resolution,*
  *resoluteness*
реши́ть pf.: реша́ть
рискова́ть/ри́скнуть, XIV
  *to wager, to bet; to*
  *risk, to run risks*
рису́нок, X, f. v. *drawing*
роди́тели, XI, m., pl.
  *parents*
роди́ться, XV, impf. and
  pf. *to be born*
росси́йский *Russian*
Росси́я *Russia*
рубль, XI, m. *rouble*
рука́, XIV *hand, arm*
руководи́ть, XIV, impf.,
  + Inst. *to lead; to*
  *govern*
руководя́щий, 20 *leading,*
  *guiding*
ру́сский, 2 *Russian*
ряд, XV, в ряду́ *row, rank;*
  *series*
ря́дом, XIV, с + Gen.
  *alongside*
с(о), VIII, + Gen. *from,*
  *off*
с(о), XIV, + Inst. *with*
  *(together with)*
  с тех пор, XXI *since*
  *then*
СССР (Сою́з Сове́тских Соци-
  алисти́ческих Респу́блик),

XI *USSR*
США (Соединённые Шта́ты
  Аме́рики), XI *USA*
сагити́ровать *to per-*
  *suade* (See агити́ровать)
сади́ться/сесть,ся́дут, XX
  *to sit down*
сам, само́, сама́, сами́,
  XV *myself, yourself,*
  *herself, etc.*
самова́р, 2 *samovar*
самолёт, VIII *airplane*
са́мый, 9 *the very; the*
  *most*
свобо́дный, VIII *free,*
  *vacant*
свой, своё, своя́, свой
  X *one's, one's own*
свя́занный, XIX *con-*
  *nected, related*
связь, XIV, f. *connec-*
  *tion, link*
сде́лать, 12 pf.: де́лать
  *to accomplish*
себя́, 14 *self* (reflex-
  ive pronoun)(See Ch.)
се́вер, X *North*
  се́верный, X *north,*
  *northern*
сего́дня, VII *today*
седьмо́й, 15 *seventh*
сейча́с, XVII *now, at*
  *present*
село́, XX *village*
се́льский, IX *country,*
  *rural*
  се́льское хозя́йство
  *agrarian economy,*
  *agriculture*
семна́дцать, 15 *seven-*
  *teen*
семь, 15 *seven*
се́мьдесят, 15 *seventy*
семьсо́т, 15 *seven hun-*
  *dred*
сентя́брь, 15, m. *Sep-*
  *tember*
серьёзный, II *serious*
сестра́, II, сестёр *sis-*
  *ter*
сесть pf.: сади́ться

сидеть, IV, impf. *to be sitting*

сила, XXI *strength, force*

сильный, IX *strong*

сказание, 9 *story, tale*

сказать, скажут, V, pf. *to say, to tell*

сколько, XI *how much, how many*

скомандовать pf.: командовать

скорый, VIII *rapid, express*

скучный, VI *boring*

слабый, IX *weak*

славянин, -яне *Slav*

славянский *Slavic*

следовать/по-, XVII *to follow*

следующий, XVIII *following, next in order*

слишком *too*

слово, VI *word*

сложность, 9, f. *complication; complexity*

сложный, VI *compound, complex*

служить/по-, XIV *to serve*

случай, X *case; event*

случаться/случиться, XV *to occur*

слушатель, 6, m., слушательница *listener, auditor*

слушать, VI, impf. *to listen to*

слышать, слышат/у-, VI *to hear*

смотреть/по-, 12 (на + Acc.) *to look (at)*

смочь, смогут pf.: мочь

снег, XIX *snow*

собирать/собрать, соберут, 16 *to gather, collect*

собираться/собраться, 16 *to assemble; to be collected*

собрание, VIII *meeting*

событие, XX *event*

совет, II *advice*

советовать, XIII/по-, 12, + Dat. *to advise*

советский, 2 *Soviet*

совещание, XVII *conference, meeting*

современный, XVII *contemporary*

совсем, XII *entirely*

соглашаться/согласиться, XV *to agree on, to come to an agreement*

создавать, -дают/создать, 16 (See дать) *to create; to found; to originate*

создание, XX *creation, making*

создать, 16 pf.: создавать

солдат (G. pl. солдат) *soldier*

соль, I, f. *salt*

сообщать/сообщить, XIII, *to communicate, report, announce*

сообщение, XIII *communication*

соревнование, XXI *competition*

сброк, 15 *forty*

составлять/составить, XVI *to constitute, form, compile*

союз, II *union*

спасибо, XVII *thank you*

спланировать pf.: планировать

способный, IX *capable; clever*

способствовать/по-, XVIII, + Dat. *to assist; to promote, to favor; facilitate*

спрашивать, 12/спросить, VI *to question; to ask a question*

спроектировать pf.: проектировать

спутник, III *companion; satellite*

сразу, XVIII *at once*

среди, XVII, + Gen. *among*

средний, V *middle; medium, average*

средство, XIV *means*

срок, XX *time period; deadline*

ставить/по-, XVIII *to put, place, stand (trans.)*

становиться, XV/стать, станут, XIV *to become (+ Inst.); (go and) stand*

станция, II *station*

стараться/по-, XX *to try, make an attempt*

старость, f. *old age*

старый, IV *old*

старший, VIII *senior, elder*

стать, XIV pf.: становиться

стать, станут, XVIII, pf. only *to begin (+ Inf.)*

статья, X *article*

сто, 15 *one hundred*

стоить/NTP, XVII *to cost; to be worth (+ Gen.)*

стол, VII *table*

столица, XIX *capital*

сторона, XIV *side*

стоять, стоят/NTP, IV *to stand*

страна, III *country*

страница, X *page*

странность, 9, f. *strangeness*

странный, II *strange*

строго говоря *strictly speaking*

строение, 9 *building, structure*

строительство, 9 *construction, building*

строить, IX/по-, 12 *to build*

строй, XVIII, в строю *order, system*

стул, II, стулья *chair*

ступать/ступить, XVI *to step (on)*

судить, XVI *to judge, to form an opinion*

судя по + Dat. *judging by, judging from*

существо, XVII *creature, being; essence*

существовать, XVIII, impf. *to exist*

сфотографировать, 12 pf.: фотографировать

сходить/сойти, сойдут, 18 *to come down, to come off; to run off (the road)*

считать, XIV, impf., + Inst. *to consider, to regard as*

сын, X, сыновья *son*

съезд, VIII *congress; conference*

съезжать/съехать, съедут, 19 *to drive down*

сюда, VIII

ТАСС (Телеграфное Агенство Советского Союза) *Telegraph Agency of the Soviet Union*

так, IX *so; thus, in this way*

>так называемый, XXI

>so-called

также, XII *also, too, as well*

такой, IX *such; so*

там, III *there*

твёрдый, XVI *hard*

твёрже, XVI *harder*

твой, твоё, твоя, твой, X *your, yours*

теперь, X, (XII) *now*

тип, IV *type; model*

типичный, III *typical*

тихий, IX *quiet*

тише, 9 *quieter*

то, 13 *thus [consequently]*

-то See Ch. XIII

товарищ, IV *comrade; friend*

товарищество, 9 *comradeship*

тогда, XII *then, at that time*

тоже, VI *also*

толстый, XVIII  *thick, fat*
только, V  *only, merely*
    >только что, X  *>just,*
    *only just*
торго́вля, XIV  *trade, com-*
    *merce*
тот, то, та, те, X  *that*
тот те, 10  *the same*
тре́бование, XX  *demand*
тре́бовать/по-  *to demand,*
    *to require*
тренирова́ть, 12  *to train,*
    *to coach*
тре́тий, тре́тье, тре́тья, 15
    *third*
три, 15  *three*
трибу́на  *platform, rostrum*
тридца́тый, 15  *thirtieth*
три́дцать, 15  *thirty*
трина́дцать, 15  *thirteen*
три́ста, 15  *three hundred*
тро́е, 15  *three* (collec-
    tive number)
труд, III  *labor, work*
труди́ться, XV  *to labor*
тру́дность, 9, f.  *diffi-*
    *culty*
тру́дный, III  *difficult,*
    *hard*
трудово́й, III  *labor, work*
трудя́щийся, XVII  *worker;*
    *toiler*
туда́, VIII  *there, thither*
ты, X  *you*
ты́сяча, 15  *one thousand*
тяжёлый, XVIII  *heavy;*
    *hard*
у, IX, + Gen.  *near, by,*
    *adjacent to; at*
убива́ть/уби́ть, убью́т, 16
    *to kill; to murder*
увели́чивать/увели́чить, 16
    *to enlarge*
уви́деть, 12, pf.  *to catch*
    *sight of*
уви́деться  pf.: ви́деться
уводи́ть/увести́, -веду́т, 19
    *to lead away*
увози́ть/увезти́, -везу́т, 19
    *to haul away, remove*
угова́ривать/уговори́ть, 16

*to try to persuade*
(impf.); *to persuade*
(pf.)
удава́ться, -даю́т-/уда́ться
    16, cf. дать  *to suc-*
    *ceed, to be successful*
уезжа́ть/уе́хать, уе́дут, 16
    *to leave, to drive away*
у́же, XVI  *narrower*
уже́, VI  *already*
    уже́ не  *no longer*
у́зкий, XVI  *narrow*
узнава́ть, -знаю́т, 16/
    узна́ть, 12  *to recog-*
    *nize; to find out*
укрепле́ние, XX  *strength-*
    *ening, consolidation*
улета́ть/улете́ть, улетя́т,
    19  *to fly away, to*
    *leave by plane*
у́лица, VIII  *street*
улучша́ть/улу́чшить, 16
    *to improve*
улучше́ние, XX  *improve-*
    *ment*
уме́ть, уме́ют/NTP, IX  *to*
    *know how*
умира́ть/умере́ть, умру́т,
    XVIII  *to die*
у́мный, IX  *clever, wise,*
    *intelligent*
уноси́ть/унести́, унесу́т,
    19  *to carry away, to*
    *remove*
упа́сть  pf.: па́дать
упра́вить, XIV  pf.:
    управля́ть
управле́ние, XVI  *manage-*
    *ment; office, admin-*
    *istration, department*
управля́ть/упра́вить, XIV,
    + Inst.  *to manage;*
    *to govern; to drive*
управля́ющий, 20, + Inst.
    *manager, director*
урожа́й, XX  *harvest*
у́ровень, XIV, m., -вня
    *level, plane; standard*
уро́к, VIII  *lesson*
уси́ливать/уси́лить, 16
    *to strengthen, rein-*

force
усло́вие, XXI  condition
услы́шать, 12, pf.  to hear
  suddenly
успе́х, XV  success
успе́шный, XIX  successful
устана́вливать/установи́ть,
  16  to establish, to
  determine
утвержда́ть/утверди́ть, 16
  to establish (official-
  ly); to confirm; ratify
у́тро, 14  morning
у́тром, XI  in the morning
уходи́ть/уйти́,уйду́т, 16
  to leave, go away
уча́ствовать, XVIII, impf.
  to participate (in)
уча́сток, XXI  lot; part,
  section
уча́стие, XVI  participation
уча́щийся, 20  student
уче́ние, VI  learning, studies, doctrine, teaching
учёный, VI  scholar
учи́лище, VI  specialized
  institution
учи́тель, VI, m.  teacher
  (m.)
учи́тельница, VI  teacher
  (f.)
учи́тельство, 9  teaching
  staff
учи́ть, VI/вы́учить  to
  study, to learn
учи́ть, XIII/научи́ть, 12
  to teach [someone (Acc.)
  to something (Dat.)]
учи́ться/на-, XV, + Dat.
  to study, to learn
фа́брика, II  factory, mill
февра́ль, 15, m.  February
фотографи́ровать, 4/с-, 12
  to photograph
францу́зский  French (adj.)
фру́кты, 11  fruit
ход, XX  motion, run, pace
ходи́ть:идти́,иду́т, 19, both
  impf.  to go (on foot),
  to be going
хозя́йство, IX  economy

>се́льское хозя́йство
>agrarian economy, ag-
  riculture
хоро́ший, III  good
хоте́ть, IV/за-, 12
  to want
хоте́ться/за-, XV, + Dat.
  to feel like
хотя́, XVII  although
христиани́н, 11  Christ-
  ian
худо́жественный, XIV
  artistic
худо́жество  art
худо́жник, XIV  artist
ху́же, 9  worse
царь, 2, m.  tsar
цель, XV, f.  goal
цена́, XVI  price; worth
це́нный, XVI  valuable
цех, XX  factory, shop,
  department
цыга́н(ка)  Gypsy
чай, XV  tea
час, XV, в часу́, (XXI)
  hour
ча́сто, V  often
часть, V, f.  part
чей, чьё, чья, чьи, XV
  whose
челове́к, III, лю́ди  man;
  person, human being
челове́ческий, III  human
челове́чество, 9  human-
  ity
чем, 9  than
че́рез, XVIII, + Acc.
  across, through; in
  (with time words)
чёрный, VIII  black
че́тверо, 15  four (col-
  lective number)
четвёртый, X  fourth
четы́ре, 15  four
четы́реста, 15  four
  hundred
четы́рнадцать, 15  four-
  teen
число́, XV  date; number
чита́тель, 6, m., чита́-
  тельница  reader

читáть, IV/про-, 12  *to read*

член, VIII  *member*

что, V  *that* (conjunction)

чтó, III  *what*
   что-то, 13  *something*

чтóбы, XIII  *in order to*

чýвствовать, 18, impf.  *to feel, to sense*

шаг, XXI, в шагý  *step*

шáхматы, 11, pl.  *chess*

шестнáдцать, 15  *sixteen*

шестóй, 15  *sixth*

шесть, 15  *six*

шестьдесят, 15  *sixty*

шестьсóт, 15  *six hundred*

шúре, XVI  *wider*

широкий, XVI  *wide*

шкóла, VII  *school*

щи, 11  *shchi (cabbage soup)*

эксплуатúровать, 4, impf.  *to exploit*

этáж, X  *floor, story*

э́то, III  *that/this is/are; they are*

э́тот, э́то, э́та, э́ти, X  *this*

юг, X  *South*

ю́жный, X  *southern*

я, X  *I*

являться, XV, impf., + Inst.  *to be*

являться/явиться  *to appear, to present one-self, to report*

язы́к, V  *tongue; language*

янвáрь, 15, m.  *January*

я́сный  *clear, bright*

   *Additional Words*
повторять/повторить, 16 *to repeat*

спать, XVII, impf. *to sleep*

# INDEX

The index includes some Russian words (alphabetized according to the Latin alphabet) that are treated in the grammar part of the text. Under "Word formation" in the index there are listed all the formative elements presented in the text, apart from grammatical category morphemes.

FOR NOTES

FOR NOTES

FOR NOTES

FOR NOTES

Other Books From
**Slavica Publishers, Inc.**
PO Box 14388
Columbus, Ohio 43214

*American Contributions to the Eighth International Congress of Slavists Vol. 1: Linguistics & Poetics; Vol. 2: Literature.*

P. M. Arant: *Russian for Reading.*

H. I. Aronson: *Georgian  A Reading Grammar.*

*Balkanistica: Occasional Papers in Southeast European Studies, Vol. III; Vol. IV; Vol. V; Vol. VI.*

H. Birmbaum: *Common Slavic  Progress and Problems in Its Reconstruction.*

H. Birnbaum: *Lord Novgorod the Great  Essays in the History and Culture of a Medieval City-State, Part I The Historical Background.*

H. Birnbaum & T. Eekman, eds.: *Fiction and Drama in Eastern and Southeastern Europe.*

K. L. Black, ed.: *A Biobibliographical Handbook of Bulgarian Authors.*

M. Bogojavlensky: *Russian Review Grammar.*

R. C. Botoman: *Imi place limba Romana/ A Romanian Reader.*

E. B. Chances: *Conformity's Children  An Approach to the Superfluous Man in Russian Literature.*

C. V. Chvany & R. D. Brecht, eds.: *Morphosyntax in Slavic.*

F. Columbus: *Introductory Workbook in Historical Phonology.*

R. G. A. de Bray: *Guide to the South Slavonic Languages.*

R. G. A. de Bray: *Guide to the West Slavonic Languages.*

R. G. A. de Bray: *Guide to the East Slavonic Languages.*

B. L. Derwing & T. M. S. Priestly: *Reading Rules for Russian.*

D. Disterheft: *The Syntactic Development of the Infinitive in Indo-European.*

J. S. Elliott: *Russian for Trade Negotiations with the USSR.*

J. M. Foley, ed.: *Oral Traditional Literature  A Festschrift for Albert Bates Lord.*

*Folia Slavica, a journal of Slavic, Balkan, and East European linguistics,* 1977 ff.

R. Freeborn, ed.: *Russian and Slavic Literature.*

V. A. Friedman: *The Grammatical Categories of the Macedonian Indicative.*

Other Books From
**Slavica Publishers, Inc.**

**C. E. Gribble, ed.:** *Medieval Slavic Texts, Vol. I, Old and Middle Russian Texts.*

**C. E. Gribble:** *Reading Bulgarian Through Russian.*

**C. E. Gribble:** *Russian Root List with a sketch of word formation, second edition.*

**C. E. Gribble:** *Slovarik russkogo jazyka 18-go veka/ A Short Dictionary of 18th-Century Russian.*

**C. E. Gribble, ed.:** *Studies Presented to Professor Roman Jakobson by His Students.*

**G. J. Gutsche & L. G. Leighton, eds.,** *New Perspectives on Nineteenth-Century Russian Prose* (J. T. Shaw festschrift).

**W. S. Hamilton:** *Introduction to Russian Phonology and Word Structure.*

**P. R. Hart:** *G. R. Derzhavin: A Poet's Progress.*

**M. Heim:** *Contemporary Czech.*

**M. Hubenova and others:** *A Course in Modern Bulgarian, Part 1; Part 2.*

*International Journal of Slavic Linguistics and Poetics.No. 23 1981 ff.*

**R. Jakobson:** *Brain and Language.*

**R. Katzarova-Kukudova & K. Djenev:** *Bulgarian Folk Dances.*

**A. Kodjak ed.:** *Alexander Pushkin Symposium II.*

**A. Kodjak:** *Pushkin's I. P. Belkin.*

**A. Kodjak, ed.:** *Structural Analysis of Narrative Texts.*

**D. J. Koubourlis, ed.:** *Topics in Slavic Phonology.*

**M. Launer:** *Elementary Russian Syntax.*

**R. Leed & A. & A. Nakhimovsky:** *Beginning Russian, Vol. 1; Vol. 2.*

**R. L. Lencek:** *The Structure and History of the Slovene Language.*

**J. F. Levin:** *Reading Modern Russian.*

**M. I. Levin:** *Russian Declension and Conjugation: A Structural Description with Exercises.*

**A. Lipson:** *A Russian Course, Part 1; Part 2; Part 3.*

**H. G. Lunt:** *Fundamentals of Russian.*

**P. Macura:** *Russian-English Botanical Dictionary.*

**T. F. Magner, ed.:** *Slavic Linguistics and Language Teaching.*

**M. Matejic & D. Milivojevic:** *An Anthology of Medieval Serbian Literature in English.*

Other Books From
**Slavica Publishers, Inc.**


A. Nakhimovsky & R. Leed: *Advanced Russian.*

L. Newman, ed.: *The Comprehensive Russian Grammar of A. A. Barsov.*

F. J. Oinas, ed.: *Folklore, Nationalism & Politics.*

H. Oulanoff: *The Prose Fiction of Veniamin A. Kaverin.*

J. L. Perkowski: *Vampires of the Slavs.*

S. J. Rabinowitz: *Sologub's Literary Children: Keys to a Symbolist's Prose.*

L. A. Rice: *Hungarian Morphological Irregularities.*

D. F. Robinson: *Lithuanian Reverse Dictionary.*

R. A. & H. Rothstein: *Polish Scholarly Prose A Humanities and Social Sciences Reader.*

D. K. Rowney, ed.: *Russian and Slavic History.*

E. Scatton: *Bulgarian Phonology.*

W. R. Schmalstieg: *Introduction to Old Church Slavic.*

M. Shapiro: *Aspects of Russian Morphology, A Semiotic Investigation.*

O. E. Swan: *First Year Polish.*

C. E. Townsend: *Continuing With Russian, corrected reprint.*

C. E. Townsend: *Czech Through Russian.*

C. E. Townsend: *The Memoirs of Princess Natal'ja Borisovna Dolgorukaja.*

C. E. Townsend: *Russian Word-Formation, corrected reprint.*

D. C. Waugh: *The Great Turkes Defiance    On the History of the Apocryphal Correspondence of the Ottoman Sultan in its Muscovite and Russian Variants.*

S. Wobst: *Russian Readings and Grammatical Terminology.*

J. B. Woodward: *The Symbolic Art of Gogol    Essays on His Short Fiction.*

D. S. Worth: *Bibliography of Russian Word-Formation.*

M. T. Znayenko: *Gods of the Ancient Slavs    Tatischev and the Beginnings of Slavic Mythology.*